日本
その文明の正体

孝藤 貴

はじめに

本書は私の人生における決算書でもある。三十五歳になった時、人生を振り返って、決算をしてみようと思い上梓したのが『シャリーポンポン』であった。そこでそれは、人生における中間決算書であり、自分史の形になった。そして五十歳半ばにいたり、今度は本決算をしてみようという思いにいたった。約十年かけて書き上げたものが本書で、もう過去を振り返るのではなく、今まで生きてきた総てをぶつけて何ができるかと思うようになり、その結果出来上がったのが本書であり、文明論の形になった。

本書は文明を通して我々日本人の正体を明らかにする試みである。そこで我が国の縄文時代以来の文明を経験技術文明ととらえ、近代西欧が作り出した文明を言語技術文明ととらえ、両文明の対比が基調になっている。言語技術文明ととらえた根拠は、欧米人は言語をもって世界をとらえる。即ち、概念を用いて思考した結果、鋭利な技術を生み出すにいたった。一方我々はもともと、大自然を精緻にみることによる思考から経験的に技術を生み出すにいたった。言語知に基づく文明と経験知に基づく文明と言えよう。

現在我々は二つの大きな混乱、危機の中にいると考えられる。一つは、言語技術文明、もともと環境の破壊と絆の破壊を含んでいたその文明は革新しなければならない曲面にさしかかっている危機。もう一つは、幕末にその文明を生み出した近代西欧と出会って以来、我々の過去、歴史、伝統、これらのものを依って立つ基盤とするならば、その基盤を否定しがちだったために、言わば基盤がぐらついていて我々は非常に不安定になっている。その傾向はマッカーサー氏のインチキもあり、戦後の方が強くなっているように思えるのである。そのためかなり混乱を起こしている。近代西欧と出会って約百五十年、現在がその混乱の極に達しているように思える。この混乱を我々の文明的な危機ととらえる。

このような危機に対処しながら力強く未来に踏み出すためには、自分の正体が明確に分かっていなければならない。正体を知るためには立っている基盤である歴史に裏付けられた伝統をさらに知らなければならない。またその伝統の中でどのような規範を作ってきたのか。

また立っている位置も知る必要がある。文明ととらえるためには、文明を性格づけているのは宗教であり神であるから、我々の神は何であるか。我々はどのような宗教をもってきたのか。

以上のことを明らかなするために、縄文時代から現代まで時代をおって述べていくが、縄文時代から始めた根拠は、フランスの詩人で駐日大使でもあったポール・クローデル氏の言葉、「(日本民族) ほど興味ある太古からの文明をもっている民族を私は他に知らない」にある。「太古からの文明」、即ち我々は歴史に断絶がなかったため、縄文時代に基礎をおく文明のなかにいる。そこで縄文時代から始めたのだが、取り上げた主な主題の結論だけを簡単に述べてみる。

なお、このポール・クローデル氏の「太古からの文明」、トインビー氏の「日本文明」、ハンチントン氏の「一国一文明」と、欧米人が我が国を文明でとらえているのに、肝心の我々がその文明がどのような文明かを明らかにしようとしてこなかった。だから当然、我々の文明を世界に発信できずにいる。もうそろそろ我々の文明が如何なるものかを我々自身で考えなければならないのではないか。この論はその一つの試みでもあり、将来における問題の提起になるかと思われる。

まず、我々が縄文時代にもっていたかなり高度な技術。人類が日本列島から生まれたのではないので、渡来人の集積で多民族列島のような状態であった人達が単一化していったそのし方。列島の人達の盛んな交易から見えてくる国のかたち。我々日本人の宗教。

縄文時代に宗教を考えるのは、文明の基礎には宗教あるいは神がいると考えたからである。結論を言うと、我々の宗教は「生命の連続への思い」というもので、言語化されない意識としてもっているものである。

また、神道は宗教ではなく自然観ととらえた。神道という自然観はアニミズムから生まれたものだが、アニミズムはまだ自然を神とみていない段階で、大自然を神とみたときに神道という自然観が生まれた。縄文時代の早い時期ではなかったかということ。神を特定しないと文明の正体もとらえられないと考える。そして、我々の文明は神である大自然のうえに、経験知に基づいて作られた経験技術文明であり、言語知の知の領域で絶対神を創造し、その神のうえに言語知に基づいて作られた言語技術文明と対比されるものである。

宗教と神道の関係は、ちょうど光背を備えた仏像の仏像と光背の関係にたとえられる。即ち、我々は光背を背負った仏像で、大自然あるいは神道という自然観を背負っている。そして仏像である生命の連続への思いが我々の宗教となる。

なお、我々が使う「神」には四つの意味がある。一つは、キリスト教の神のような言語知の中で想定された絶対神。もう一つは、我々の神である大自然とその八百万の具象神。もう一つは、「尊い」という意味の神。古代に使われた「現人神」。これは「尊い」存在を「現」わした「人」という意味。もう一つは、

「苦しい時の神頼み」の神で、その神が何であるかを考えるよりひたすら現下の苦況から救われることを願う神。これを「曖昧な神概念」とする。

このように我々が使う神には四つの意味があるので、神を特定して使わないと、言っていることの意味が不明になってしまう。

次に、八世紀の古代国家が作られた頃にみられる文明あるいは伝統の知恵というか特徴を二つ。

一つは、我々の文明は暗黙知の知の領域に到達したこと。暗黙知の知の領域は、ビックバン以来の言語化されない広大な記憶の領域と考えた。その位置は、現実の経験世界に経験知があり、その上位に言語知の知の領域があり、経験知の下位に暗黙知の知の領域があるというものである。そこは、直感の領域であり、職人が指先で一万分の一ミリを感じる世界である。言語技術文明の特徴である高度な抽象概念世界で思考する、言語知の知の領域に対比されるところのものである。

もう一つは、天皇の創設。天皇の創設を「統治の並立構造」ととらえた。即ち、権威と権力が併存しているかたち。権威と権力という二本柱の構造で、単純であるが強力な構造で、この時以来現在まで変わらないこと。この構造は絶対権力、ヒトラーのような絶対権力をもつ独裁者を生まないこと。これは民主主義の負の一面を伝統の知恵で防いでいると言える。そして現在は、この構造に民主主義、自由主義、資本主義という装置を据えて動かしている。

次に、鎌倉時代に、北条泰時によって取り上げられた道理。道理は経験知に基づく判断規準で、善悪、賢愚、合理非合理を両端にもつ人、その中間からものを判断しようとするもの。道理は古い時代から現在にいたるまで我々のなかに流れているもの。なお道理からみると、裁判員制度は我々の社会では必須のものではないと言えよう。

次に、幕末に近代西欧に出会い、その結果がアジア太平洋戦争と考えるので、アジア太平洋戦争から近代西欧との出会いをとらえた。あの戦争は、欧米が正義に基づいて戦ったのなら、我々は道理に基づいて戦ったということ。そして東京裁判、戦犯、マッカーサー氏のインチキ等について、一人の庶民の感想として述べた。

なおここで、死者の霊を神社に祀る我々の心的メカニズムを述べ、また神社の多様な面についても多少のことを述べることとした。

次に、戦後日本人がダメになった、ダメになったと言われてきた。その原因は、敗戦という空前のショックによって、我々日本人の頭の中が空洞化したためととらえた。しかし半世紀ほどして、空洞化もだいぶ納まってきたようではある。

次にここで、二つの文明を様々な面から対比してみた。欧米人と我々の思考のメカニズムの違い、思考の生まれ方の違い、国家の作り方の違い等。

思考の違いについては、欧米人は現実を言語でとらえて、その言語で思考する「概念を使う思考形態」。我々は現実をみることから生まれる思考を使う「現実をみる思考形態」である。

国家の作り方。近代国家をネイションステートと言う。ネイションは国民共同体としての国家。ステートは安定装置と権力装置としての国家と、国民共同体を守る防衛装置としての国家の意味がある。近代西欧は、まず言語知の知の領域で論理を用いて理論化されたステートとしての国家を作り、それから教育を用いてネイションである国民共同体を作った。一方我々は乱世五百年の経験世界で、まずネイションである国民共同体としての国家を作った。明治になって、その国民共同体をステイトとしてとらえ直したにすぎなかった。我々が自ら理論構成して作ったのではなかったので、言わば消化不良を起こして、現在の混乱の主要な要因になっていると言える。即ち国家、自由、平等、人権等の概念を真に我が物にしていない混乱。

次に、戦後の問題として、次の四つのものを取り上げた。社会党の消滅、天皇の存在と民主主義が矛盾するかどうか、憲法、男女別姓。

社会党は過去、伝統を否定していた政党であった。本来自国の過去、伝統を否定するものは、伝統を否定する故にその社会では存立できない。しかし社会党は存在していた。それは絶対ものが上にあることを嫌う伝統によって支えられているにすぎなかった。そのため世界の情勢が大きく変わった時、伝統は伝統に反している社会党を支えきれなくなって、見捨てざるを得なかった。伝統は必ずや別の政党を生み出すだろうから。社会党は伝統に支えられていたが、結局伝統に見捨てられたこと。

天皇の存在と民主主義は矛盾しないこと。権威は長い経験知の知恵の淘汰を経て残ったもの。民主主義という政治原理をもった近代の国民国家は言語知の論理によって作られたもの。要するに、人がもちえた二つの知、言語知と経験知とは矛盾しないこと。

政教一致・分離は我々の歴史にはなかったもので、言葉だけが入ってきて混乱を起こしている一つの例であること。なお国家神道は、政教一致ではなく国家による神の利用であること。欧米の国家による宗教の利用に相当するものである。

憲法に関しては、我が国は慣習法の国なので、成文法の憲法は必ずしも必要としないこと。

別姓については、主に別姓等を考える基礎になる、人の位置付けについて述べた。横に空間軸、縦に時間軸の座標軸を考えると、交点が人の立っている現在位置。このように、人は経験世界での時間と空間によって位置付けられている。我々はかなり古い時代からこのような位置付けをもっていたと考えられる。そして今から約七百年前、鴨長明、道元によってこの座標軸が言語化してとらえられるにいたった。

長明の『方丈記』の書き出し。「ゆく河の流れは絶えずして、しかももとの水にあらず」。これは、時空の座標軸を現している。この座標軸の交点、現在位地をAとする。A点からある時間が経過した上方のB点に移ったとする。「ゆく河の流れは絶えずして」。河の流れ、時間は絶えず下から上に流れている。「しかももとの水にらず」。B点においても絶えず流れている。しかもB点の水はA点の水ではない。道元もこの座標軸を前提にして、交点の現在位地を「永遠の今」と表現した。一方欧米人は言語知の知の領域で神によって位置付けた。この違いとそこから派生してくる問題等。

なおここでは、日本の位置付けについても述べておいた。日本の位置付けには二つあって、一つは我が国の歴史の中での位置、もう一つは世界の中での位置。

我が国の歴史の中の位置は、ちょうど平安朝から鎌倉・室町時代の乱世に入りかけている時期に位置する。明治維新は、たとえると家のリフォームで、住み慣れた家であったが洋風の家に模様替えしたにすぎない。現在は、言わばそこに住んでいる我々のOSを近代バージョンからもう一段バージョンアップする時である。近代バージョンにバージョンアップしたことも含めて近代の総ての準備は乱世戦国時代に行なわれてきた。

世界の中での位置。現在未来に食い込んでいる地域が三ヶ所ある。ヨーロッパとアメリカ、そして日本。

以上諸々のことを考えた結果、確信したことを述べてきた。私の考えたことを述べたのであり、正しいことを述べたのではない。正しいということを誰が決めるのかを考えることも重要であると考える。大きな文明的な危機の中で、我々がしなければならないことは、一人ひとりが自らの頭で考えること。できれば、心の奥底まで深く見つめること。そして、そのことは乱世の先人がみなしてきたことである。一人の日本人の思考の試み、その一つの例にでもなれば幸いである。

第二章　古代国家の成立から鎌倉まで

第三章　中世ヨーロッパとの同時平行現象

第四章　アジア太平洋戦争

第五章　近代西欧と我々の文明の異同

第八章　男女別姓・時空による人の位置付け

第九章　憲法・慣習法と現在の憲法

終章　伝統について

「序」

序章　問題の提起

我々の文明を知るための問題提起

ビル・トゥッテン氏が言うところの、「日本はアメリカの植民地になっている」、柳美里《ゆうみり》氏が言うところの、日本人の「したたかさ」、この二人の発言からこれからの論を進めていく。何の関係もない二人の言葉であるが、この論を書くきっかけになった言葉であったのである。

まずビル・トゥッテン氏は「日本はアメリカの植民地になっている」と言う。この趣旨は、我々日本人が独立国に相応しい行動をとるようにと忠告というか、提言しているのである。

では、多くの日本人は日本がアメリカの植民地になっていると考えているだろうか。私は、多くの日本人はそう考えていないと思う。またそう考えていないからこその提言であろう。ここで、多くの日本人というのは、庶民というような意味である。要するに、いわゆる評論家とか、マスコミに登場する名の知れた人たち以外の人たちである。

確かに、自分で稼いだ金でアメリカの国債を一生懸命買って宗主国のために使っている。駐留米軍が日本のためにあろうはずがないというのももっともだ。現に、センカク諸島問題にしても、アメリカは無関係だというような発言をしたこともあった。また、在日米軍の経費の七十パーセントを日本が負担していて、その額たるや六千億円を超えているという。

このような現状を考えたら、宗主国のアメリカ人に指摘されるまでもなく、我々日本人も植民地状態を認めざるを得ないかもしれない。それでも多くの日本人は植民地になっているとは思わないだろう。かつて、連合軍総司令官マッカーサー元帥が日本人は十二才だと言った。現在何才ぐらいになったのか分からないが、植民地状態を理解できるほどには成長しなかったのだろうか。何故日本人はそう思わないのだろうか。

柳氏の言うところの「したたかさ」なのである。私は日本人であるから、あえてもっと悪い言葉で言ってみよう。「ずるがしこさ」である。また同じ立場からすると、我が国民をあまり悪く言いたくはない。そこでもう少し穏やかな言葉を使うと、「超現実主義」なのである。

では、現在の日本の状況、植民地状態を変えて独立国にしようとした場合を考えてみよう。独立国ならば、国は自国の軍隊で守らなければならない。それを可能にする軍事力を備えなければならない。駐留米軍にお引き取りを願うこともあるだろう。もし日本がこれを言い実行しようとしたらどうなるだろう。アメリカはその世界戦略から、現状では首を縦には振らないかもしれない。近隣の国々はどうだろう。近隣の国々では、軍国日本の復活と言って大きな騒ぎになるかもしれない。

我々日本人は、軍事力による侵略というようなことは頭にない。また他国を統治することが、どれほど割に合わないか、骨身にしみている。しかしアジアの国々は、日本人が考えているようには必ずしも考えていないのだ。

日本は農耕社会、農耕民族と言われている。正にその通りで、水稲耕作の水利ひとつをみても、個人の勝手にはできない。要するに、周りと一致協力して作業をしなければならない。共生、共存が基本になっている。周りとあまり協力しあわない人間は、偏屈とか変わり者と呼ばれ、あまり歓迎されない。

さて今、日本を変えようとする。アメリカは首を縦には振らない。それを無理を押してまで行なうのは得策ではない。一方近隣の国々には疑われたくないし、騒ぎを大きくしたくもない。要するに、隣ご近所にあまり波風を立たせたくない。ここはひとつ現状にてらして、日米安保にのっていこうではないか。

さて、この場合の我々日本人の対応の仕方は「したたかさ」とか、「超現実主義」というほどのものではないだろう。この場合、ごくありふれた「現実主義」と言っていいだろう。他国の軍隊に守ってもらっているからといって、個人の自立心が失われたり、育たないということにはならないだろうし、現実をみて大人に相応しい判断をすれば、日米安保を堅持していくことが現実的であろう。

これが多くの日本人の理解である。さて、ものを理解する場合、どこで理解するかが問題である。何を言っているのだ。そんなことは決まっているではないか。人間、頭でものを考え頭で理解するのではないか。ごもっともである。しかし、すべて頭で考え理解するとはかぎらない。

心で分かり合うという場合もあるのだ。さらに我々日本人独特のもので、血の中というか、遺伝子の中での理解というようなものがある。これはごく一般的に、暗黙の了解と言ったほうが分かりやすいかもしれない。ほとんど議論もせずに、何となく了解してしまう、この理解のしかたをあえて、遺伝子レベルでの理解と言うことにする。

頭の中で理解したことは、ほとんどのものが議論の対象になるだろう。議論する当事者のレベルが違いすぎて議論にならない、というのはまた別の話である。心のレベルでのものも議論の対象になりにくいことが多い。人を好きになる、愛するというような気持ちは、悶々とすることはあっても、議論の対象という種類のものではないだろう。この遺伝レベルでの理解というものは、まったく議論にならない。議論というものとはおよそ相容れないもののようだ。だから右に述べたようなことは、日本人の間ではあまり議論されない。

さて、この「したたかさ」、「ずるがしこさ」、「超現実主義」、また「遺伝子レベルでの理解」というものをもう少しみていこう。

日本には、宗主国アメリカの軍隊の他に、自衛隊という自国の軍隊がある。しかもこの自衛隊は、世界一と言わないまでも、なかなかの軍隊である。特に近代的なその装備に関しては。陸上自衛隊は、一〇式というハイテク高性能の戦車を持ち、航空自衛隊は、F―15という、アメリカがごく少数の国にしか認めていない戦闘機を持ち、海上自衛隊は、イージス艦をはじめ、最新鋭の潜水艦を持っている。さらに九六年に、形はどう見ても空母としか見えない揚陸艦を進水させている。戦車を陸揚げするためのものであるが、大型ヘリコプターが発着できるようになっている。揚陸艦、別名ヘリ空母とも言われている。将来、垂直離陸機を積んで軽空母になる可能性は十分ある。我が国の憲法にてらしてみると、これは正に「したたか」と言うしかない。

このような戦車、戦艦、潜水艦、戦闘機を持っている組織をほとんどの国では軍隊と呼んでいる。日本人は、このような組織が軍隊であると理解できないほど愚かではない。多くの日本人は自衛隊を軍隊であると理解している。これも「遺伝子レベルでの理解」である。だから、自衛隊が軍隊であるかどうかというような議論は行なう必要はないのである。自衛隊が出てくれば、どうしても俎上にあげなくてはならないのは、我が国の憲法であろう。

日本国憲法は誠に立派な憲法である。もし人類が遥かに遥かに遠い将来、宇宙船地球号と言われるような地球連邦というようなものを成立させた時、その連邦の憲章にこれほど相応しいものはないだろう。

その前文の「日本国民は」というところを「地球連邦各国民は」と置き換えて、多少の字句をその趣旨に沿って置き換えれば、立派な憲章の前文になる。また第九条も同じように、「地球連邦各国民は、正義と秩序を基調とする国際平和を誠実に希求し、国権の発動たる戦争と、武力による威嚇又は武力の行使は、国際紛争を解決する手段としては、永久にこれを放棄する」。二項は何も変える必要はない。「前項の目的を達成するため、陸海空軍その他の戦力は、これを保持しない。国の交戦権は、これを認めない」。「国の交戦権」を「各国の交戦権」としたほうがより正確かもしれない。

我が国の長い歴史の中で、外国との戦争は数えるほどしかしてこなかった。古代国家成立以降約千三百年の間、元の襲来、秀吉の朝鮮出兵、近代になってから、日清、日露、大東亜戦争、わずかこれだけである。幼児ですら数えられる数字の範囲である。即ち手の指の数の範囲である。しかも片手の範囲である。もう少し範囲を広げて、古代国家成立以前の六六三年、唐、新羅の連合軍と戦って敗れた白村江の戦い、東アジア、東南アジアを荒らしまわった倭寇をも勘定に入れても、両手の範囲である。

このように我が国は、長い間平和な状態を維持してきた。今、その理由を究明することは、この論の趣旨ではないのでやめておくが、事実としてこれほど平和を維持してきた国は、世界でも稀であろう。過去の長い歴史に平和を実現してきた我が国は、未来の歴史に国際平和を誠実に希求する気持ちは世界のどの国にもまして強い。

有史以来人間は一体どのくらい戦争をしてきたか。過去の歴史は戦争の歴史とも言える。近代西欧文明が生み出した国家間の戦争だけでも、両手、両足の指の数を遥かに遥かに越えている。しかし二十世紀になって、人間はやっと国家間の大戦争をやめる気になったようだが、これとて絶対に可能性が無くなったわけではない。人間というものは、どうにも困ったものだ。人間は現在の脳の構造が変わらない限り、紋切型の表現を借りれば、悪魔のような残忍さと神のごとき崇高さを持ち合わせている限り、一切の争い、あるいは殺戮というものは無くならないのかもしれない。国家間の戦争に飽きてきたら、今度は民族間の争いを始めだした。新たに起ってきたこの民族間の争いを即座にやめられるほど人間は賢くないようだ。

我が国は過去に、長い平和な期間を実現した歴史を持っているが故に、平和への希求が強い。また西洋が絶える間がないほど戦争をしてきたが故に、かえって平和への希求が強いはずだ。平和への希求は、我が国や西洋の国だけではない。この地球上のすべての人が希求してやまないものだ。そしてそれをみごとに表現しているのがこの我が国の憲法なのである。

しかし、この憲法にはひとつの問題があった。それは、一九四六年の日本において成立したことだった。

この憲法制定後七十年がたった。この間、我が国はまことに平和であった。そのため平和ボケしてしまって、腑抜けのようになってしまったとの声も多い。たかがが七十年の平和でボケるような日本人ではないが、このことは後で述べることにして、今は終戦後の日本の外に目を向けてみよう。

まず朝鮮戦争が起こる。ソ連がハンガリーに軍事進攻する。ベトナム戦争が起こり、その終結後、中国が懲罰とやらでベトナムに戦争を仕掛ける。中東戦争、イラン・イラク戦争。ソ連がアフガニスタンに軍事進攻する。いわゆる冷戦が終わると、東欧は民族間の争いで収集のつかないような惨禍に見舞われる。イラクはクエートに軍事進攻する。アジアでは中国が、武力をもって台湾を脅しにかかる。この半世紀の恐ろしくも物騒なことは、これに尽きるというわけではないが、やれ百万人あるいは一千万人を虐殺したのしなかったのと、まことに世界というのは物騒なところである。

これら日本の外部での戦争状態に対して、我が平和憲法は何ら有効な作用を及ぼさなかった。もっともこれは当然かもしれない。どんなに平和を謳っていても、一国の憲法は他国の行為を規制するものではないから。では我が国、即ち我が日本列島が戦争状態になるような場合はどうであろうか。それは一体どういう意味なのかと問うかもしれない。要するに軍事進攻を受けるような場合である。一体どこの国が攻めてくるというのか。確かに現在、アメリカの核の傘で守られていると信じるならば、世界中で一番安全な場所と言えるかもしれない。しかしこのような想像をしてみたらどうなるか。アメリカの核の傘が無くなった、一部の人達が考えているような非武装中立を。要するに丸腰になるのだ。世界中で日本を欲しくない国など無いのだ。我が国の先端技術ひとつとっても、それで世界制覇も夢ではないだろう。ひょっとしたら日本争奪のために、かなり大がかりな戦争が始まるかもしれない。

であるから、日本は非武装中立というようなことを実現しようと考えてはいけないのだ。もし日本争奪の戦争が起こったらどうだろう。平和を望むこと、どの国の人達にもましてその気持ちが強いのが我が国の平和主義者である。どのようなかたちの戦争であろうと、戦争はその人達の意に反することになるだろう。それよりももっと恐ろしいのは、再びまたもやである、戦争責任を問われかねない。おまえの国が非現実的なことをするからだ、と言って。そして平和主義者が戦犯として処刑されるかもしれない。

それはともかく、我が国は他国から軍事進攻を受け、軍事力による徹底的な支配を受けたことがないから、その時の状態を想像できないかもしれない。軍事力によって支配されるということは、一般的にはこのようなものであろう。かなり多くの人が虫けらのように殺されることは先ず間違いないだろう。そうは言ってもなかなか実感がわかないかもしれない。こう言ったほうが実感として分かりやすいだろう。祇園祭り、葵祭り、阿波踊り、竿灯等、伝統的なものは一切抹殺されてしまう。或いは初詣もできなくなるかもしれない。日本語も喋れなくなる。こんな寂しい世の中はないではないか。

では、このような事態にいたらないために、我が平和憲法は有効であろうか。この問いに対して、『平家物語』の言葉を借りれば、「偏に風の前の塵に同じ」ということになろう。平和憲法もこのような事態に対して、何の役にもたたないということである。要するに、現状では、残念でもあり悲しくもあるが、国家というのは軍隊なくして存立し得ないということであろう。だから自衛隊があるではないか。自衛隊の成立の経緯はともかく、確かに現実に自衛隊がある。しかし、この自衛隊と我が国の憲法とは両立しないのだ。

物事をみる場合、いろいろな角度からみることができる。今、自衛隊と憲法を中心に据えて、その周りをひとまわりして眺めてみよう。要するに、三百六十度の様々な角度からみて見るのだ。一回廻ってどこから見ても両立しない。おかしいと、三回、五回、いや百回廻っても結果は同じであろう。しょうがないから上から眺めても、たぶん下から見ても同じであろう。本来理屈では両立しないものを現実には両立させている。これを、我が国の「超現実主義」と言う。

さて、もうしばらく前になるが、社会党が連立政権のもとで首相をだした。この時、社会党はその政策の主要部分を捨てて自民党に同調した。しかし多くの日本人は驚かなかった。社会党が掲げる政策の主要部分は、現実には実行不可能であると理解していたから。この理解も「遺伝子レベルでの理解」であったので、それに関しては何も言わずに、社会党に投票していた。言うならば、自民党のカウンターバランスとして投票していたに過ぎないだろう。決して基本的な政策を支持し、それを実現されることを願っていたわけではない。

本来一国の政党がその政策を変更することは大変なことなのだ。ほんの僅かの修正ならともかく、百八十度変えるとなれば尚更である。これに憤慨した人がいたことも事実であろう。今までの社会党は、一体何だったのか。自民党に反対、反対と、総て反対してきたではないか。村山首相は、安保条約の破棄を宣言してもよかったのではないか。しかし、そう憤慨することもないのだ。むしろ称賛すべきなのだ。政策を一夜にしてころりと変える、これぞ日本の「超現実主義」、さすが日本の社会党と言って。

さて、今述べている部分は、この論の言うならば提示の部分なのであるが、少々長くなってきたので、「ずるがしこさ」の見本を一言述べて本論に移ることにしよう。

戦後の日本は、国土の防衛を専らアメリカに負ってきた。そのためアメリカの核の傘のなかにいて、のうのうとやってこられた。言うならば、あんたは防衛、私は金儲け。人に防衛を押しつけておいて、自分は商売に専念してきたとみるならば、これを「ずるがしこさ」と言えるかもしれない。

「破」

第一章　縄文時代

文明としての縄文時代

これより本論に入るのだが、その前に、私の立場を明確にしておくことにする。先ず、私は学者とかいわゆる評論家ではない。日本の庶民の一人として書いているということ。一庶民であるから、当然専門分野というようなものはない。日本には素晴らしい学者が大勢いる。もっとも素晴らしくない学者も、それ以上にいるのであるが。専門分野がないので、その素晴らしい方の学者の論を大いに使わしてもらうことにする。しかし、これから論じることは、それらの学者の専門分野のことではない。私の考えていることをまとめるために、それらの学者の説を使わしてもらうということである。一庶民であるから、各分野の知識には疎い。要するに、言いたいことを言う手段として使わしてもらう。当然、参考にした著書は最後に挙げておく。

さて、一庶民と言ったが、庶民と言っても様々である。では、どのような庶民かを簡単に述べることにしよう。

専門分野はないと言ったが、一応大学は出ていて、専攻は史学なのである。しかし、歴史の勉強をした記憶は殆どなく、だから歴史の知識といえば、中学生の歴史知識程度のものであろう。学生時代は、音楽という脇道にそれて道草をくっていたと言っていいだろう。では、そちらの方面で大いに活躍していたかといえば、何の活躍もせず、ただ一人で根暗く勉強していただけである。日本の大学の素晴らしいところは、入学してしまえば、大して勉強をしなくても卒業できることである。その素晴らしさのお陰で、何とか卒業して会社に就職した。就職したといっても、世間で名の通った一流企業に勤めたことは一度もなく、幾つかの名もないところを転々として、いわゆる定年の年齢に達して、自ら職を辞した。学生の時以来、世の中とあまり関わりを持たない自分勝手な庶民であり、そのため当時盛んであった学生運動にも、社会に出ても、右や左の運動にも関心がなくまた関わりを持たなかった。またボランティア活動というものも、あまり馴染めないために、その活動もしたこともない、まことに怠惰な庶民と言えよう。

個人的な資質について言えば、人に自慢できるほどの才能など何も持ち合わせていないが、だからといって悲観的になることもなく、むしろ人生全般について楽天的であると言えるだろう。また欠点ばかり目につくが、強いて長所のようなものをあげれば、少々勘が働くことぐらいだろうか。勘と言っても、決して霊感のようなものではない。では、そのために今までの人生の内で、何か利するものがあったかといえば、まったくなかった。しかし、人はどんな小さなことでも、自分の長所と認めて、たえずそれに目を向けていないと、人生、時には生きていくのが辛くなることがあるものである。しょせんその程度の長所である。

本田宗一郎氏は、正確な表現ではないが、本を読んでも意味がないというような趣旨のことを言っていた。確かに、本を読むこと自体は、たとえ批判的にせよ、御尤もですと思って読もうが、人の意見を拝聴するにすぎない。企業経営者として、人の意見を聞くよりは自らの発想を重んじたとみれば当然のことだったろう。

ひるがえって我が身を考えてみると、人生この時点にいたるまで、ある程度の本を読んできた。しかし決して人一倍多くを読んだわけではない。多くはないが今まで読んできたことが、自分にとって何であったか、という問いが生まれてきた。一方子供の頃から、日本人とは何か、という問いも心のどこかにあった。それと同時に、どこからそのような感じを持つようになったのか分からないのだが、日本人の雑草のような逞しさも感じてきた。

現在、悠悠自適の生活、より正確には窮窮自適の生活、その中にあって有り余る時間の中に我が身をおいて、我が心の内に目を向けてみた。すると、子供の頃から抱いていた、日本人とは何か、またその逞しさは何処からきているのか、という問いと、今まで読んできたものの接点のようなものが見えてきた。それは、子供の頃から抱いていた問いに対する解答を懸命に探していた、と思えるようになった。

また、第二の人生を迎える時期の自分が、我が人生の転換期にいると同時に、久しく以前から言われてきた世界の転換期、そして戦後半世紀という日本の転換期の中にいることを意識するようにもなった。戦後七十年を経て転換期にさしかかっているというより、近代西洋と出会った幕末、そして明治維新を経て近代国家を作り上げた明治からの約百五十年という一つの時代の終焉と新たに始まろうとしている時代、そういう歴史の曲がり角にいることを強く意識するようにもなった。

さらにまた、暴力テロ、大小様々な殺戮が頻発している世界。困窮している世界。餓えている世界。これらの世界と対照的な日本。即ち、豊かで平和な日本。これこそ世界のどの国も達成できなかった平等の日本。平和な状態の中で、平等で豊かな社会を作り上げた日本。この対照をみているうちに、一つの思いが浮かんできた。それは、このような世界に対して何か使命のようなものがでてくるのではないかと。

有り余る時間があるということは、ある意味で面白いものである。普段であれば何故かとも思わないようなことも、ふと考えたりもする。確かに、時間がたつにしたがって世界に対しての使命という思いが強くなってきたのであるが、一体「使命」とはどういう意味なのかという疑問も出てきた。辞書で引いてみた。与えられた、あるいは課せられた任務とある。では、その主語は誰なのか、何なのか。使命を与えたり、課しているのは、誰なのか何なのか。

歴史、長い歴史と伝統、しかも世界でも稀な平和を築いてきた歴史。また古代から豊かさを何度も持った歴史。このような歴史を持ったが故に、我々日本人は、戦争状態の世界、困窮している世界、餓えている世界、又環境の破壊が進む世界に対して、平和な状態を築き、より豊かな生活を実現し、また破壊を防ぐ使命があるのではないだろうか。

有り余る時間の中で、諸々のことに思いをめぐらしているうちに、このようなことも考えるにいたった自分。子供の頃から漠然と抱いていた問い、その問いに無意識のうちの解答を求めていた自分。そういう我が身を見つめている時、始めにあげた二氏の言葉に出会い、その言葉がきっかけとなって、一つの構想のようなものが浮かんできた。それは子供の頃から抱いていた問いに対して答えることであり、今まで読んできたものが自分にとって何であったのかという問いに対して答えることでもあった。またそのように我が身を見つめている自分、それは、数えきれないほどの多くの我々の祖先が累々と積み重ねてきた歴史の一端にいて、広い世界の様々な現象に目を向けて、そこから自分なりの考え、たとえ下手な考え休むに似たりであろうとも、まとめてみようとする試みでもあった。

たとえて言うと、この論は撹拌器の中に、子供の頃からの幾つかの問いと、我が国の長い歴史と伝統、世界の諸々の現象、さらに少々の想像力をも投げ入れて撹拌した結果でてきたものでる。

いよいよ本論に入るのであるが、その内容を簡単に述べておくことにする。「序」で述べた日本人の特質のようなものの、依って来たるところを究明するものであり、誰でもが納得しやすい表現を使えば、俗にいう日本人論である。しかし日本人論で終始するわけではない。日本人論であると共に、その日本人が積み重ねてきた歴史と、そこから生まれた伝統についてである。これから述べることは、今まで書かれた多くの日本人論とはかなり違う。今まで人が思いつかないようなことを言うことを独創的と言う。人によってはこれを奇説、珍説とも言う。どちらかは分からぬが、前にで述べたように、我が心の内をみつめているうちに出てきたものであることは間違いない。

日本人は、日本列島という基板の上に、数えきれないほど多くの血を集積させてきた集積回路民族である。この日本人の定義は、日本人論の結論のようなものである。まず結論をあげた上で、次のようなところから本論に入っていくことにする。

日本の特異性ということがよく言われる。特に欧米から言われる場合が多い。果たして日本の特異性というようなものが存在するのであろうか。確かに日本の特異性というものはある。しかし日本だけに特異性があるわけではない。およそどの国も自国から他国を見れば、他国は総てまことに特異なのである。

我々日本人から見たら、欧米諸国はまことに特異なのである。我々は人を手招きする時、手のひらを下にして人を招く。欧米の人は手のひらを上に向けて行なう。また我々はソバとかうどんを食べる時、音をたてて食べることをマナーとしている。ところが欧米人は、音をたてないで食べることがマナーである。まったくあべこべの世界とでも言ったらいいだろう。これらのことは何も欧米に限ったことではない。アジアの国々でもまったく同じようなことがたくさんある。しかし、これらのことは現象として現われた特異性であって、決して本質的な特異性ではない。

では、日本の本質的な特異性とは何か。我が国、日本の最大の特異性とは、縄文時代一万年という長い時代を持ち、しかもその上に断絶することなく、累々と歴史を積み重ねて変遷してきたことである。一万年という気が遠くなるような長い時代と、中国のように断絶することなく、その上に歴史を重層的に重ねてきたことが特徴なのである。日本の特異性と見える現象は、すべてこの本質的なものからきている。

そこで、これから縄文時代がどのような時代であったか、ということからこの論をすすめていくのであるが、これから出てくる何々時代という表現は、縄文時代も含めて単なる時代区分を表わしているにすぎない。また、縄文時代から始めるのは、日本人の基礎をなしている時代であり、またこの時代から考古学的にも多くの遺跡、遺物が見つかって、日本古代の姿が分かるからである。縄文時代に先立つ旧石器時代の遺蹟も多く見つかっているようであるが、これを延々と過去に遡っていくと、猿からこの論を始めなければならなくなる。それはこの論の趣旨にも反するし、一庶民が豊かでもない想像力を用いて論じていくのであるから、できるだけ学問的な裏付けに基づいて論じていきたいと思うのである。

考古学者の森浩一氏によると、現在我が国には、旧石器時代の遺蹟が三千ヵ所もあり、異例であると言われている。これから縄文時代に入っていくのであるが、縄文時代に入っていく唯一つの手がかりが、この旧石器時代の「三千ヵ所もあり異例である」という考古学者の証言なのである。

人間というものは、情報に基づいて動くものである。これは古代、情報の伝達が今よりも遥かに遥かに遅い時代であっても変わらない。旧石器時代に既に三千ヵ所の遺蹟があったということは、三千ヵ所に人が住んでいたということであり、アジアの中でも珍しいほど周密していたということであろう。三千ヵ所というのは、現在の市町村の数にほぼ等しい。その分布をみると、我が列島に満遍無く人が住んでいたのである。この三千ヵ所に住んでいた人達は、何らかの情報に基づいてこの列島に渡来してきたと考えられる。私は人類がこの列島から生まれたと思うほど図々しくはないので、謙虚に渡来してきた人達であるとしておく。もっとも現在、数十万年前の遺物が各地で見つかっているので、その時代から列島には人が住んでいたと考えられるが、そこまで古い時代に、三千ヵ所に人が住んでいたとは考えないことにする。

そこで旧石器時代と言っても、紀元前数万年くらいの頃、既にユーラシア大陸から南洋諸島の広い地域一帯に、いくつかの情報があったと考えられる。遣唐使を派遣していた時代、中国皇帝の死が約一ヵ月で我が国に伝わってきている。それより一万年以上も前のこと、一年、或いは十年かかったとしても、一万年単位の時間を考えたら、それほど驚くほどの伝達時間でもない。それらの情報の一つに、ユーラシア大陸の東の果てに、非常に住みいい所がある、という情報があった。記録もない時代のことなのに、断定してもいいのかと問われたら、少々躊躇うが、人間も含めて総ての動物の特性、情報に基づいて行動することと、と、三千ヵ所に人が住んでいたこと、更に人類がこの列島で生まれたのでなければ、ほぼ断定してもいいだろう。

この情報に基づいて、人々はそれはそれはあらゆる所から渡来してきた。近くは言わずもがななので、遠くの端をあげれば、東南アジアはもとよりシベリア、チベット、南洋諸島から。これらの人の渡来は、打ち寄せる波のごとくであった。波には大小の波あり。波はある時は凪、ある時は風波を伴うこともある。そしてこの波は、ほぼ古代国家形成の時期をもって終わる。では、どのくらいの個所から渡来してきたか。想像するに、三千の一パーセントで三十、一割で三百。三十から三百の間の個所からの渡来があったとしておこう。要は、今ここで言いたいことは、日本列島は多民族列島であった、ということである。

旧石器時代の人達が土器を作り始めた時から縄文時代に入る。縄文時代は、現在紀元前一万年頃から始まることになっている。しかし最新の分析技術によれば、約一万四千年前の土器が見つかっている。すると将来、縄文時代はかなり遡ると考えられるが、現時点で一般的な縄文時代の期間は約一万年である。この論は歴史学の専門書ではないので、以降、縄文時代一万年という成句として縄文時代を表わすことにする。

さて、これでやっと縄文時代に入れたわけであるが、縄文時代は、旧石器時代の人達が土器を作り始めた時からを言うのであり、決して旧石器時代の人が忽然と消えてしまい、新たに縄文時代人という人達が渡来して入れ替わった、ということではないことを確認しておく。そこで、三千ヵ所に住んでいた人達が土器を作り始めたのであるが、当然、最初誰か一人が作り始めたのであろうが、あるいは同時発生的に何ヵ所で作られたのかもしれない。ところが急速にこの列島に広まったと考えられる。縄文時代の人達は、我々日本人の祖先の人達である。もう既に現在の我々日本人の特質のようなものを総て持っていたと考えてもいい。後の日本人が鉄砲伝来後約三十年で、当時世界一の鉄砲輸出国となり、戦後約三十年であの荒廃から立ち上がり、経済大国と言われるまでになったことを考えると。しかし悠久の時間を考えたら、百年くらいを考えたほうがいいかもしれない。

このように言うと、遠い昔を想像しいているというより、妄想に近いのではないかと問われるかもしれない。しかし妄想ではないのだ。そのためには縄文時代と現在との関係、即ち縄文時代一万年が、我々日本人の基礎をなしていることを証明しなければならない。最近、縄文時代と現在の我々日本人とが深い関わりを持っていると言う人が増えたきたようであるが、未だかつて誰もそれを証明した人はいない。今ここでは、縄文時代一万年が我々日本人にとって、磐石の基礎をなしていると言うにとどめて、もう少し後でこの証明をしてみることにしよう。

この土器の製作とそれを利用した生活。それは、その時代の状況を考えたら、画期的と言うか革命的と言っていいのではないか。土器の製作というのは、現在で言うセラミック技術である。また特に、この土器を使った生活、食物を煮炊きする生活というのは、後代の電気使用前と使用後くらいの違いがあったのではないだろうか。食物を煮炊きする生活様式がその後地球上に広まってゆき、現在にいたっているのであるから、普遍的な生活様式であり、人類が持った基礎的な一つの文明と言っていいだろう。言うならば、「食物煮炊き文明」。これは如何にもセンスのない名称であり、文明らしくないので、「土器文明」としよう。ここで文明というものを既存の考えに捉われずに、自分なりに考えて、縄文時代を文明という面から捉えてみよう。

人間が土器文明の次に作り上げた農耕文明とは、具体的に何を意味するのか。農耕文明とは、衣食住の内の食の生産方法の改革によってできた文明と言えるだろう。ではその結果どうなったか。人間は豊かになった。またその反面大がかりな戦争をするようにもなった。その豊かになった生活の上に、人間は文字というものを作りだした。いわゆる四大文明とは、都市を作りだしたこともあるが、一つだけ特徴をとれば、文字の発明であろう。

文字、言葉の普遍性は言うまでもないので、これを言語文明と言っていいだろう。さらにその文字に基づいて、人間は哲学とか宗教を作り上げた。これが紀元前五世紀頃のギリシャの哲学、中国諸子百家の思想、イスラエルのユダヤ教、インドの仏教というものであろう。言語文明は、人間が精神面での改革を行なってできた文明と言えるだろう。

人間はまず、食の生産方法の改革によって農耕文明に入り、より豊かになった生活の上に、文字を作り出し、その言語文明の中で精神面での改革を行い、哲学、宗教を生み出した。その後長い歳月の後、今度は西欧が人間が作り出したその言語によって、一つの仮設を打ち立てることによって新しい文明を生み出した。その文明によって、食だけでなく衣食住全般にわたる改革を行なってできあがったものが、現在我々がいる近代文明というものであろう。いわゆる近代の科学技術文明は、言語文明のうえにたった文明であり、人間が他の動物と分ける脳に基づいたものであり、そういう意味でこれは多くの欠点を持ちながらも、やはり人間が作り出した最大の叡知の所産であろう。

しかしこの文明は、出来上がって暫らくたつと、そのボロが目立ち始めた。たとえて言うと、結婚前に分からなかった相手の欠点が、結婚後暫らくたつと急に目立ち始めたようなものである。久しく以前には、精神面から、人間の疎外というような表現で表わされた。現在は、現実の大自然のシステムの破壊という形で現われてきた。これは当然かもしれない。何しろ農耕文明は、大自然のシステムと別のシステムを人が作り出したということであり、その後の人は、文明そのものを言語を使って精緻に精緻に作り上げていったために、大自然のシステムとますます乖離してゆき、とうとうそれと相容れなくなってしまった、というのが現在我々がおかれている状況であろう。

過去の文明の段階で、幾つもの栄えた地域があったが、みな消滅してしまった。人間の欲望には限りが無い。次のようなことがあったのだろう。緑に覆われた地域も、その繁栄を続けていくためには、燃料としての木が必要であった。総てを伐り尽くし、砂漠化してしまい消滅してしまった。我々も地球システムの破壊と共に、この近代の科学技術文明と共に心中しなければならないのだろうか。

　過去に栄え、消滅してしまった地域において、ある時点で、人間の欲望を抑えられたら、消滅せずに存続できたかもしれない。しかしその文明は、大自然のシステムとその文明を融合させる技術を持たなかった。近代文明は、大自然のシステムの破壊を防ぐ技術、あるいはこの文明と大自然のシステムを融合させる技術をその文明に内包している。この点が過去の文明と決定的に違うところであり、またこの文明が人間の叡知の所産と思うゆえんである。しかしあくまでも、ものは使いようという知恵を持ってのことであるが。

　さて今まで述べてきたことは、我が列島の外部での文明についての考察であるが、我が縄文時代一万年と外部の文明を擦り合わせることによって、さらににもう少々詳しく縄文時代をみてみよう。

　我が縄文時代の人達は、食物を煮炊きする土器文明を持った。しかも現在分かっている限りにおいては世界最古である。これは、それまでの生活様式からみると革命的な改革であった。我が縄文時代の人達は、この土器文明と共に一万年も暮らし続けた。ここに日本人の本質的な特異性が存するゆえんでもあるが、なんと律儀と言うか、浮気性が無いと言うか、はたまた呆れ果ててしまうゆえんでもある。

　縄文時代一万年を成句として使ってきたが、ここで一万年という長さをほんの少々考えてみよう。結論から言うと、私のような貧弱な想像力では想像もできないと言うしかない。ものを理解する場合、比喩即ち、たとえを用いると、難解なことも理解しやすくなる。このたとえようもない長い時間をどうたとえたらいいのだろうか。

現在学校で習う歴史の範囲はよく分からないが、５Ｗ１Ｈというものを使って考えなければならない歴史的事象は、やはり古代国家成立の頃からだろうか。約千三百年になる。千三百年の歴史を学ぶためにどれほど努力しただろうか。年号を覚え、人を覚え、著書を覚え。つくつく法師なら、夏に鳴く蝉でその鳴き方も分かる。しかし兼行法師となると。一人ではないのだ。千三百年の中には、頭が痛くなるほどの出来事が詰まっている。一万年というと約八倍以上である。もし千三百年と同じ密度の歴史的事象が八倍もあったら、どうであろう。もう誰も歴史などというものを学ぶ意欲を持つ者はいなくなる、それほど長い時間ということである。

さて、我が祖先の縄文時代の人達は、世界で一番早く土器文明を持った。しかし遅れて土器文明を持った列島外の人達は、その後すぐに農耕文明を持ち、更に言語文明に入り、哲学、宗教を生みだした。その段階にいたっても、我が縄文時代の人達は相変わらず土器文明の中に浸っていた。よほど居心地が良かったのか、ぬるま湯から出られなかったのか、まったく遅れていると言われても致し方ないであろう。ここに我々日本人が周りから遅れているという一種の強迫観念をたえず持ち、また優れたものは外部から来ると思うようなった根拠があるかもしれない。しかしそこにはまた、我々が気が付かないでいる高度なものをもっていた。それは高度の技術文明であり、その技術から生まれた高度の文化と豊かな生活があった。

人間が他の動物と分けられる特性は、脳を発達させたことであろう。その結果、人間は他の動物が持ち得なかった言葉と文字を持ち、道具を使うようになった。道具を作り、道具を使うこと、即ち、人間は道具を作る技術とそれを使う技術を身につけた。そして言語と技術を使い永々と文化・価値を築き上げてきた。そこで人間が他の動物と違うところは、言語文明と技術文明を持ったということでもある。他の動物と分けられる脳から生まれたこの二つの文明、その内の一つである技術文明。我々の先祖である縄文時代の人達は、それを人類の歴史の早い段階から持ち継承してきた。また継承する精神をも継承してきた。縄文時代の人達が技術文明を持ち始めてから数千年後に、エジプトの地でピラミッドを作るような技術が生まれた。しかし、その技術はかの地では継承されるどころか、古代エジプト自体さえ消滅してしまった。

技術文明と言うと、我々は近代西欧が生んだ科学による技術を思い、またそれ以前の技術を何か陳腐なものと考えがちである。確かにそれ以前の技術では月には行けなかった。しかし、三百年前に生まれたにすぎない近代の科学技術文明の前にも、高度な技術文明は存在した。地球上の各地に見られる遺蹟と遺物はそれを物語っている。しかし残念なことに、どこの地域においても、現代までそれが継承されなかった。我が縄文時代の人達は、歴史のかなり早い段階で、他の地域にさきがけて土器文明に入り、長い間それに浸っていたが、一方では同じ時期から技術文明に入り、それを継承してきた。また継承する精神を残してくれた。そこで、それ以降の人達も歴史の断絶が無かった故に、技術文明とその精神を引き継いできた。

ここで日本文明について触れておこう。最近我々の中にも、日本文明ということを言う人が増えてきたようである。しかし私は日本文明という言葉をあえて使わない。決してそれを否定はしない。日本文明という言葉を使うと、一般にはまだあまり馴染みがないために、一体日本文明とは何なのかということになる。そこでその内容を説明するために、一冊の本になるくらいのことを書かないと、多くの人は成る程と納得しないだろう。また私が田舎者だとすると、自分も都会的なセンスを持っていることを示すために、何ともぎこちない振る舞いをするのに似ていて私の趣味に合わない。

また、かつては欧米の歴史学者であるトインビー氏が日本文明を言い、最近ではハンチントン氏が、それをもう少々深めて一民族一文明と分析された。まことに卓見であると思う。どんなに高名な欧米の歴史学者が使おうとも、私は右のような理由から日本文明を使わないのであるが、決してハンチントン氏を否定するつもりはない。否定するどころか、一民族による一つの文明と認めて頂いたことにはまことに感謝にたえない。しかし私がハンチントン氏を評価し称賛するのは、一民族一文明と認めてくれたからではない。それは、欧米の人間も二十世紀の後半になってやっと、真に地球的な視点にたって世界の歴史を見るようになった、その点を評価し称賛するものである。

縄文時代の高度の技術

さて、縄文時代を文明という面から、即ち縄文時代は、一方では基層の文明である土器文明、他方では高度な技術文明を持ったと捉えたわけであるが、まずその技術がどのようなものであったかを、いくつかの代表的なものを取り上げてみていくことにしよう。

まず土器そのものを作る技術について。現在陶芸の里と言われるような観光地で、子供でも土を捏ねてカップ等の焼き物を簡単に作る。また陶芸を趣味にする人も増えている。そこで土を捏ねて器を作り、それを焼きさえすればでき上がりと思ったら大間違いなのである。土の選定から始めなければならない。土が決まれば、それでいいのかといえば、それだけではないのである。土器を焼く薪の乾燥具合も熟知していなければならない。当時の人達は、土を選び土器と薪を乾燥させ焼き失敗し、また土を選び土器と薪の乾燥具合を変えて焼く。数えきれないほどの試行錯誤を繰り返すと共に、その技術をも伝えてきた。その長い間の伝承の内に、一つの大きな変化が起こった。次第に芸術性が加わっていった。あの火炎土器は実用もさることながら、芸術品、美術品と言っていいだろう。

土器というのは、煮炊きしたり、貯蔵したりするための実用品である。後代の日本人が、本来は実用の武器である刀とか鉄砲を、その本来の実用性が薄れていったとき、そこに象眼を施したりして美術品に仕上げてしまう、まさにその精神が既に縄文時代に培われていたと考えていいだろう。縄文時代の人達は、数千年の土器製作の過程で遊び心が出てきたのである。あの火炎土器というものはその一つの表れであろう。およそ成熟した文化現象というものは、豊かな生活の上にたった遊び心から生まれるものである。

次に巨大土木技術。縄文時代に対する一般の人の考えを一変させたのは、三内丸山遺跡の発掘であったろう。そこに、三個ずつ二列に並んだ直径一メートルの六個の柱穴が見つかった。現在この構造物は、用途が不明なまま地上十五メートルの高さで再現されている。縄文時代の人達は、直径一メートル、長さ二十メートル近い巨木を、巨大クレーンを使わずに縄だけを使って組み立てる技術を身に付けていたのである。この技術だけでもなかなかのものであるが、これだけで文明を証明するには、少々物足りない。

この巨大構造物そのものである六本の柱が、総て四・二メートルの等間隔で立っているのである。縄文尺（三十五センチメートル）が使われていたことは既に知られていたが、この柱間隔の四・二メートルは十二縄文尺に相当する。これでみる限り、十二進法が使われていたとも考えられる。要するに、度量衡の規準を持っていたということは、これはなかなかのものであって、技術文明を証する一つの証しとみていいだろう。

次に巨大技術の対照をなす微細加工技術。同じく三内丸山遺跡からも、硬玉のヒスイが見つかっている。このヒスイに小さな孔があいている。ヒスイというのはかなり硬い石である。どのくらいの硬さかというと、一番硬いダイヤモンドから数えて四番目だそうである。我々はある硬さのものに孔をあけるとき、それ以上硬いものでしかあけられないことを知っている。するとダイヤモンド、ルビー、サファイアのようなごくごく限られたものでしかあけられないことになる。鉄などの金属製の道具を持たなかった縄文時代の人達が、どのようにしてあけたのだろうか。

その方法を書いても、しょせん技術屋さんの受け売りにすぎない。ただ紙面を増やすだけである。そこで結論から言うと、現在とまったく同じ方法だそうである。違うのは、現在は近代の科学が生んだ最新の工具を使っているだけである。要するに原理は同じということである。原理を知っていたということは、これを別の言い方で言うと、ある事をする場合の法則を知っていたと言えるだろう。私は人を偉いと思う条件がいくつかある。その一つは法則の発見ということである。法則を発見した人は、ただただそれだけで偉いと思ってしまうのである。ニュートン、アインシュタインのように。縄文時代の人達が法則を発見できるような人達であったということで、なかなかのものであり、そこに技術文明の基礎を築ける精神があったと思うのである。我々の文明については、徐々に詳しく述べていく。

次に栽培・植物加工技術。三内丸山でクリが栽培されていたことが確認された。これより古い縄文時代早期の遺蹟で、ヒョウタン、エゴマ、アサ、ウルシ等の植物が栽培されていたことがほぼ確認されている。完全な栽培状態ではないが、かなりそれに近付いた状態でのヤモノイモ、クズ、ヒガンバナ、ワラビ等の栽培。さらに稲、陸稲《オカボ》として縄文時代のかなり早い時期から栽培されていたようである。現在縄文時代早期、六千年前の稲が確認されている。稲には熱帯ジャポニカと温帯ジャポニカがあり、現在見つかっている種を最新のＤＮＡ分析した結果、熱帯ジャポニカの割合が多いことも分かってきた。後者は水田で肥料を十分施し栽培を管理する必要があるが、前者はむしろ焼畑稲作のような粗放型農業に適していると言われる。このようなところから想像するに、縄文時代のかなり早い時期から、ヒエ、アワ、キビのような雑穀の一種としてオカボが焼畑で栽培され、水稲耕作が普及する弥生時代になっても焼畑でオカボの栽培が行なわれていたということであろう。

アク抜きのための水晒し技術。ヤマノイモ等の根茎から、この技術によりデンプンをとり、またドングリ、トチ等の堅果類のアクを抜いて食用が可能になる。だからと言ってドングリやトチの実を食べていたと思わないようにしてほしい。麦と同じように原料であり、パンやクッキーを食べていたと思えばいいだろう。現にアク抜きした堅果類とその貯蔵穴が幾つも見つかっている。醗酵技術、ヤマブドウから果実酒、即ちワインを作っていたことが確認されている。現在の鮨の原型であるナレズシも醗酵技術の応用であったろう。さらに植物ではないがバイオの技術として、カキの養殖も確認されている。

以上、セラミック技術、巨大土木技術、微細加工技術、バイオテクノロジーについて簡単に述べたわけであるが、その外にも高度な技術があり、もう少し縄文時代のそれを概観してみよう。ウルシの技術。福井県鳥浜遺跡の縄文時代前期の層から漆塗りの盆や鉢が見つかっているが、中でもなかなかの出来栄えの櫛がある。三内丸山でも、真っ赤な漆塗りの木椀や櫛が見つかっている。さらに後になると、竹篭の上にアスファルトを塗り、漆で仕上げた漆器が出現する。今まではウルシは中国から伝わったとされているが、鳥浜遺跡でみる限り日本のほうが古いそうである。私は世界最古であることをそれほど重要視しないのであるが、何もかも大陸で先に起こり我が国が後であるというのも感心しないのである。大陸の完成されたウルシ技術を輸入したというより、大陸でウルシの技術が生まれると同時に、その技術を持った人が渡来して、ほぼ同時期にウルシ技術が発生したとみてもいいだろう。

さらに漆器のもとになる木工技術。三内丸山出土の漆塗り椀はクリ材でできているそうである。堅いクリ材を石器だけで、どうしてあのように見事に作ったのか、専門の学者でも分からないと言う。専門の学者によると、三内丸山の石製のノミ、石斧は、弥生の石器がみすぼらしく思えるほどなかなかなものであるらしい。しかし現時点で、ロクロを使わずに堅いクリ材をくりぬく方法は如何としても分からないらしい。

次に、縄、綱をよる技術。現在縄文時代早期から、遺物によって、主に麻類の繊維を用いて、ツナ、ナワ、ヒモ、イトの区別がなされていたことが明らかになっている。女性の場合、髪の毛を櫛ですいてヒモで束ねていただろう。衣服に継ぎ当てと装飾をかねたアップリケ、襟元には組み紐などが付けられていたことが確認されているので、そこにはヒモ、イトが使われていたと想像するのである。この想像を裏付けるものとして、三内丸山遺跡から出土した数種類の縫い針がある。

セラミック技術としての土器の作成のところで、土器そのものを作るのさえ簡単ではないことを述べたが、さらに高度の技術があったのではないかと想像される遮光土偶について触れておこう。雪眼鏡をかけたような異様な土偶は、先ず中が中空で極めて薄い粘土で作られ焼かれていること。次に、異様に黒光りしていて、炭化珪素を焼き付ける以外考えられないらしい。硬玉のヒスイに、現在と同じ原理を用いて穿孔していた我々の祖先の人達である。炭化珪素による焼き付け法という現在の高度なセラミック工法と同じ原理で、当時身の回りにある素材とそれまで蓄積してきた技術を用いて焼き入れをしていたと想像するのも楽しいではないか。

こうしてみてくると、交易に欠かせない丸木舟や筏を作る技術も、巨大土木技術、木工技術、綱・縄を作る技術からすれば、いとも容易だっただろう。細かい技術についてだいぶ長くなったので、最後に染色技術と薬について考えてみよう。

現在でも藍染は一般的によく知られているが、これも縄文時代に遡るとは言わない。何故ならば、私は藍染の知識がまったくないから。しかし自然の草木から染料を抽出し着色することは太古から行なわれていただろう。出土した真っ赤な漆塗りのお碗を考えてみれば、縄文時代が色彩のない時代とは思えないのである。縄文時代の人達は皮をなめしていたことも確認されている。なめした皮のコート、麻類の繊維から織った服、一体どんな色に染めていたのだろうか。自然界の色の豊富さから、私はかなり色彩の豊かなものだったと思う。色は残り難い。残念である。もう一つ遺物として残り難いものに薬がある。

縄文時代の人達の自然に対する知識と技術を考えたら、かなり高度の薬草の知識も持っていたと想像できるのである。止血、化膿防止、痛み止め、下痢止め、解熱等に対応する薬草を知りすぎるくらい知っていただろう。遺物として残らないものは想像するしかない。

以上、縄文時代の技術的なことの概略を述べたのであるが、もっと詳しくは関係の本を読んでもらいたい。

さて、縄文時代を技術文明ととらえ、その具体的な技術の幾つかをみてきたわけであるが、この技術文明を別の面からとらえ、簡明に言い表わすと同時に、誰が、何故、縄文時代の我々の祖先の人達がこのような高度の技術文明を持ちえたか、またその技術文明を現在までどのようにして伝えてきたかを考えてみよう。

その前に、ここで私のものを見る視点について述べておくことにしよう。それは人間、即ち太古から変わらず、これからも当分の間変わりそうもない人間に視点をおいている。この視点にたつと、案外ものがみえてくるのである。たとえて言うと、目の悪い人の眼鏡、或いは望遠鏡のごとくである。但し、あまり倍率の高いものではない。またこの視点にたつと、庶民にとって学者の学問ほどの武器にもなり、またこの論を書く上での援護をもしてくれているのである。

今は昔となった学生時代の唯一つの記憶に、歴史の一回性というのがある。このこともこの論に大いに関係があるので考えてみよう。歴史の一回性というのは、歴史上の出来事は一回限りで、二度と同じことは起こらないというものである。これも私がたつ視点からみると証明できるのである。人間は変わらない一面がある。善と悪、残忍な面と崇高な面を両端に持ち、悩み、苦しみ、喜び、悲しみ、怒り、人を愛しまた傷つける。この人間の不変な面と、一方その人間が作り出す外界は刻々と移り変わっていく。人間は何度も同じことを繰り返す。平安朝の式部女史の『源氏物語』が時空を越えて読まれるのは、この人間の不変性による。

一方世の中は、人の命の有限なることを考えれば、人と栖もまたゆく河の流れのごとく、と鎌倉期の鴨長明が言っているではないか。人間が同じことを繰り返しても、世の中は、ゆく河の流れのごとく一時たりとも同じではない。情況が違う故に、まったく同じことは二度と起こらないのである。またそれ故に、同じようなことは何度も起こるのである。

縄文時代の我々の祖先の人達が作り上げた技術文明は次のように言うことが出来る。大自然を精緻に精緻に観察する経験知による文明である。これより遥か後の近代に、西欧が言語を精緻に精緻に分析する言語知から科学技術文明を生みだした。正にその精緻さに勝るとも劣らない精緻さをもって作り上げられた技術文明であった故に確たるものだったのである。

技術を生み出す源泉——大自然への好奇心

では、何故縄文時代の我々の祖先の人達が高度な技術文明を持ち得たか。
その原動力は強い好奇心である。では何故、縄文時代の我々の祖先の人達は、強い好奇心を持つにいたったのか。大自然の観察から生まれた。最初はその大自然の営みをみざるをえなかった、というのが現実であったかもしれない。しかし一万年という長い歳月が、大自然を精緻に精緻にみることを可能にした。大自然の営みは広大無辺である。みればみるほど大自然は精緻にできている。みればみるほどその精緻さに惹かれた。惹かれれば惹かれるほどみた。大自然が広大無辺なる故に尽きることのない好奇心が生まれた。するとその好奇心が原動力となって再び大自然をみた。これを一万年の間繰り返してきた。

後の西欧が言語知により言語そのものを精緻に精緻に分析していった。それは仮設をたてることでもあった。言語知故に、仮設もたてられ、またその分析の成果も比較的短時間に導きだせた。その仮設のたて方も独創的であり、またその分析の精緻さもなかなかなものであったが、仮設をたてることも、その言語の分析も言語知の中での作業で、大自然と一切関わりをもたなかった。そのため大自然をも人間の外部におき、しかもそれを征服してしまうようなものであった。しかしその作業こそ、人間がたどりついた叡知と言えるだろう。

一方我々の祖先の人達は言語文明に出会う遥かな昔、しかも農耕文明にさえ出会う以前、大自然の中で自然の一部として生活をしていた。人間も自然物である。脳を少々発達させた自然物にすぎない。大自然の生活の中で、その大自然から好奇心を与えられた。その好奇心が原動力となって、ますます精緻に大自然を観察することになった。西欧の言語知による分析は、人間が言語知を展開させていく過程で、その言語知の中から生まれた叡知であった。

一方縄文時代の我々の祖先の人達は、大自然に働きかけていく過程で、尽きることのない知恵を授かった。大自然という媒体があっての叡知であった。大自然との相互作用の中での経験知から生まれた叡知であった。経験知を得るには長い時間がかかる。一万年という時間が必要であり、またそれを持てたということは大きな運命というか宿命のようなものを感じるのである。そのようなわけで我々の祖先の人達は、自然を神聖視さえすれ征服しようなどと夢にも思わなかった。

縄文時代よりこの好奇心は現代まで、我々の中に脈々と生きている。十六世紀のスペイン、ポルトガルの宣教師達の共通の驚きの一つに、日本人の好奇心の強さと知識欲の旺盛さであった。その後数百年たっても、我々日本人の好奇心も知識欲もいっこうに衰えてはいない。幕末から明治にかけての欧米人も同じことに驚きを示しているのである。更に現代にも延々と引き継がれている。

音楽の世界に目を向けてみよう。我が国伝統の演歌、民謡はもとより、クラシックの世界では、ヨーロッパを初め世界中からオーケストラ、オペラ、バレエが来日している。ポップの世界では、わが国の若い人気バンドや歌手が次々と現われ、フランスのシャンソンはもとよりアルゼンチンのタンゴを初めとする中南米の音楽、ポルトガルのファド、イタリアのカンツォーネ、インドの音楽、スペインのフラメンコ、中近東の音楽、アフリカのリズム。我々はこれらの音楽が好きなのである。

さらに食に目を向けてみよう。伝統の日本料理は今なお健在であり、芸術品と言ってもいいような和菓子、大衆的なソバ、うどん。アメリカを代表するマクドナルド、中華料理、フランス料理、イタリアのパスタ、インドのカレー、タイ料理等々。世界中の料理が食べられるのである。更に、日本酒、数えきれないほどの各地の地酒、イギリスのスコッチ、ヨーロッパを初めとする世界のワイン、アメリカのバーボン、中国の老酒、ロシアのウォッカ等々。正に雑種の食欲と言っていいだろう。しかし我々はこれらが好きなのであり、私はこれを太古から変わらない日本人の旺盛な好奇心の現れとみるのである。

自然との対話をしながら、経験知により作り上げた技術文明のなかでの、一万年という歳月の後、我々の祖先の人達は農耕文明に入った。その後すぐに大陸の古代文明に出会い、古代国家を作り上げた。古代国家成立より約千年の後、基本的には縄文時代と同様の、自然との共生の中で完璧なまでのリサイクル社会、即ち江戸時代二百六十年という高度の文化を持った社会を築き上げたではないか。これは縄文時代以来のものが我々の中に脈々と流れていて、すぐ後で述べる豊富化のサイクルを継続した上での縄文時代の再現であり、また、縄文時代と現代の連続性、前に約束しもう少し後で証明するものの一つの証しともなるのである。

技術の現在までの継承方法——豊富化のサイクル

次に、我々の祖先の人達がこの技術文明を如何にして現代まで継承してきたかを考えてみよう。結論から言うと、技術も含めた生活様式即ち伝統、その伝統を革新して、新しい器に盛り、その新しい器が再び伝統になると、その新たな器に盛られた伝統を再び革新して、さらに新しい器に盛る。この繰り返しを何度も何度も繰り返しながら現代にいたっているのである。これが技術文明の継承の仕方であると同時に、その技術文明の上にたった生活全般、即ち伝統の継承方法でもあったのである。この伝統と革新と新しい器（伝統）の繰り返しを「豊富化のサイクル」と呼ぶことにする。豊富化という言葉は、梅沢忠夫氏が使われたもので私が考案したものではない。使わせてもらうことにする。しかし、必ずしも同じ意味ではないかもしれないので、私なりの意味を述べながら論を進めていくことにしよう。

伝統を革新して新しい器に盛って、その新しい器が新たな伝統となる。新たな伝統は革新前の伝統より豊富化されているものである。それは、自然あるいは人為的な強制力が働かない限り、人間は豊富化の反対の貧困へは向かわないものであるから。またこの豊富化のサイクルは、日本人に特有のものではない。革新の速さ、量と質は、国または民族によってかなりの違いはあっても、社会の変遷の一つの形であろう。では何故、ここに豊富化のサイクルとして特に取り上げるかというと、我が国の本質的な特異性としてあげた断絶のない歴史故なのである。断絶のない歴史故に、このサイクルによって作られた層は限りなく厚いのである。歴史の断絶があると、断絶を境にした前後のサイクルは別のものになるか、初めから同じことを繰り返すことになる。

縄文時代以来現在までを成句として一万二千年として使うことにする。一万二千年の間、我々の祖先の人達は豊富化のサイクルを続けてきた。その間に、そのサイクルの豊富化を一層効果的にする、栄養素のようなものを三度取り入れた。その第一のものが水稲耕作の受容であった。

縄文時代晩期、渡来の波の中の人達の内に稲をもたらした人達がいた。その稲は多分温帯ジャポニカ種であったろう。主に大陸の南の方からの人達であったに違いない。当然彼らは潅漑設備等を含むシステムとしての水稲耕作の技術を持っていた。そればかりか金属器をも持っていた。縄文時代の我々の祖先の人達は、この水稲耕作の生産性の高さをみたのである。それは、単に縄文時代の早い時期からオカボの栽培を知っていたからだけではない。陸稲を含めた栽培技術が縄文時代一万年の間に熟しに熟していた。さらにそれを取り巻く既述の技術、即ち高度の技術文明があったが故に、その生産性の高さをみることもでき、取り入れることも可能だったのである。

我々日本人は必要性、便理性の高いものの取り入れはまことに速い。発想も無かったような鉄砲でさえも、それを手に入れるや一年後には量産に近い状態で作り出し、三十年後には世界一の鉄砲輸出国になってしまう。この件は二挺の鉄砲に大枚一千両を出した年若い領主、種子島時堯《ときたか》の好奇心が発端になっている。三十年から五十年というのは、我々日本人が新たなものを自家薬篭中のものにする期間であり、日本人を知るためのキーであり、またこの論のキーでもある。

まさにその半世紀で、西日本一帯に水稲耕作は行き渡ってしまったのである。しかし東日本一帯に広まるには、その何倍かの時間が必要であった。それは縄文時代以来、西日本が照葉樹林帯、東日本が落葉樹林帯という風土の違い、また何といっても日本海側の東日本のような豪雪地帯に稲を栽培するには改良の必要があったからであろう。稲の品種の改良、即ち交配によるまったく新しい品種の稲をつくるには十年かかるという。十回繰り返して百年である。風土の違いによる諸条件が無かったら、もっと速く列島全体に広まったかもしれない。何れにしてもそこには改良、即ちカイゼンが行なわれたと思うのである。もともと豊富化のサイクルの革新の部分において、技術的なことに関しては常にカイゼンが行なわれていたのである。戦後の生産現場でのカイゼンは決してその場の思い付きではないのである。

最近縄文時代が見直されてきているが、今でも我が国の歴史の始まりは弥生時代からという感が強い。確かに、我が国の特徴とされる強い共同体意識は水稲農業に深く根ざしているように思える。また、宮中や伊勢神宮で行なわれている神事は水稲耕作にまつわるもので、決して縄文時代のものではない。麹酒、餅、味噌、納豆、ナレズシ、蒟蒻《こんにゃく》、鵜飼い等、現在まで続いている習俗は弥生時代に起源を持つものであろう。しかし、前述のセラミック技術、巨大土木技術、微細加工技術等は、我々の祖先の人達が遥か数千年以前より持ち続けてきたことは前述の通りである。弥生時代以降は水稲耕作を受け入れて、主にそれにまつわる儀礼的なものがその後の我が国の中心になっていったということであろう。その儀礼的なものでさえ、渡来してきた人達が完成されたものを持ち込んだというより、彼らはその萌芽のようなものを持ち込んだにすぎず、それを完成させていったのは、我々の祖先の人達であった。言うならば、豊富化のサイクルの中に水稲耕作という栄養分を取り入れ、革新を行い新しい器としての弥生文化を作り出したのである。

以上のことを次のように考えてみよう。丸い円を頭のなかに描いてみる。この円を縄文時代とする。この円の外周に小さな円をくっつけてみる。この小さい円を水稲耕作とする。豊富化のサイクルを繰り返していく内に、コブのようにくっついた小さな円が次第に元の円の周りを覆ってゆき、一回り大きな円が出来る。即ち、縄文時代が一回り大きくなった、豊富化されたのである。

我が列島の単一民族化

さて、我が国は渡来人の集積の上に成り立っていると述べたが、その渡来してきた人達の渡来の仕方、その結果、多民族となった我が列島の人達がどのようにして単一民族化していったのか。その人達がどのような活動をしていたのか。その活動を通しての我が国のかたち。またその人達がしゃべっていた日本語、さらに日本人の宗教について考えてみよう。

先ず渡来の仕方についてであるが、前に情報に基づいて渡来したと述べた。しかし文献はもとより遺跡、遺物でさえ情報については確認できない。私なりに情報に基づく渡来とほぼ断定したわけであるが、文献にも残っていないことなのでなかなか信用して頂けないかもしれない。そこで文献に残っていて、しかも我々がよく知っている話に基づいて考えてみよう。

我が国に「徐福《じょふく》伝説」というものがある。これは、秦の始皇帝が不老不死の仙薬を求めて、徐福以下三千人の男女送り出し、その徐福が我が国に来たというのである。私が知っているだけでも、我が国にはこの徐福伝説を持っているところが六、七ヵ所ある。秦国を出る時一人であった徐福が我が国に到着すると複数になってしまったということである。一人の徐福が複数の場所に来たということをもって、この話は町起こし村起こしのでっちあげであるとみる見方が一つ。もう一つは複数ある故に事実であったとする見方がある。後者は説明しないとなかなか納得できないであろう。そこで後者を説明していくことにする。

私は徐福一行が最後まで共にいたとは考えないのである。極端に言うと、途中で四散してしまったとみるのである。四散しないまでも幾つかのグループに分かれたと考える。一行は山東半島辺りから海を渡ったと言われている。海上で幾つかに分かれてしまったその人達は、ある者は朝鮮半島西岸に着き、或いは大陸の中部、南部に漂着した者もいただろう。

『三国志』の「呉書」に、孫権が夷《い》洲、亶《たん》洲を調査するため、将軍と共に一万の兵を派遣したとある。そして亶洲の長老のいい伝えとして、その昔徐福がその島に着き住みついて、今やその子孫が数万戸にもなっているとある。私は書かれたものは、どんなに荒唐無稽のものでも、シュリーマンの例を持ち出すまでもなく何らかの伝承に基づいたものであると考える。亶洲が何処であるかが問題であるが、森浩一氏によると種子島に、それらしい遺物が見つかっていると言う。この二つのことから、いつかのグループに分かれてしまったけれども、徐福を含んだ一行が種子島にたどり着いたとしておく。

すると伝承をもっているその他の地域はどうなるのであろう。私は、海上で分かれた別のグループが我が国に着いたとも考えられるし、あるいはまた朝鮮半島や大陸に漂着した人達、またはその子ないし孫が渡来の波に乗って、現在伝承をもっている各地に渡来してきたと考えるのである。その渡来してきた人達はかなりのホラを吹いたのである。その中でも最大のホラは、自分が徐福であると言ったことであろう。その時、その地域の長老が出て来て、こう言ったのである。「そなたが始皇帝によって使わされた徐福殿であったか、よく遠路遥々来られた。何はともあれゆっくりしなさい」。

「講釈師見てきたようなうそを言い」と言う。私はうそはついていない。想像力を働かせたまでである。しかし私の想像力と講釈師のうそは僅差かもしれない。ホラ吹きにしたら、倭国に来てしまえば、もう始皇帝など恐れることはない。そしてまさに噂どおり住みいい所だったので、その地で一生を終えたのである。

始皇帝と徐福にまつわる事件とその噂は、その当時秦国中に広まったと考えられる。その情報は広く秦国の外部へも伝わっただろう。倭国にもその情報は伝わってきた。しかし倭人全部が知っていたとは限らない。少なくともその情報を知っていた人達はいた。もし我々の祖先の人達が情報を得ていなかったなら、徐福伝説自体成立しないのである。もし情報を得ていなかったら、そのホラ吹きがどんなに大ホラを吹いたところで、倭人にとっては、しょせん大陸から来たホラ吹きの張さん、李さんにすぎず伝承として残らないのである。あの始皇帝の遣した徐福がおらが村さへ来た、ということになり、その地域の大事件となったのである。それが今でも徐福祭りというような形で残っているゆえんである。

複数の伝承があることについては、目撃証言がその証しとなるであろう。一人の人が目撃を証言しても、本人がうそをついている場合がある。しかし複数の人が同じ証言をした場合、その証言は間違いないと言っていい。もし徐福伝説が一ヶ所にしかなければ、その地域の村起こしのでっちあげの場合がある。複数であればもうでっちあげではない。間違いなく、徐福の一行か、その別れたグループ、その一行の子孫の人達が来ているのである。これが秦国を出たとき一人の徐福が複数になったゆえんであり、何らかの情報、住みいい所以上の情報、即ち神仙境としての蓬莱《ほうらい》の国という情報に基づいて、一人の権力者によって派遣された例であるが、これをもって文献も無い時代の情報に基づく渡来の想像の根拠としたいのである。

ここで一つの問題を提起して、閑な庶民、あるいは閑な学者に検証してもらいたい問題がある。神仙境としての蓬莱山、蓬莱の国の「蓬莱」の語源は「富士山」にあるのではないか。

富士山がほぼ三千メートルになったのは、遠く旧石器時代である。縄文時代の我々の祖先の人達は、現在にほぼ近い三千メートルの古富士と言われる富士山を見ていた。三千メートルの古富士が現在の高さになるのが、縄文時代の初期から中頃にかけてである。縄文時代の我々の祖先の人達は、古富士が噴火を続け隆起していく様も見ていたのである。現在の我々にとって、富士山が日本を代表する山であり、我が国を象徴している美しい山であることに誰も異存はないであろう。では、縄文時代の我々の祖先の人達にとって、富士山はどのように見えていたのだろうか。

火を吹く山、恐怖の山、地獄の山であった。噴火する山の恐怖は、雲仙普賢岳の火砕流、伊豆大島の火柱、大噴火をしなかったにもかかわらず、生活を脅かされた有珠山一帯の地域、鳴動を続けていた三宅島を中心とする伊豆諸島を考えれば、三千メートルの富士山が火を噴き、隆起していく様がどんなに恐ろしかったかは容易に想像がつくだろう。その反面、たとえ一瞬でも噴火が止まった時の富士山は、その恐怖故に現在我々が見るよりもはるかに美しく見えたのではないだろうか。

富士山が見えるのはそれを中心とする関東一円に限られている。では、富士山はその地域の人達だけのものだろうか。言うに及ばないが富士山は、日本人にとって自然豊かな我が国のその自然を象徴する山である。これは縄文時代の我々の祖先の人達にとっても何ら変わらなかった。何故そう言えるかというと、私のものをみる視点からである。極端に言うと、電気とそれに基づく動力と製品が無かっただけで、現在と縄文時代はそう変わらなかったと言いたいのである。特に日常生活の諸相は。そこで我が列島に住む人はみな富士山を知っていたし、また我が列島を象徴する山であったと想像するのである。

我々の祖先の人達は、遠く旧石器時代から渡来してきた人達である。渡来の道は、長い歳月の間に伝承化されると共に交易に行く道でもあった。交易に行った人達はお国自慢をしたのである。高品質の工業製品やジャパニメーションと言われるアニメがなかった時代、何といってもこの列島を一言で語るとすれば富士山ほどふさわしいものはなかっただろう。

交易に行った人達はみなお国自慢をした。その間大陸では、夏ができ、殷ができ周ができていくうちに、お国自慢が伝承され伝説化していき、神仙境としての蓬萊山、蓬萊の国となったと想像するのである。

検証の結果、蓬莱山、蓬莱の国が我が国の伝説化であろうがなかろうが、天下国家はもとより日常生活にいたるまで何ら影響を及ぼすものではない。要するに何の必要性も有用性もないのである。そんなことが分かったところで、何の役にもたたないのである。しかしこの無用の用があい寄り、あい集まって文化の一面を形成しているのである。そのことをちょっとここで言いたかっただけである。

次に、多民族列島の人達がどのようにして単一民族化していったかを考えてみよう。ここで現在の多民族国家アメリカとの違いを述べておこう。アメリカは近代国家というものができた後の多民族国家であり、五大陸からの民族で構成されている。縄文時代の我が列島は、古代国家さえできる以前、パスポートもビザも必要のない時代、しかも主にユーラシア大陸と南洋諸島の人達だけであった。この違いは念頭に入れておく必要があるだろう。

私は日本列島を溶鉱炉にたとえて考えてみた。溶鉱炉は、鉄鉱石という形は似ているが、どれ一つとして同じ形でない石を入れると、真っ赤に焼けた銑鉄が出てくる。これと同じと考えた。即ち、人間という外見は似ているが習俗の違う人達が日本列島という溶鉱炉に入ると、銑鉄という倭人になってしまう。では、その溶鉱炉の中の作用は何か。先ず初めに考えたものは、一万年という長い歳月であった。そこで、その具体的な例を当ててはめてみた。

台湾に昔高砂族と言われ、現在高地人と言われる人達がいる。高地人と日本人とは共通の習俗を持っている。褌《ふんどし》と若衆宿である。高地人はオウストロネシア系と言われているように、さらに南から台湾に渡来した人達であろう。高地人の中には九つの種族があるらしいが、その中の種族か十番目か十一番目の種族が日本にも渡来した。即ち、共通の習俗から台湾に留まった高地人と日本列島に渡来した高地人がいた。ところが、日本列島に渡来した高地人は、その習俗を残したまま倭人になってしまった。一方台湾に留まった高地人は、数千年来褌姿の裸族のままでいた。このことから、長い歳月は必ずしも人間を変えないことが分かった。そこで、次に考えた作用は風土であった。

日本から朝鮮半島に渡った唐辛子は、風土の違いにより辛さを失ってしまった。また、韓国の人が韓国のカボチャの種を日本で植えた。韓国のカボチャは皺がなく、つるつるしているそうである。ところが日本で育つカボチャは、年々皺が出てくるそうである。このように風土は、植物の形や性質まで変えてしまう作用を持っている。カボチャと人間を一緒にするのかと怒る人もいるだろう。そこで人間も風土によって変わる例をあげよう。

インド人はヨーロッパ人である。中央アジアの草原にいたアーリア人が西に移動してヨーロッパ人になり、南下してイランに留まったアーリア人がペルシャ人になり、さらに南下してインドに達したアーリア人がインド人であると言われている。根は同じであるから、当然同質のものを持っている。それは、ヨーロッパがキリスト教を生み出したのと同じように、はるか以前であるが仏教を生み出すと同時に、キリスト教の神学に対比されるな膨大な仏教の思想体系を作り上げた。これはアーリア人特有の言語知による飽くなき探求と言えるだろう。一方まったく違ってしまった部分もある。中央アジアの乾燥している草原にいたアーリア人が、その正反対の風土、森林と水という風土の中で、インド人は時間の観念を失ってしまった。その結果歴史を持たない民族になった。

これで人間もカボチャも、そう大して変わらないことが分かった。このように風土というものは、人間さえも変質させてしまう力を持っている。そこで、我が列島に渡来した高地人は、列島という溶鉱炉の中の風土という作用によって倭人になったと考えた。しかし、考えていくうちに、どうもこれだけでは解決できない例に行き当たってしまったのである。

我が国古代の最大の氏族と言われている秦氏がいた。京都に太秦という地名が残っているように、京都は秦氏が開拓したと言われている。この秦氏は京都だけでなく、瀬戸内海一帯から京都を含む近畿地方一帯に広く住んでいたようである。人間、安定を得ると先祖のことを考えだし、そこから系図のようなものを作りたがるようである。平安時代初期に作られた『新選姓氏録《しんせんしょうじろく》』によると、秦氏は秦の始皇帝を祖にしているといっていいだろう。そんなバカな、と思う人もいるだろう。しかしとんでもない嘘ではないかもしれない。いろいろな説があるので、ここでは始皇帝が作った秦の時代の人達とその子孫の人達であることにしておく。

『魏志倭人伝』として知られている『魏書』の「東夷伝」に、次のようなことが書かれている。秦が滅びた時に、その動乱から逃れた亡命者達が馬韓からその地を割いて与えられたのが辰韓であり、秦韓と言う人もあると。辰韓とは後に新羅になる地である。辰韓を秦韓と言う人もあるというのであるから、かなり大量の人の移動があったのだろう。最大限の数を考えてみると、辰韓の人口と同じくらいかあるいはそれ以上の流入があったのかもしれない。現在のアフリカとか東欧の動乱での難民の数を考えたら、このことは容易に想像がつくだろう。

私は、亡命秦人の一部は直接列島に来たと思っている。しかし大部分の人達は彼の地で定住した。その証が「秦韓とも言う」ということであろう。当然混血もしただろう。列島に来た言うならば亡命秦人一世は、このような情報を半島の仲間に送った。「倭国は噂どおりなかなか住みいい所だ。是非来るように」と。その情報に基づいて、日本的に言えば終の住処を求めて、半島の二世以降の人達も或る時期、続々と列島に渡来してきたのだろう。これがわが国の秦氏である。

秦氏に関するもう一つの証しをあげる。『隋書』による。小野妹子が隋から帰る時、隋は裴世清《はいせいせい》という役人を随行させている。この裴世清がわが国で秦国をみているのである。秦という国は隋からみても何百年も前の国である。しかし大陸の人である裴世清からみると、秦氏は秦人と思われる明らかな習族を残していたのだろう。その秦人の集団を見ているということは、瀬戸内海一帯から畿内にかけて、かなりの秦氏がいたということになる。

中華思想という言葉がある。これはお国自慢の最たるものと思えばいいだろう。お国自慢であるから、大体どこの国にもある。普通いくつかのものをあげて自慢するのであるが、大陸の人は何もかも総て一番だと思うらしい。そこで、自分の所を中心と考えて、その周りを夷と考えた。その考えを集大成して体現したような人物が始皇帝という人である。皇帝という意味は、世界中に王はたくさんいるが、その上に君臨する王と思った故だろう。これはなかなかのものである。もっとも司馬遼太郎氏によると、大陸の人達は華夷の区別は、人種によるのではなく文明の有無にあるという。

秦氏はこの時代の人達である。何がしかのこの考えを持っていただろう。その秦氏が我が国に大量に来ているのである。最初に来た秦人が倭国を野蛮の地とみたならば、「倭人のような野蛮人とは、とても一緒に住めない」と思って、半島に引き上げて行っただろう。その後も続々と渡来してきたのは何故だろう。

文明である。我が国が築きあげたのは技術文明であった。技術というのは、人が生きていくのに都合がいいように自然を改変していくものである。その技術のお陰で、我々の祖先の人達は縄文時代以来、他の地域と比べたら豊かな暮らしをしていた。旧石器時代、人々はこの列島の自然の豊かさに惹かれて渡来した。縄文時代になって我々の祖先の人達は、そこに技術文明を築き上げた。その技術によって、自然破壊を起こさない範囲で、それを改変して最大限に利用し、人知による豊かさを築き上げた。

裴世清が見た秦国は七世紀の初めである。すると秦氏は何百年もの間、同族による集団を作っていたことになる。ここにも血縁による集団を作る大陸の人の特徴を感じる。その秦氏でさえも終には倭人になってしまった。何時なったか。それは分からない。しかしこのことだけは間違いなく言える。我々の祖先の人達が言語文明を吸収していく過程で同質化していったと。

文明というものは人を同化する。特に近代文明は地球を同化し単一にしつつある。この秦氏は列島に渡来してきた多くの人達と同じように、技術文明が作り出す豊かな生活に吸い寄せられるかのようにして渡来した。そして同化するのに少々時間がかかったとはいえ、最終的に文明によって同化したといえる。秦氏は大きなスパンで歴史をみれば、最近の人達である。遥か以前の縄文時代に渡来してきた人達は技術文明によって同化した。

文明を考えると、台湾の高地人の人達のことも分かりやすいのである。高地人の人達が同化するのは速かった。半世紀もかからなかった。それは明治の我々の先人が台湾に持ち込んだ近代文明のためであった。

以上のように、多民族で構成されていた列島が単一民族化していったのは、溶鉱炉の中の文明と風土、更に長い歳月という作用によってであった。

人々の活動

さて、これで単一民族としてのいわゆる倭人、日本人が出来上がったのであるが、その我々の祖先の人達がどのような活動をしていたか。またその活動をとおして我が国の基本的なかたちが浮かび上がってくるのである。この点を考えてみよう。

活動というのは交易である。交易の証しとしては、代表的な例として新潟の硬玉ヒスイ、信州の和田峠、神津島、北海道の黒曜石などがかなり遠方の各地で見つかっていることがあげられる。これらの品物がかってに動くわけがないのであるから、それらを運んだ人が想定される。私は各種の物品が各地にもたらされていることから、そこに流通というものを想定し、流通網と流通拠点と流通業者を考えるのである。これを具体的に考えていくものとして、三内丸山をあげる。

先ず三内丸山は都市であるということ。我々は都市というと、メソポタミア、エジプトなど、石ないしはレンガで作られた家の集まりを都市と考えるが、木造で茅噴き屋根の家の集まりは集落と表現してしまう。例えば江戸時代の江戸は、ロンドン、パリをうわまわる百万の人口を擁する世界一の都市であった。その家屋は木造であった。このように江戸時代までくれば間違うこともない。しかし時代が遡れば遡るほど、何か原始的な生活をしていたという感覚が残っていて、理由のない先入観をもって判断しがちである。もうこのようなひねくれた見方をやめて、素直になろうではないか。

三内丸山は、政治的には分からないが、経済、文化の中核をなす人口集中地域と考えれば、もう立派な都市であろう。さらに、一定の計画に基づいてその地域が開発されているとなれば、もう言うことはない。ではどのような都市であったか。一つには祭祀が行なわれた都市であった。古代地球上のどの地域でも、その地域に根ざした祭祀が行なわれていたことは周知のこととしていいだろう。我が列島も例外ではなかった。三内丸山の発掘に当初から関わっていた岡田康博氏によると、その祭祀は祖先崇拝であると推定されている。そこで祭祀が行なわれた都市を次のようにたとえてみた。

劇場の舞台に、大道具さんが用途不明な巨大構造物、巨大な竪穴式のログハウス、比較的小さな高床式の建物等を作り、小道具さんがヒスイ、黒曜石、土器、漆の椀や櫛、釣り針や縫い針等をセットする。これで三内丸山という装置が出来上がった。しかし主役の人がいない。ここに人を登場させる唯一つの方法は想像力である。また演出家の解釈によって演じられる内容もかなり違ってくる。そこで一人の演出家になって、舞台上に人々を登場させてみよう。登場させるといっても何か根拠が必要である。そこでその拠り所は、私のものをみる視点と我が国の本質的な特異性である断絶のない歴史による。

すると現在に同じような所を探せばいいことになる。そう、伊勢神宮、金比羅さん、那智大社等がある。明治までは、お伊勢参り、大山詣でという神聖な場所への小旅行が流行っていたのである。そしてこれらの門前町は年間を通して多くの人達で賑わっている。現在のこれらの門前町の賑わいを三内丸山参りに来た人達の賑わいと置き換えてみればいいのである。これで三内丸山詣での人達で舞台が華やかになった。

金比羅さんの石段の両側には店が並び、伊勢神宮の商店街はお陰横丁に模様替えされた。三内丸山にこのような商店街があったかどうかは分からない。しかし間違いなく交易が行なわれていた。現在の門前町は主に土産物が主流である。しかし当時は日常の必需品が交易品であっただろう。こうみてくると、祭祀都市は同時に流通の拠点でもあった。当然、丸山詣での人達が流通の一端を担っていたが専門の流通業者もいた。

三内丸山は生産・加工拠点でもあった。新潟、姫川の硬玉ヒスイの原石が見つかっている。新潟からヒスイの原石を取り寄せ、三内丸山でそれを加工して、全国に出荷していたのである。多分ヒスイだけでなく、漆器類、黒曜石を材料とする製品を各地の需要に応じて生産し出荷していたと想像できるのである。富山の薬売りの例をみると、生産地の人が流通を担う形である。このような形が一般的であったのかもしれない。

硬玉ヒスイを例にとると、我が国でそれが採れたのは新潟の姫川一帯の河川だけである。列島の唯一つの生産地という産地の希少性故に、ブランドが確立されていたのである。ブランドが確立していたということは、列島中に知れ渡っていたということでもある。それは現在の広島の牡蛎、下関のフグのようなものである。またブランドが確立していたということは、その基礎には旺盛な消費意欲があったとみなければならないだろう。このブランドを確立させる旺盛な消費意欲は、縄文時代より今日にいたるまで変わらないようである。この消費意欲は、ある時は勾玉であり、鏡であったり、その時々の流行を作り出してきた。交易、即ち流通というものを考えると、そのもとには消費意欲から生まれた需要というものを考えざるをえず、それに基づいて生産、加工が行なわれ、流通を担う人達を生み出していった。さらに消費意欲を満足させるだけの高度な技術があり、その背景としての技術文明があった。

三内丸山のような大きな祭祀都市は、多くはないが東日本に数個所あり、生産、加工拠点でもあり、流通拠点でもあった。新潟のヒスイ生産地が同時に加工地であり、またアワビ、干貝、塩等の生産地も流通拠点であった。さらにもっと小さな拠点を現在から考えると、全国各地に朝市がある。全国的に有名で観光名所になっている朝市があることは、多くの人が知るところであろう。現在の朝市的な小さな流通拠点が多くあり、特産品の産地が中規模の拠点であり、さらにそのうえに三内丸山のような大規模な拠点を経由地として、日本列島くまなく交易が行なわれていたと想像するのである。流通網なくして流通拠点なしとの反論があるだろう。現在のような道路網が発達してこそ流通が盛んになり、日本全国くまなく商品が行き渡ると。確かにその通りである。しかし、古代はトラック輸送ではなかったのである。

明治までは河川と海が交通網であったのだ。その手段は船であった。現在国道、都道県道、市町村道が正に網の目のように整備されている。しかし人工の道路網と自然の河川による交通網と比較すると、後者は前者に勝るとも劣っていないのである。これを次のようにたとえてみよう。

一桁の国道即ち、一号線から九号線を石狩川、千曲川、利根川、天竜川、九頭竜川、吉野川、筑後川のような大きな河川、二桁の国道を中規模の河川、三桁の国道を小さな河川、都道府県道を更に小さな川、或いは国道の支流、市町村道を更に小さな川にたとえられる。

このように考えると、大自然の交通網は人工の道路網より遥に整備されていたことになる。何もかも現代の方が進んでいると考えるのは必ずしも正しくないのである。確かに迅速さにおいては劣っていたことは認める。またＧＤＰも遥かに小さかった。何しろ人口が現在より遥かに少なかったのであるからいたしかたないであろう。しかし個々の人の日常の活動に関しては、現在と何ら変わらなかった。そこで、盛んな交易を可能にしていた消費意欲も現在とそれほど変わらなかったと想像するのである。

河川を使えば、日本海側から太平洋側へ抜けられる。また紀伊半島も横断できる。さらに、海というものは河川より遥かに速く船を進める。海流、潮流というエジンを持ち、空中には風というエンジンがある。沖縄の深い海でしか採れないゴウウラ貝のブレスレットが北海道でみつかっている。身近な海ではなく、遥か遠方の沖縄の深海にしかない材料を知っていて、その加工品を求め身に付けていたのである。こんな贅沢なことはないだろう。何と強欲なまでの消費意欲ではないか。またそれを可能にする交易にかけた我々の祖先の人達の活力はなかなかのものである。私は沖縄の人が北海道に行ったとは思っていない。多分九州の拠点に持ち込んだか、あるいは九州の人が沖縄に買い付けに行ったのだろう。その商品がいつもの流通拠点を経て各地にもたらされたと想像するのである。

松本清張氏は、弥生時代の九州から朝鮮半島の南端にいた倭人をエーゲ海のフェニキア人にたとえている。このフェニキア商人的な気質は、何も弥生時代になってから生まれたものではなく、縄文時代以来のものである。そこで縄文時代の倭人の交易を視覚的にとらえてみよう。

映画の技法に駒落しがある。チャップリンの映画に代表される無声映画の人物の動きのようにセカセカした動きである。この駒落しを用いて、縄文時代一万年を三十分の映像にして見てみよう。動きが速すぎてよく見えない。少々離れて見なければならない。そこでテレビの天気予報の画面を想像してみてほしい。あの衛星の視点から我が列島を見るのだ。それでは人の動きなど見えないではないか、という人もいるだろう。確かに視点が高すぎて人の動きは見えない。しかしこのような高所からでも、人の動きをとらえられる方法がある。人の動きの軌跡である導線によってである。では、縄文時代一万年を三十分に駒落しした映像を見てみよう。

映像が写しだされ五分後には、薄い導線が列島の中にクモの巣のように張り巡らされる。時間の経過とともにその導線が次第に黒くはっきりとしてくると同時に、北海道から沖縄、さらにたくさんの離島にまで伸びてゆく。さらに北海道、沖縄にいたる弓状の列島から大陸へ何本もの導線でつながる。映写終了ちかくの画面は、おおよそ次のようなものである。

列島、特に陸地の内部は、海抜千メートル以上の部分であろうか、そこだけが導線がまばらなためか比較的白い状態で、その高地から流れる河川は次第に真っ黒になっていき、河川がまるで黒い動脈、毛細血管のようである。平地は高度が下がるにしたがって頻繁な人の動きで真っ黒くなっていき、特に河川の河口付近一帯は、列島のいたる所が真っ黒な状態である。また、本州、四国、九州の周りは真っ黒な線で囲まれている。江戸時代の北前船の航路も、この縄文時代の本州を一周していた導線が継承され、その一部が大々的に使われたにすぎないのである。北海道も導線で囲まれているが、大陸に面した西岸と南岸は特に黒い。その北海道と本州が導線でつながり、瀬戸内海の本州、四国の沿岸は真っ黒であり、瀬戸内海から導線が九州にのび、さらに南の島々を通って沖縄までのびている。沖縄から東シナ海を横切って導線が大陸に延び、北は北海道から大陸に橋が架かり、本州から九州にいたるまでの間に何本もの橋が架かっている。

以上が縄文時代の我々の祖先の人達の活発な交易を視覚的にとらえたわけであるが、この活力に満ちた交易から幾つかのかなり重要なことが分かってくるのである。

その一つは、列島はもとより大陸への交易によって、各地にもたらされたものは物だけではなかったということ。物と共に情報がもたらされた。現在、ＩＴ革命と言われているが、情報は近代になって重要になったわけではないのである。太古から人類は情報と共にあった。古代から現代にいたるまで、情報が変化した点はその伝達の速さが早くなってきただけで、その重要性は古代から変わらないのである。人類をホモ・サピエンスと言い、またある人はホモ・ルーデンスとも言った。私なりに、情報と共にあった人類を表すと、ホモ・インホルムと言えるだろう。これは正確なラテン語かどうか分からない。ただもっともらしく表現しただけである。

前に旧石器時代、三千ヵ所に住んでいた人達が土器を作り始めた時から縄文時代に入ると言った。その時、一ヶ所か同時発生的に何ヵ所かで作られ広まったとも言った。私は複数箇所でほぼ同時発生的に作られたと想像している。その根拠は、自動車が初めて作られたのは二十世紀の初頭、二ヶ所で同時発生的に生まれた。即ち、カール・ベンツとオットー・ダイムラー、この二人はまったく面識がなかったにもかかわらず、同じ年に違う所で初めて自動車を作ったのである。歴史にはこのようなことがあるのだろう。時代の要求に従って、同時にしかも無関係に同じことが起こることが。

土器が作られると、そのことが瞬く間に列島に広まったと想像するのである。それは活発で旺盛な交易による情報の伝達によってである。我々日本人は必要性、便理性の高いものの吸収はまことに速い。何しろものを煮炊きし、貯蔵することは、それまでの生活から比べたら画期的な発明であったから。この論のキーでもあり、日本人を理解するキーでもある。これが半世紀くらいで広まったと想像するのである。ただしこの点についてはあまり固執するつもりはない。

私が重要視するのは、情報の伝達に伴う列島の均質化である。多民族列島の人達が単一民族化していったのは、列島という溶鉱炉の中の文明と風土と言ったが、その文明と風土という作用をより完全なものにする触媒の役目をはたしたのが情報であった。ここで改めて言おう。多民族列島の人達が単一民族化していったのは、列島という溶鉱炉の中の情報という触媒の存在により、文明と風土の作用がより完璧なものになった、と。

均質化というと画一化と思う人もいるかもしれないので、この場合の均質化という意味を明確にしておこう。我々日本人は画一的と言われたり、また我々自身もそう思いがちであるが、我々日本人は決して画一的ではない。画一的ではないが、均質性を持ち、一方まったく正反対の多様性をも持ち合わせているのである。この我々日本人の均質性と多様性を象徴しているものがある。

それは縄文時代を表す基になった縄文土器そのものである。即ち、我々の祖先の人達は我が列島でおしなべて土器を作るという均質性を持ち、一方その土器たるや、形、模様は地域によってまことに多様である。このように我々日本人はある種の均質性を持ち、一方では多様性も持っているのである。均質性という概念は決して多様性を排除せず包含し得るものであり、他方画一性と多様性は相容れないものである。

では何故、我々の祖先の人達が多様性を持ち現在にいたっているのか。それは今まで述べてきたように、我が国はアジア大陸はもとより南洋諸島からの一万年以上の歳月にわたる渡来人の集積で成り立っているからである。多様性がなければ、不思議なくらいである。

我が国の基本的なかたち

次に以上述べてきたことから、我が国の基本的なかたちが見えてくるのである。色ならびに光の三原色がある。色の違いはあっても、三つの要素によってあらゆる色が作られるのである。この三原色にならって、我が国のかたちを三元素として表してみよう。

今まで長々と縄文時代について述べてきたのは、縄文時代に我々の祖先の人達が作り上げた技術文明についてであった。技術文明という抽象的なものがあったのではない。技術文明の技術を担う技術者、即ち職人がいたのである。その職人が時代が下るにしたがって、その技術分野の裾野を広げていって現在にいたっているのである。我が国の三元素の一つが「技術」である。他の一つが、縄文時代以来の活発な交易、即ち「通商」である。更にもう一つが「農業」である。

農業というと弥生時代以降の水稲耕作を考えるのが常識でもあり妥当であろう。しかし私は農業を広い意味で、大地、海、河川からの収穫という意味に用いる。縄文時代、海の幸、川の幸、畑の幸、山の幸に溢れた我が列島において、高度の漁法を持ち、農耕文明以前の栽培技術においても、その技術は一万年の間に熟しに熟していた。だからこそ水稲耕作を瞬く間に取り入れ、それに集約されていったのであるが、縄文時代以来の大地からの収穫はその後も継承され現在にいたっているものさえある。

また古代国家の形成と変遷は水稲耕作化への道でもあった。しかし列島に住む人達が総て水稲耕作を行なう農民になったわけではなかった。もし列島に住む人達がみな農民になっていたら、その後の時代を彩ったなかなかの文化、また今日の日本の繁栄もなかっただろう。我が列島には縄文時代以来、大地からの恵みを収穫する人、職人、商人がいて、技術、通商、農業が我が国の三元素であり、我が国の基本的な形なのである。また現在我が国の農業人口はわずか数パーセントであるが、弥生時代以来の農耕民的気質は失われていない。我が国のかたちの三元素、即ち技術、通商、農業は必ずしも人口比ではない。気質的なものも加味したものである。これを次のように想像してみよう。

丸い円を頭の中に描いてみる。それを三等分して、それぞれを技術、通商、農業とする。それぞれの境にいる人達は職人でありながら交易にいき、また交易の合間に大地を耕し、また大地を耕しながら各種のもの作りに従事する人達であった。円の中心の三元素が接する所にいる人達は大地を耕し、各種の技術を身につけ交易にも行く人達であった。またそれぞれの部分の中心にいる人達は技術、通商、農業の専業者であっただろう。このように列島の我々の祖先の人達はこのかたちを継承して現在にいたっているのである。将来も我々が守っていくべき基本的なかたちであろう。

縄文時代以来、我々の祖先の人達が守り継承し、将来も守らなければならないかたち、即ち技術、通商、農業。今ここで平面で描いたこのかたちは、その論が進むに従って立体的なかたちとなることが分かるであろう。

縄文時代、我々の祖先の人達の活発な活動から分かるもう一つのものは、縄文時代は「民の時代」であったということである。その民が技術文明を築き、高度の文化と豊かな生活を作り上げていた。即ち、国家が作られる何千年も前に、我々の祖先の人達は技術文明を持ち、民がそれを共有していたということである。縄文時代の人口は三十万とも五十万とも言われる。その民が国家という枠組みなしに文明を持った。後の西欧が科学技術文明を作り上げて三百年ほどたった。現在それが完全に地球全体を覆ったとは言えないが、多くの国を越えて浸透していることは間違いない。このように技術は国家がなくても持ち得るし、また国家が存在してもそれを突き抜けて広がっていくようである。

さらに、我々の祖先の人達が持ち継承してきた技術文明と西欧が作り上げれた科学技術文明を対比するとおもしろいことが分かるのである。両者は共に技術文明ということで、まったく同じではないが同種なのである。西欧の科学技術は言語知に基づく言語技術とも言える。言語に関わる技術という意味ではなく、言語に基礎をおいた技術である。即ち、言語を精緻に精緻に分析した結果できあがったものである。西欧が科学技術文明を生み出す以前、人間が持ち得たふたつの文明、即ち言語文明と技術文明は必ずしも合体していなかった。無縁ではなかったが、言うならばそれぞれ独立しているように思われていた。ところが西欧がまことに特異なことをやってのけたのである。言語の分析から技術を生み出したのである。特異であるが、これこそが人間が成し遂げ得た叡知の所産でもあった。

一方、我が国の技術文明は経験知、実践知に基づく言うならば経験技術文明である。言語技術は、その文明が言語の上にたっているので細かいマニュアル化が可能である。経験技術もマニュアル化ができないわけではない。しかし我々の技術文明はマニュアルでは表現できないものを言語ではなく体験、実践で永々と伝えてきた。その精華が「木に聴け」、「石に聴け」、「鉄に聴け」という職人の言葉である。木や石は人間の言葉を話さない。故にマニュアル化できないのである。我々が継承してきた文明は、木や石の言葉を聞き分けられるのである。言語技術文明の精華が宇宙に浮かぶ宇宙ステーションならば、我が経験技術文明の精華はこの職人の言葉のなかにある。

次に日本語、即ち日本人が喋っている日本語について考えてみよう。現在にいたっても日本語の起源については定説がないようである。学者でも分からない。学者に分からないことが私に分かろうはずがない。だからこれから述べることは、学者も考えつかないような日本語の起源を述べるものではない。今まで述べてきたこの論からの必然的な結論のようなものである。即ち日本語は、列島という溶鉱炉の中で日本人ができた時に共にできたのである。日本語はこの列島でできた祖語である。支語を持たない祖語である。

我々日本人は外国の学者の説を引用して自分の言葉を権威付けたがる。特に欧米の学者のものを。明治時代には、いち早く欧米の学者の説を紹介しただけで、何も自分の学説をたてなくても一生食べられたとか。現在でもその風潮は尾を引いているようである。学者だけでなく言論人と言われるような人も相変わらず外国の学者を持ち出す。その博学さには敬意を表する。しかし外国の学者の説で我が国の伝統の文化・価値が説明できるのであろうか。

そうは言っても、私も日本人であるから当然その傾向を持っている。実は、この日本語祖語論というのは私の説ではないのである。さる高名な欧米の言語学者が、この論を書いている最中に発表したものをいち早く紹介したまでである。その学者は、現在フランスのソルボン大学で教鞭をとっているトンチンカン教授である。

我々日本人の宗教——仏教、神道との関係

縄文時代の記述もだいぶ長くなったので、これから先の見通しを述べよう。残りは宗教と現在との関連の証明である。宗教から始めよう。

先ず始めに宗教について考えることは難しいということ。まして我々日本人の多くは無宗教と考えているのでなおさらである。また、宗教は多分に形而上学的な要素を含んでいる。この形而上学というのは、私の最も苦手とするものである。このようなわけで宗教を考えていく前にかなりの能書きが必要になる。

薬の能書きが、薬の成分、効能を示して薬の正体を明らかにして薬を正しく使うためのものである。この能書きも、日本、日本人が間違いなく考え行動するために、日本と日本人の成分、効能の一部を示すようなものなのである。薬の能書きと私の能書きの違いは、前者が薬と能書きが別れていて別物であるが、私のものは両者が明確に別れていず、両者が渾然一体となっているところが特徴なのである。

先ず、縄文時代のところで宗教を論じるからといって縄文時代の人の宗教ではない。現在の我々の日本人の宗教である。縄文時代のところで論じるのは、今まで述べてきたように縄文時代に我々の基礎があり、その上に我々日本人が立っているので必然性があるのである。また人間は宗教無しに生きていけないものである。どのようなかたちの宗教であろうが、民族、種族固有の宗教をもって生きているのが人間である。

また、近代西欧が科学技術文明、即ち言語技術文明を生み出したうちにはキリスト教という宗教が表裏

一体となって背骨のように通っていたのである。我が国は縄文時代に技術文明、即ち経験技術文明の基礎を築いた。西欧が言語技術文明を築いていくうちにキリスト教を強固にもっていたように、縄文時代の我々の祖先の人達もその文明と共に強固に宗教をもっていたと考えるのである。以上が縄文時代のところで宗教を考え論じるゆえんである。

宗教というのは欧米の概念である、ということが能書きの重要なことなのである。幕末に欧米と出会って初めて宗教という概念をもった。千年以上前に仏教には出会っているが、宗教という概念でとらえていなかったということである。即ち、仏法というようなとらえ方はしたが、宗教という概念でとらえたのはわずか百年ほど前にすぎない。

明治の先人は欧米と出会ったとき、キリスト教がその文明の中心にあることを見抜き、英語で表現されたレリージョンなる単語に宗教という漢字を当てたのである。これを「和製漢語」と呼んでいる。即ち、大陸から伝わった言葉ではなく日本人が欧米の概念を翻訳して作った言葉である。明治期に作られたこの種の漢語は数千種類あるらしい。科学、物理、権利、義務、哲学、数学、銀行、利息、資本、市民、新聞等々。もし新聞の中でこれらの言葉を白抜きにしたら、虫食い状態でほとんど意味がなさないほどである。それほど日常生活の中に溶け込んでいる言葉である。そしてこれらを現在の中国も使っていて、司馬遼太郎氏が中国に恩返しできたと言っているものでもある。私なりに言うと、我々は古代に漢字を使わしてもらった。近代になって我々が作り出した漢字を中国が使っている。これでちゃらになったということである。

この時期に中国でも翻訳を行なった。しかし日本ほどうまくいかなかった。では何故日本人が欧米の概念を翻訳できたのか。これもこの論の趣旨に関わることなので考えてみよう。

我が国は漢字を知って約二千年たつ。それを我がものとして約千年たつ。このことを説明すると長くもなり論旨から外れてしまう恐れがあるので、結論だけを述べる。漢字が必要になってきたのは弥生時代初期くらいで、弥生時代六百年のあいだで漢字自体の習得は終わっていた。四世紀、古墳時代から言語文明、則ち仏教、儒教、思想、哲学等の習得が始まったと考える。

我がものとしたということは、大陸で生まれた漢字を日本語の中に取り入れ日本語にしたということである。我が国は三度外来のものを栄養分として取り入れ、伝統、革新、新しい器という豊富化のサイクルを続けてきた。我々の祖先の人達は縄文時代から喋っていた言葉に漢字を取り入れ、その漢字を使い日本語として表記した。これは日本語に外来の漢字を取り入れ日本語を豊富化したとも言える。あるいは豊富化という意味をはるかに越えているかもしれない。何しろ仮名交り漢字という日本語の表記を発明したのだから。

大陸で漢字が発明されると、それは周辺地域へと伝播していった。しかし漢字を受け入れたどの地域も我がものとすることができなかった。唯一つ日本だけが日本語化を成しえた。何故日本だけが日本語として用いることができたのか。

それは喋り言葉としての日本語がしっかりと確立していたからであるが、その基礎には、我々の経験技術文明が確立していたということでもあった。しかもその文明は大陸とはまったく別系統のものであり、その上に遥かに以前から高度の文化・価値を築いていたのである。今ここでは、我々の祖先の人達は漢字を使って日本語を表記することに最大限の努力をしたと言っておこう。このことは硬玉ヒスイに穴をあけたり、鉄砲を作り出すというような純技術的なことと違って、文化・価値に関わることである。何事も三十年から五十年の内には自家薬籠中のものにしてきた我々の特技も発揮できなかった。何と千年ほどかかっているのである。

私は、我々の祖先の人達は先ず日本語に漢字の音を当てていくことから始まったと想像する。そして約千年かかった成果はかな文字の発明と漢字の日本語化であった。我々はかな文字の発明という独創には目を向けるが、漢字の日本語化にはあまり注意を払わない。漢字の日本語化というのは漢字の訓読みである。「生」という漢字は、「生きる」、「生まれる」、「生える」と読む。「いきる」、「うまれる」という日本語に漢字を当てたのである。即ちこれが漢字の日本語化であり、漢字という伝統を革新して新しい日本語としての漢字を生みだしたと言える。伝統を革新して新しい器に盛るという豊富化のサイクルによって、漢字が日本語として豊富化されたとも言える。

また、これは新たなる漢字の発明とも言える。新たなる漢字を発明したことにより、この時点で大陸の人達と、漢字の習熟度に関してほぼ同程度になったと考えるのである。さらにまた、かな文字の発明よりは、この漢字の日本語化に千年という長い時間を要したのではないかとも考えるのである。そして、かな文字と日本語化された漢字、即ち仮名交り漢字という日本語の表記を発明した。

この時よりさらに千年を経て近代西欧と出会った時には、大陸の人達と日本人は漢字の習熟度において肩を並べていた。だから、どちらが欧米の概念を翻訳できてもおかしくなかった。しかし、中国人が翻訳できずに日本人にできたのは何故か。

これは単なる漢字という言葉の問題ではなく、社会の現象が関わることなのである。即ち、当時の日本の社会と欧米の社会には同じような現象が存在していたということである。例えば、「銀行」という漢字を作るにあたって、銀行とほぼ同じ内容を持つ「金親《かねおや》」というものがあり、「郵便」という漢字を作るとき、トラックに描かれた飛脚ではなしに、本物の飛脚が我が列島を自らの足で走り回っていたのである。ある概念を頭の中に思い浮かべた時、その概念しかない場合と、概念に該当する現象を持っている場合、後者の方がその概念のイメージがはるかに膨らみをもって浮かんでくると思うのである。さらに、漢字を日本語として豊富化していたのであるから、日本人が翻訳できても何の不思議もなかったのである。

さて明治の先人が宗教という言葉を作った時、その対象はレリージョンで表わされたキリスト教そのものであったと想像する。一方、千年来のインド伝来の仏教も念頭にあっただろう。そこで仏教とキリスト教を比べてみよう。

釈迦、キリストという人物がいて、聖書、教典があり、共に教義があり、戒律がある。違いと言えば、一般に言われているように一神教と多神教、教典の多寡であろう。我々日本人は仏教を宗教という概念でとらえても何の違和感もない。しかし欧米の人の中には、仏教を厳密な意味での欧米の概念の宗教ではないと言う人もいるのである。

では何故、仏教を欧米の概念の宗教でないとするのか。親鸞の著書に『教行信証《きょうぎょうしんしょう》』がある。私はこの書を読んでいないので内容は知らない。しかしこの書名が仏教というものをよく表わしている。四文字の漢字のうち、「教」へを「信」じるということが欧米の概念の宗教そのものである。しかし仏教は余計なものを持っているのである。即ち「証」を「行」なうという。これは真理を探求するというような意味である。仏教の場合、釈迦が説いたことをも自ら明らかにする。これはキリスト教にとってまことに不遜なことである。教えを信じるのみである。西欧はこの部分を哲学として切り離した。しかし仏教は多分にこの部分を含んでいる。

厳密な意味で欧米の概念からみると、仏教も宗教でなくなってしまう。しかしそう堅いことを言わずに、我々は仏教を宗教と認めよう。そこで、その仏教が我々の宗教かということである。あなたの宗教はと問われた場合、多くの日本人はまず仏教を思い浮べるのではないか。しかしキリスト教徒のように日曜日に教会へ行って礼拝するような習慣をもっていないので、はたと考えてしまう。仏教をわずかな紙面で言い表すことは難しいが、私なりに簡単に述べてみよう。

インドにおいて、釈迦に始まりいわゆる小乗、大乗、密教と変遷し、これを横軸とする。縦軸はインド、中国、日本と変遷した縦横千二百年にわたる思考の体系と言っておこう。

縦軸のどんじりに位置する我が国の仏教は三種類ある。まず空海から道元にいたるもの。空海は、一面ではインド線上の人物である。インドにおいて釈迦に始まり小乗、大乗、密教というかたちに変遷していった。そのインドの最終段階の密教を、日本において体系付けて集大成したのが空海である。

道元も片足がインド、片足が日本にある。インドにおいて釈迦に始まった仏教を空海が理論を完成したとも言える。片足をインドにおいていた道元は、空海が理論的な体系を完成させていたので、理論的な体系化の必要がなかった。そこで釈迦にもどったのである。即ち只管打坐《しかんたざ》、ネイランジャナー河の畔の菩提樹の下で瞑想に入った釈迦の姿に。インド仏教は釈迦に始まり、空海によって理論を完成させ、道元にいたって再び釈迦にもどったのである。

二つ目が鎌倉仏教と言われるもので、親鸞、日蓮等の開祖に始まる日本独自の仏教である。一面の道元もここに位置する。確かに鎌倉仏教は日本が独自の仏教である。しかし『正法眼蔵随聞記《しょうぼうげんぞうずいもんき》』というような書が教養として読まれているが、我々には道元も日蓮も親鸞もよく分からない。せいぜい葬式のときに、足の痺れを我慢しながら、今日のお経の調子と我が家の宗派のそれの違いが分かる程度である。

三つ目が神道に取り込まれてしまった仏教である。大自然は広大無辺である。八百万の神々の領域に八百万の仏菩薩が入り込んでも何の差し障りもなかったのである。この仏教は八百万の神々イコール八百万の仏菩薩と考えればいいのである。要するに、神道となった仏教である。

では神道が我々の宗教かということである。神道といわれても普段ほとんど縁がない。せいぜい神社仏閣に現世利益に行く程度である。どうしてもキリスト教と比べて、無宗教ですと言うようになってしまう。では神道について考えてみよう。

キリスト教と比べてみても、ほとんど共通点がない。ただ神だけが共通している。しかしキリスト教の神は言語知による神である。我々の神は大自然である。我々の祖先の人達は、森羅万象即ち大自然そのものを神とみて、またその働きを神の営みとみた。即ち、山川草木に神をみた。三輪山そのものが神であり、川、それに連なる大海原の神を住吉の神、大山祇神《おおやまつみのかみ》とし、草木、特に大きな木に神が宿り、その木を切った柱を御神木とした。五穀が実る働きを五穀豊穣の神とした。これは現在にいたるまで本質的に変わっていない。

山本七平氏は神道を「教義のない宗教」と言った。これは間違っていない。しかし山本七平氏は欧米の概念の側にたって言っている。宗教の立場にたつと、違いが多すぎるために「神道も宗教である」とは言えなかった。そこでその違いを表すために何か限定をつけなければならなかった。その違いを「教義がない」いう表現を用いて限定し宗教とした。

次に神道と似ているものがある。アニミズムと言われるものである。大自然のあらゆるものに命を認めその霊が現われると考える。大自然に発する原初的な宗教の一つの形態とも言われる。確かに似ている。現在、この地球上にアニミズムを信じている人達もいる。この地球上の人達が総て言語知による宗教を信じているわけではない。私も神道がアニミズムに似ていると思う。また、神道をアニミズムに源を発している、アニミズムの要素を多分に持ち合わせている、というような表現を聞くが、神道をアニミズムと断定した意見も少ない。アニミズムとも断定できず、欧米の概念の宗教とも少々違う神道とは一体何なんだろう。

先ず私の結論をあげ、そう考えるにいたった過程を述べていくことにする。神道とは、アニミズムという伝統を革新して神道という新しい器に盛った自然観である。アニミズムというのは有霊観と訳されたり、霊魂崇拝とも言われ、自然そのものを神とみていない段階である。自然を神とみたときに自然観としての神道が生まれた。たぶん縄文時代の早い時期であったと考える。

我々は神道を自然観とした。森羅万象即ち大自然そのものは何億何兆という言葉を費やしても語れない。言語をもって体系化できない。我々の祖先の人達も同じだったと想像する。密教において、悟りという少々言語化しにくいものを曼陀羅として形象化したように、言語をもって体系化できない大自然を神社として形象化した。この場合神社というのは、先ず森があり、社、鳥居、玉砂利等、我々が神社として思い浮かべる道具立てと、大きな木立に囲まれて玉砂利を踏みしめて歩く時の清々しさを感じる雰囲気も含めたものとする。そして大自然に対するとき、柏手と礼という最低限の様式をもって対することにした。これは茶道、華道において、その独自の様式をもって対したことと共通のものであると考える。

私は先ず始めに「道」が一体何なのかを考えてみたが、なかなか分からなかった。確かに我々は他にも「道」というものを持っている。即ち柔道、弓道、茶道、華道、任侠道、等。これらは我々の精神文化が生み出した共通のある何かを現わしていることは分かるが、では一体何であるかということになると分からなかった。私なりの「道」が何であるか考えあぐねていた時、小林秀雄氏の「道」の解釈に出会った。即ち「術あるいは使う術」という。我々の神は大自然である。神様を使い走りに使うわけにはいかない。大自然を使う術、大自然をみる術、見方ということになり、自然観となりうる。

次に二人の高名な欧米の人物が伊勢神宮と那智大社において言った言葉から神道を考えてみよう。その人物とは、アーノルド・トインビー氏とアンドレ・マルロー氏である。先ず両氏の言葉をあげる。トインビー氏は伊勢神宮で、「この聖地において、私は、すべての宗教の根源的統一性を感得する」。マルロー氏は那智大社で、「アマテラス」と叫んだと言われる。

トインビー氏もマルロー氏も、我々日本人が感じるものと変わらないものをそこに感じた。しかし高名な歴史学者、高名な文人としてのトインビー氏、マルロー氏ではなかった。ヨーロッパにおいてもキリスト教がおこる以前、ケルト人がいて我々と変わらない自然観を持っていた。キリスト教の普及と共にその感覚は失われていったが、完全になくなってしまったわけではなかった。たぶん遺伝子の中に細々ではあるが生き続けているのだろう。受容器官は、言うならばそのケルトの魂である。そしてトインビー氏は、ケルトの魂で受けたものを欧米の概念で表した。トインビー氏の言葉を考えてみよう。「すべての宗教の根源的統一性」。翻訳文的な欧米の概念独特の表現である。我々はこの意味を分からないわけではない。何となく分かる。しかし何となく分かったようなつもりでいることと正確に分かることはまったく別のことなのだ。欧米の概念で日本の文化・価値を言い表わすことは難しいと言ったが、その前に欧米の概念の正確な意味をよく吟味せずに使うことの危なさがある。

「すべての宗教」について私は現在世界にある宗教を二つに分けて考える。即ち、アニミズムと言語知による宗教。「根源的」というのは宗教が根源で持っている意味。「統一性」というのは共通に持っているもの。このようにして考えると、「アニミズムと言語知による宗教が根源で持っている意味の共通のもの」をトインビー氏は感じたと言うのである。

このトインビー氏の言葉から、神道は根源においてアニミズムとも宗教とも共通してるが、現存しているアニミズムとも宗教とも違うものと考える。神道が即アニミズム、即宗教とならない証しとしたい。また、明治の先人も神道を宗教とみずに習俗とみていた。我々は神道を宗教とみたことがあったのだろうか。

次にマルロー氏の「アマテラス」について考えてみる。フランス人のマルロー氏が、何故我が国の皇祖神でもある女神の名を叫んだのか。マルロー氏はトインビー氏と違ってケルトの魂で受けたものを日本の概念で表した。マルロー氏がどれほど日本のことを知ていたかは分からない。しかしトインビー氏のように欧米の概念で表すことに違和感を感じたと想像するのである。そこで那智大社から受けた印象を日本の概念を象徴すると考えたアマテラスという言葉を使って表現したと想像するのである。

我々はマルロー氏よりも日本のことを知っている。いや知っていることに関して、即ち知識に関しては、外国の日本学者のほうが我々庶民より知っている。しかし我々は縄文時代より、遺伝子の中に滔々と流れているものを持っている。それは我が国の長い歴史のひとこまひとこまであり、近代にいたって非西欧諸国で唯一、近代化を成し遂げた原動力でもある。我々はそこに目を向け、それを日本の概念で表現するときがきていると考える。

我々はアニミズムという伝統を革新して自然観にした。近代西欧を生んだヨーロッパはアニミズムという伝統を言語知による宗教に代えた。これをたとえてみよう。

アニミズムを蒸気機関車にたとえてみる。ヨーロッパは蒸気機関車を捨てて、蒸気機関に代わる新しい電気を動力とする電気機関車を作った。我々は蒸気機関車から蒸気機関を取り出して、その蒸気機関を利用した火力発電所を作った。ヨーロッパは同じ用途である機関車の動力を変え、我々はその蒸気機関を再利用して火力発電所に使ったのである。神道が一見するとアニミズムのようにみえるのは、この蒸気機関を使っていることにある。しかし全体をみると以前の蒸気機関車とはまったく別物である。

この蒸気機関という共通項があることが革新の本質である。我々は伝統を革新して新しい器に盛る豊富化のサイクルを何度も何度も繰り返して現代にいたっていると述べてきた。ここで革新の意味を考えてみよう。

「革新」とは既存のものを革めて新しくすることである。我々は今まで耳にタコができるほど「革新」という言葉を聞いてきた。しかし口ほど頭の中を通っていなかったようである。何がいちばん考えられなかったかといえば、革新する目的語を考えなかったことだろう。革新とは既存のものを革めることである。決して既存のものを新たなる何ものかと入れ替えることではない。社会の中で既存のものとは今までその中で生活してきた伝統そのものであろう。これは何も日本人だけではない。どこの国どこの地域の人達も、その国その地域が作り上げてきた伝統の中で生きている。

伝統の革新前と革新後には必ず共通項を持っている。共通項を持っているから革新は穏やかなものなのである。最近の我が国の大きな革新をみてみよう。

明治維新である。明治維新は基本的には伝統の革新であった。しかし一部に伝統の否定も含んでいた。革命とも言われる。これも欧米の概念で我が国をみるいい例であろう。難しい革命の理論はともかく、我々が一般に革命を連想するのは、フランス革命、ロシア革命のような政治革命であろう。明治維新にはこれらの革命と類似するものはほとんど見当らない。虚心坦懐に明治維新をみればこれらの革命とは別物である。それでいいのである。そこに欧米の難しい概念を持ち込んで解釈するために、いよいよ日本が分からなくなっしまうのである。

確かに我が国の長い歴史の中で、明治維新前後にかなりの混乱があった。それは伝統の否定する部分があったためである。伝統の否定は混乱を引き起こす。否定が大きければ大きいほど混乱から流血、殺戮へと向かう。一方、明治維新を大きな世界の歴史の中でみれば、世界中の学者が首を傾げるような革命なのである。即ち流血、殺戮を伴わない革命。ここでも「流血、殺戮を伴わない」という限定をしなければ革命とならないのである。維新の前後に大きな共通項を持った革新であり、故に世界史の中で稀に見る穏やかな近代化であった。そこには歴史の断絶はない。「維」の意味は「つなぐ」という意味。前後をつなぎながら今までの伝統を「維《こ》れ新たに」したのである。明治維新をOSとアプリケーションを用いてたとえておこう。

我々は伝統の基本ＯＳをもっている。明治維新というのは、欧米のアプリケーションを取り入れたのである。本来、欧米のアプリケーションは欧米のＯＳでないと動かない。しかし我々は、我々のＯＳで動く欧米式のアプリケーションを作ることができたのである。それが可能だったのは、もともと両文明は技術文明ということで共通したものをもっていたことと、我々のＯＳが乱世において近代バージョンにバージョンアップされていたからである。


私の論は今述べている主題からかなり外れてしまう傾向がある。しかし外れてしまっても、論旨の範囲から一歩も外には出ないのである。自然観としての神道をとらえたわけであるが、ついでに我々日本人の世界観、人間観も考えてみよう。

世界観、人間観、自然観というようなものは、ふだんあまり意識しないものである。しかし我々が考え行動するとき、意識しなくてもそれらのうえにたっている。我々日本人が依ってたっている基盤でもある。それが分かればそれに越したことはない。世界観、人間観は神話の中に反映されている。我が国では幸いなことに『古事記』、『日本書紀』の中に神話が残されている。『記紀』の中の神話は、世界中の神話が集約されている壮大な神話であり、また世界で現存されている数少ない神話である。

ビックバンという言葉は、現在では小学生でも知っているだろう。私はビックバンというものを知った時、ビックバンの前はどうなっていたのか、何が有ったのか無かったのかということが最大の関心事であった。小学生でも知っていて、新しい宇宙観でもあるビックバンが我々日本人の世界観、人間観を考えるのにちょうどいい材料であり、またビックバンに模せられるのである。

我々の祖先の人達はビックバンの前を混沌とみた。その混沌の中に次々に神が現れる。この神を粒子にたとえる。

混沌の中に粒子が現われては消え消えては現われている。その中から最終的にイザナギ、イザナミという粒子がぶつかりビックバンを起こし世界が大自然が生まれた。その大自然の中から山川草木も人間も生まれた。その大自然を神とみた。これが縄文時代の我々の祖先の人達が持ち、古代国家が作られる当時の人達が『記紀』に表わし、現在の我々も持っている世界観、人間観であろう。イザナギ、イザナミという粒子がぶつかり世界、大自然が生まれたのであるが、人間観をもう少し詳しくみてみよう。

「現人神《あらひとがみ》」という言葉がある。こう言うと、現人神即ち軍国主義と決め付けて思考が停止してしまっているのが現在の日本の状態である。欧米の概念の正確な意味を考えず、また、その欧米の概念で日本の文化・価値を考えることが混乱を引き起こしている一つの要因と言ったが、それに輪をかけているのが思考の停止状態である。私の思考が停止していたのではこの論が進まない。細やかなる思考をめぐらして先に進もう。

現人神というのは、古代国家が作られる当時の人達が作った和製漢語と考える。明治のそれと同じように日本人が作った漢語。日本人が作った漢語ということでそれ自体日本語なのであるが、これを理解するために訓読みにする必要がある。「神を現した人」となる。我々の神は大自然であるから、「大自然を現わした人」。これを私なりに、人というのはみな大自然から命を授かったと解釈する。死んで山に還るという考えがある。山というのは自然の象徴であり、死んで大自然に帰っていくということである。大自然から生まれ大自然に還る。これは現在でも変わらない我々日本人の基本的な人間観であろう。

「現人神」という表現が用いられたのは天武天皇の時代と思うが、当時の人達が「現人神」をどうみていたかを考えてみた。「現人神」というのは天皇に対して使われた。ほぼ同じ時期、柿本人磨呂の歌に「大王《おおきみ》は神にしませば」という表現がある。この二つの「神」は同じ意味に使われている。では、この神の意味は何であろうか。当然キリスト教の神ではない。では我々の神である大自然、あるいはその具象神の八百万の神であろうか。その可能性はキリスト教の神よりも少ない。何故か。

記紀には、神の時代と人の時代に分かれている。人の時代は神武天皇から始まる。我々は神武天皇以来現在まで、天皇は人であるという大前提にたっている。我々の文明の大前提なのである。その記紀を編集した当時の人達が天皇を絶対神とも大自然とその具象神、その他いかなる神とみるわけがない。天皇は古代から人である。伝統を見失うと惨禍を招く。ではこの神は何を意味するのか。

当時の人は、この神を「優れた」、「尊い」という意味で使っているのである。「現人神」は「尊い」存在を「現」した「人」なのである。人磨呂の歌は、大王は「尊い」存在でいらっしゃる、と言っているのである。

ここで、神の意味は四つあることを述べる。一つは、キリスト教がもっているような言語知のなかで考えられた絶対神。一つは、我々の神である大自然とその具象神。一つは、右に述べた尊いという意味の神。一つは、苦しいときの神頼みのように、その神が何であるかを考えるより、ひたすら苦しい状況から救われることを願う神。何となく使ってしまっても、ほとんど問題にならない神。このように使われる神を「曖昧な神概念」ということにする。

このように、我々が使う神という言葉には四つの意味がある。だから神という言葉を使う場合、その神を特定する必要がある。そうしないと述べている内容が曖昧になり、結局何を述べているのか分からなくなる。また如何なる文明も、文明の基礎にはその文明がもっている神がいると考える。だから神を特定しないと、文明も正確にとらえられない。

「現人神」と言った当時の人の神は尊いという意味の神であった。大自然を神ととらえると、このようなことも導きだせる。古代インドにおいて、仏教が起こる以前、いわゆるバラモン教があった。そこでは「梵我一如《ぼんがいちじょ》」という結論に達していた。「梵」は「梵天」でマクロコスモス。「我」はミクロコスモス。マクロコスモスとミクロコスモスの合一である。この考えは、その後に起こった仏教にも取り入れられ、「一即多」、「多即一」という表現になる。「一」はミクロコスモス。「多」はマクロコスモス。両者は同じであると言う。

「現人神」、「神」即ち大自然であるからマクロコスモス。「人」はミクロコスモス。マクロコスモスを現わしたミクロコスモス。古代インドの「梵我一如」、仏教の「一即多」、「多即一」。これらに対する我が国の伝統の表現が「現人神」にもなり、我々の世界観、自然観、人間観を現していると言える。

またヨーロッパの世界観、人間観をみることによって、我々日本人のそれとの違いが分かる。

ヨーロッパの人は我々が混沌とみたところに神を想定した。イザナギ、イザナミという粒子によるビックバンに相当するものはない。ただ神の意志があるのみである。その意思によって世界が大自然が作られ、大自然の中の人間もまた神の意思によって作られた。ヨーロッパの場合、これだけでは不十分なのである。混沌のところに神を想定した理性をもって考えるもう一人の人間がこちら側にいるのである。そしてこちら側の人間を何よりも重要視した。何故重要視したか。

人間が他の動物と分けられるのは、言葉と文字を使い道具を使ったことにある。即ち言語と技術を持ったことである。人間が持ち得た二つの叡知、その一方の言語を徹底的に重視した。重視した言語を使い得た故に、人間を重要視したのである。

このようにしてみてみると両者の神、文明の違いも分かる。ヨーロッパの神は、今まで述べてきたように言語知による神。そしてこの言語知のうえにたっている文明でもある。我々の神はビックバンの結果できた大自然を経験知に基づいて神とした。我々の文明は、縄文時代一万年という長い時間の蓄積に基礎をおいた経験知に基づく文明である。

さらに、我々の世界観は二つの粒子のビックバンに模せられ、大自然から命を与えられたという人間観は、ビックバンから宇宙が生まれ、その中で諸々の元素が生成され命が生まれ、最終的に叡知を持った人間が生まれたという宇宙観にも模せられる。我々の持っている世界観、人間観は近代の科学が行き着いた宇宙観にも模せられるなかなか近代的なものではないか。一方ヨーロッパのそれは、自らが生み出した科学の結論に模せられるものではない。しかし私は優劣を競うつもりはない。そんなことを競っても何ら益するものはない。混沌のところに神を想定し得たことが、人類が数百万年かかってたどりついた叡知でもあった。

次に、我々の神は日本人以外のごく少数の人達によっても言い表わされているので、それをみてみよう。立花隆氏がアメリカの宇宙飛行士と対談した。その中で宇宙に行ったほとんどの飛行士が神を感じたと言う。彼らはキリスト教徒であるにもかかわらず、それはキリスト教の神ではないと言う。さらにキリスト教もローカルな宗教とも言う。宇宙飛行士達が宇宙に行き、そこで感じた神こそが我々の神なのである。

縄文時代の我々の祖先の人達は、宇宙飛行士が宇宙で感じた神を大自然の中に感じていたのである。現代の最新の科学技術によって宇宙へ行き、最新の知識を身につけたごく少数の飛行士が感じた神を、我々の祖先の人達はみな数千年も前から感じていたのである。宇宙飛行士達は、立花隆氏が誰も聞かないことを聞いてくれたと喜んでいたそうであるが、彼らはキリスト教の世界に住む人達、そのことについて積極的に多くを語らないだろう。しかし我々の神を語ってくれたことだけは間違いない。

さて、神道というと我々はもう一つの神道をもったことがある。即ち国家神道である。現在のところで詳しく述べるが、今ここでは、次のようにとらえておこう。

まず神道には二つの神道があるということ。一つは今述べてきたように、アニミズムを革新して自然観としたもの。もう一つは、アニミズムを言語知を用いて言語体系化したもの。明治の先人が宗教という言葉を作った。その言葉を作る過程で神道が、欧米の概念の宗教とあまりにも違っていることを、明治の先人は現在の我々よりもより強く感じたと考える。そこで神道を習俗とした。そしてもう一つの神道、即ち言語体系化した神道を宗教とした。国家神道は言語体系化された神道からではなく、私が自然観とし明治の先人が習俗とした神道から出てくるのである。

言語知による宗教は、もともとその神を想定し、またその神を信じた人達にとってはまことに心優しい神であるが、それを信じない人達にとっては誠に恐ろしい神でもある。一方我々の神は大自然である。大自然は広大無辺である。即ち我々の神は心が広い。この地球上のすべてのものを差別しない。しかしこのことは、我々にとって必ずしも都合のよいものではない。

幕末から明治にかけての先人は、欧米列強に蚕食《さんしょく》されるアジアをみた。そこではアジアの人達は人間扱いされていなかった。先人たちは何が何でも我が国をこのような状態にするわけにはいかなかった。先人たちは、近代文明を引っ提げてアジアに現われた欧米のその文明のなかにキリスト教の神がいることをみた。そしてこれを倣ったのである。即ち大自然のなかの八百万の神々を国家のなかに閉じこめたのである。神を閉じこめたとは畏れ多い。八百万の神々に国家のなかに入って頂いたのである。この国難を乗り切るために、相手にキリスト教の神がついているならば、我々も八百万の神々にご尽力して頂こうと考えたのである。しかし国家という狭苦しい枠のなかで、神々はどれほど息苦しい思いをされたことか。故に神々の怒りに触れたのかもしれない。

敗戦と同時に、国家のなかの神々の解放が二人の人物によってなされた。その人物とはマッカーサー氏と昭和天皇である。まずマッカーサー氏は神道指令を発することによって、神々の入っている枠を叩き壊した。次に昭和天皇のいわゆる人間宣言によって、国家のなかの神々の大自然への解放が完了したのである。この時をもって伝統に戻ったのである。即ち自然観にもどった。

このようにしてみてくると、どうも仏教も神道も我々の真の宗教ではないようである。では一体我々の宗教は何であろうか。

結論から言うと、我々日本人は宗教を持っていない。このように言うと、今までさんざん宗教を持っているような思わせ振りなことを述べておきながら、今になってないとは詐欺のようなものでないかと思うかもしれない。確かに我が人生を振り返れば、多くの嘘もつき人を騙したりもした。その最大の相手を考えれば、それは我が女房殿であったろう。女房殿には最大の嘘をつき、また彼女の可能性という所有物から多くのものを奪ってしまった。詐欺罪、窃盗罪に問われてもおかしくない身である。しかしその罪深き人が、その自らの罪を心底から悔いて書いているのがこの論なのである。

我々は欧米の概念の宗教を持っていないが、それに概ね相当するものは持っている。相当すると概ね相当することとは違うのである。私を理屈っぽい人間と思うかもしれない。しかし、私は理屈っぽさとはおよそ相容れない竹を割ったような性格をしている。一見理屈っぽくみえるのは、私の性格上からくるものではなく概念というものの性格からきているのである。概念はでき得るかぎり正確さをもって語らねばならない。しかし文章が複雑になる恐れがあるので、宗教に概ね相当するという意味で、これを我々の宗教と表現する。

我々の宗教は祖先への思いである。いわゆる祖先崇拝という言葉は、我々の宗教と違う語感を受けるので使わないことにする。祖先はこの世にはない人達である。だから当然その霊ということでもある。祖先の霊に時間の観念を入れると生命の連続となる。信仰という言葉も欧米の概念を思わせるので使わず「思い」を使う。そこで我々の宗教と信仰は「生命の連続への思い」となる。即ち、生命の連続という実存的な価値への思いである。ご先祖様という言葉は時間の観念を含んでいるので、ご先祖様への思いとも言える。

この祖先の人達には少々説明がいる。この場合の我々の祖先というのは、ただ人だけを言うのではない。大自然と一体となった祖先である。大自然と密接不可分の関係にある祖先。これをたとえると、光背を備えた仏像、即ち大自然という光背を背負っている祖先。これを別の言葉で言うと、神道という自然観を持ち続けてきた祖先でもある。そこで我々の宗教と信仰は、「神道という自然観に裏付けられた生命の連続への思い」となる。このことを明確にするために宗教の根源的な意味を考えてみよう。

宗教の根源の意味は、何か人には抗しがたい大きなものを畏れ、それに心から服し敬う、「畏敬の念」。その大きなものを深く敬うが故に、自らの態度を慎んでいこうという、「敬虔の念」。そしてそのもとにあるものを信じて大切にしていこうという、「信仰」。

この根源的な意味に我々の宗教を当てはめて考えてみよう。抗しがたい大きなものを畏れ、それに心から服し敬う畏敬の念を我々は大自然に感じている。次に敬虔、大きなものを深く敬う、即ち大自然への畏敬の念であるが、そのために自らの態度を慎むのは大自然に対してではなく、先祖に対してであろう。

ラフカディオ・ハーン氏が描く、絶えず祖先の霊に囲まれて生きている日本人をみると、即ち祖先代々伝わる道徳的衝動、倫理的本能の源を祖先の霊にみている日本人をみると、それがまるでキリスト教の神にさえ感じる。小泉八雲氏は同じ欧米人のマルロー氏が「アマテラス」と表現した日本と日本人の本質をはるかに深くみていた。

しかし、畏敬と敬虔の念への対象が違っているのは少々おかしいではないか。大自然への畏敬の念が強ければ、敬虔の念もまた大自然へ向かうはずである。しかし我々はこれらを分ける。これは我々の祖先が光背を具えた仏像である証しでもある。大自然と祖先の霊が密接不可分で一体となっているが、二つのものからなっているから畏敬と敬虔の念の分離が可能なのである。

人知を越えた大自然、縄文時代の我々の祖先の人達はそれに抗しがたい大きなものをみてひれ伏した。

しかし決して屈しなかった。ひれ伏しながらも絶えず上目遣いに大自然をみていた。絶えず大自然に畏敬の念を持ち続けていた人達の意識が、それにひれ伏しながらも屈しなかった父母につながる生命の連続に向かった。一万年という歳月の重みは畏敬の念を意識の奥深いところに沈潜させていった。その抗しがたい大きなものが、ある時は脅威となって現れ、またある時は大いなる恵みとなって現れ、その大自然に育まれてきたご先祖への思いが、沈潜していくものとは逆に意識上に強くのぼってきた。そして大自然に育まれたことを強く信じ、ご先祖を大切にして守っていこうということになったのである。

大自然に発する宗教であるアニミズムを革新して自然観とした。この地球上には様々な自然観を持つ人達がいる。しかしどの地域の人達もその自然観を単に持つだけだった。しかし我々の祖先の人達は違っていた。大自然を精緻に精緻にみることによって、大自然を神とみてそのうえに経験技術文明を築いた。だから自然観といっても、ただの自然観とは違う。文明の基礎をなしているものである。それほどのものである。そして、神とみた大自然は言語体系化できない故に形象化して神社とし、その大自然の中の生命の連続という、これもまた言語化できない実存的な価値を宗教にしてきた。

ヨーロッパと比較してみよう。人はある時期から言語を持った。しかしそれを持ち使っているにすぎなかった。誰もそのうえに文明を築こうとは思いもしなかった。彼らは言語を精緻に精緻に分析していき言語技術文明を作り上げた。言語という基礎のうえに築かれた文明である。そしてその言語知から生み出した神を体系化し宗教とした。

ユーラシア大陸の両端に生まれたこの二つの文明はまことに特異な文明と言える。瓢箪から駒が出た感があり、その中身も特異である。いわゆる四大文明と言われる文明は、言語文明と技術文明をバランスよくほどほどに持っていた文明にすぎなかった。しかしこの両文明は人間が持ち得た二つの知、即ち言語知と経験知、一方は言語知を偏重し一方は経験知を偏重したまことに特異な文明である。

次に、信仰について。キリスト教徒、イスラム教徒あるいは仏教徒等が深い信仰を持っているように、我々も彼等に勝るとも劣らない深い信仰、即ち生命の連続への思いがどれほど強いかを具体的な例でみてみよう。

神風の特攻をあげる。神風特攻の若者たちについて述べるにあたって、一つの前置きがある。それは、彼らが遺した遺書を読んでから彼らについて語ってほしいこと。読んだうえで、ただ賛美しかできないのなら、あるいはまた軍国主義の犠牲としか思えないのであればそれでいい。読まずに語ることなかれ、ということ。

神風の特攻と対比するものとして、次のものをあげる。それは古代ローマにおいて、あのコロシアムのなかで、猛獣の犠牲になったキリスト教徒を。両者に共通するものは、運命の不条理のなかで死ななければならなかった人達の、死を前にした時の安らかさである。人は何故に、死を前にしてあのような安らかさが得られるのだろうか。

まずキリスト教徒の場合。私はキリスト教徒でもないし、キリスト教のことはよく分からない。だからこれから述べることは想像である。キリスト教徒の死を前にしたあの安らかさは、キリスト教の神に対する絶大なる信頼だったのだろう。人は自分を越えた大きな存在に、無心に我が身を預けられるのだろう。やはりキリスト教の神は偉大である。またそれを生み出した文明はやはり叡知である。

親鸞が信仰という光に包まれて生きたように、その時、あのコロシアムは目にも鮮やかなる光で覆われたのではないだろうか。

では我が神風特攻の若者たちのあの安らかさはどこからきているのであろう。それは、キリスト教の神にも勝るとも劣らない生命の連続という実存的な価値への絶大な信頼だったのだ。猿以下の動物は命がいちばん尊いのである。命しか尊いものはない。しかし人はその命を越える価値を見いだし、また命を越える諸々の価値を作り出してきたのが歴史の一面ではなかったか。

イギリスの政治家チャーチル氏が神風の特攻に驚嘆し、フランスの文人が賛嘆と畏怖の念を抱くのは、人間にしか絶対にできない何ものかをそこにみたからであろう。

神風特攻の若者たち、必勝を信じた若者も、こんな作戦たてやがって、と感じた若者も、命令に背いて逃亡することなく運命の不条理の中で散っていった。

私は感じる。彼らの前に目も眩むような大きく暖かな光が現われ、彼らの周りのものをすべて溶解しつくしたうえで彼らを包み込んだ。その暖かさの源は数えきれないほど多くの祖先の人達の、うなずきながら微笑む無数の眼《まなこ》であった。そしてその光は彼らを暖かく暖かく包んで、冷たい海原に浮かぶ艦隊へと導いていった。

私は運命の不条理というようなものに出会いたくないと思っている。しかし出会う時には出会わなければならないだろう。だから不条理と言うのであろう。右のような例はしばしば起こるわけではない。そこで日常生活の中での我々の信仰心をみてみよう。即ち、キリスト教徒の教会での礼拝、イスラム教徒の聖地に向かっての礼拝に概ね相当するものを。

それは初詣と祭りである。まず初詣からみてみよう。初詣に向けられる我々日本人のエネルギーの凄さは他の国に例をみないだろう。初詣の人出は全国で七千万人とも八千万人とも言われる。まるで民族の移動のごとく神社仏閣に向かう。年に一度、聖地メッカに向かう百万を越えるイスラム教徒の比ではない。さらに旅行などで神社仏閣へ行き、そこでの何らかの祈願を含めると、我々は何と多くまた熱心に神社仏閣に手を合わせるのだろうか。しかもその祈願の内容はと言えば、そのほとんどがあるゆる種類の現世利益である。商売繁盛、家内安全、無事息災、縁談、受験、さらには宝くじに当たりますようにと手を合わせる。

では何故我々日本人はかくも熱心に現世利益を祈願するのだろう。たぶん答えられる人はほとんどいないだろう。それはちょうど初日の出、即ち一年三百六十五日、毎日繰り返される単なる自然現象に手を合わせて拝む理由が分からないように。

我々の宗教は生命の連続への思いと述べてきた。これは時間軸に向けるれたものである。そこで生命の連続への思い、即ち、そこに浮かび上がる我々の時間意識の強さの証しもみてみよう。

道元をあげる。道元は、西欧文明が生んだハイデッガー氏と似たような時間論を展開している。私は形而上学というようなものは苦手であると述べてきた。そこで私の意識は両者の時間論の内容には向かわずに、何故ハイデッガー氏より何百年も前に、我々は道元を生み出し得たのかということに向った。我々は生命の連続への思いをとおして、意識下に強い時間観念をもっている。しかし生命の連続への思いは言語体系化されてはいない。キリスト教徒の日曜日の礼拝、イスラム教徒の聖地へ向けての礼拝と関係づけられる聖書、コーランのような目で見える形のものを持っていない。ここが我々が無宗教と思ってしまう一因でもあるが、その思いの強さは既に述べてきた。そこで道元の時間論は、我々の大自然のなかの生命の連続への思いの哲学的思索であるという思いにいたったのである。

我々は生命の連続への思いを潜在化させて意識下に強固に持っている。地下水のように我々の意識の下に流れている生命の連続への思いから、我々は意識上では過去に向けられた時間をご先祖、未来に向けられた時間を子孫として意識している。過去に向けられた意識は敬虔の念となって現われる。未来に向けられた意識は子孫が何らかの意味で繁栄してほしいという願いである。生命の連続への思いはご先祖への思いと子孫の繁栄となって現れる。

我々は熱心にあらゆる現世利益を願う。現世での何らかの繁栄を願う。家内安全、無事息災、縁談が決まり宝くじが当たれば言うことはない。国民的エネルギーとみえるほどの多くの人の熱心な願いが、はたしてどの程度叶えられているのか分からない。それでも我々は願う。現世の我々の何らかの繁栄を願う気持ちは、祖先の人達の子孫への繁栄を思う気持ちに呼応したものである。我々の願いが強ければ強いほど、祖先の子孫への思いが強いことになる。我々の儚くも強い現世利益は、生命の連続への思いの現れなのである。

そして、ここには祈りと感謝があるということ。宝くじに当たりますようにとは、あまりにも現実的すぎるのではないか。しかし我々は如何なる神にも祈っているのではない。我々と同じ生々しい現実を生きた祖先の霊に祈るのである。だから現実のあらゆることへの願いが可能になるのである。また祈りはその目的より、祈ることの行為そのものが大切なのである。初詣の凄まじいまでのエネルギーを考えれば、我々はキリスト教徒、イスラム教徒にも勝るとも劣らない祈りと感謝を持っていることにもなるのである。

次に祭りについて。我が国には四季を通じて多くの様々な祭りがあるが、特に、我々日本人のエネルギーが春先から秋にかけて爆発する。山車が博多に走り、岸和田に駆け、徳島にアホウが集まり、東北に竿灯が舞い、ねぶたが踊り、京都に雅やかな行列が練る。神輿を担ぐことだけが祭りではない。踊るアホウに見るアホウである。見ているだけでも何かぞくぞくするものを感じる。また全国に名の知れた祭りだけが祭りではない。大小様々な祭りが全国に無数にある。そして近年今まで廃れていた祭りが復活する風潮をみせている。

祭りは神を「まつる」ということが根源的なものだっただろう。神をまつる、即ち大自然をまつるという意味内容を考えてみた。

大自然をまつる、即ち畏敬の対象としての大自然に対する「祈り」。万物生成、実りの根源である大自然への「感謝」。神をまつる根源的な意味は大自然への祈りと感謝であった。そして祭りは神事として始まった。神に事《つか》える、即ち大自然に事えることは大自然への祈りと感謝であった。我々日本人が何の変哲もない初日の出を拝むのは、大自然が神であるということが太古から意識下の深いところに滔々と流れているからであろう。

我々は我々の神が何であるかを再把握しないとわが国、日本の本質が分からなくなる。キリスト教、イスラム教の神は言語知による神である。我々は経験知に基づき大自然を神としてきた。言語知は抽象を特色とし、経験知は具象を特徴とする。ふだん我々は大自然という神を具象してとらえる。即ち大自然を現象や具体的なものの姿、形としてとらえてきた。八百万の神々である。ところが我々日本人の本性が現われてしまう場合がある。それが初日の出を拝むということであろう。

初詣が生命の連続への祈りと感謝を反映したもの、祭りが大自然への祈りと感謝。こうしてみてくると、前に述べた光背を備えた仏像に我々の祈りと感謝が向けられていることが分かる。我々は生命の連続と大自然が密接不可分なことを意識下の深いところで知っているのである。

初詣への凄まじいばかりのエネルギー、我々は我が身、あるいは身近なことへの関心が専らであるため、この全体のエネルギーに気が付かない。しかし七千万、八千万の人が繰り出すのである。そしてそこには、七千万、八千万の祈りと感謝がある。また日本ほど祭りの多い国はない。全国各地に大小様々な祭りがある。およそ祭りというものは根源的に大自然への祈りと感謝の現れたものと考える。太古からの大自然への祈りと感謝が我々の意識の奥深いところに滔々と流れていて、それに突き上げられるようにして、祭りのエネルギーが爆発するのである。

このようにキリスト教徒、イスラム教徒の祈りと感謝の現われ方と我々のものが違う。それは前者が言語知により体系化された宗教であるのに反して、我々は経験知により言語化されない実存的なものを宗教にしてきたからである。我々日本人は、キリスト教徒、イスラム教徒とにも勝るとも劣らない祈りと感謝の念を持っているのである。また我々の宗教は、それを持っていることさえ意識しないような穏やかなものなのである。

宗教についての最後に、宗教による戦争がなくなる萌芽のようなものをみたので、それについて述べておこう。

私の身内の者が夫の死後キリスト教に改宗した。東京の四谷にある上智大学内の聖イグナチオ教会で、日本人信者のための合同納骨式が行なわれた。初めて見るカトリック教会の壮麗な儀式に唯ただ目を奪われているだけだった。しかしこれは一体何なんだ。確かに改宗した日本人教徒へのミサである。しかし内容は、我々日本人の宗教そのものへのミサではないか。我々は、霊と具象物としての遺骨とによって生命の連続への思いを確認している。

我々の宗教へのミサ、この何とも訳の分からない壮麗な儀式、その後も腑に落ちないものを感じていた。しかしこの疑問は案外早く解決された。それは山折哲雄氏の著書の中にあった。我が国のいくつかの伝統仏教教団が各宗門の実態が祖先供養によって大きく方向づけられていることを率直に表明するにいたり、これを受けたかのように日本カトリック司教協議会が、布教にあたって日本人の祖先供養と協調すべき旨を記す手引書を公表した、というものであった。

早い話が、カトリック教会の営業方針の転換である。しかし私は営業方針の転換を越えたもの、しかもカトリック教会も気付かずにいる何かがあるような気がしたのである。

宗教による戦争がなくなると言えば誰でも、我が宗教に改宗し、世界が我が宗教一色になれば、戦争はなくなると考えるだろう。しかし私が考えるにいたったものは改宗などしなくてもいいのである。現在信じている宗教をすてる必要はないのである。人の意識が言語知による宗教よりも、父母に連なる生命の連続という実存的な価値にもう少々重きをもって向けられるようになった時に、宗教による戦争がなくなると思うのである。

しかしこれは遥かに遥かに遠い将来のことになるだろう。だから萌芽と言っているのである。千年あるいは二千年後、二十世紀の後半、ユーラシア大陸の東のカトリック教会で行なわれた儀式が、宗教というものの大きな転換点になったであろうという思いにいたったのである。

何はともあれ、我々の宗教へのかくも壮麗なミサを捧げて頂いたことに感謝したい。私はキリスト教徒ではないし、キリスト教関係者に知り合いはいない。私がキリスト教で唯一つ思いつくのはローマ法王だけである。面識はないが法王様に感謝の意を述べておけばまず間違いないだろう。父母に連なるご先祖から子孫への連続へ、かくも丁重なミサを捧げて頂いたことに心より感謝いたします。

縄文時代と現在の関係

縄文時代の最後が縄文時代と現在の関係の証明である。ここで証明する対象を明確にしなければならない。縄文時代の初期を考えれば、今からゆうに一万年も前のことになる。我々はつい最近行った銀座、新宿の姫の名前さえ間違えてしまうのである。一万年前のことなど記憶しているわけがない。いやそんなことはない。たとえ一万年前のことでも記憶している場合がある、ということを証明してみよう。

遺伝子を用いる。遺伝子とは、時間的蓄積を空間に閉じ込めたものである。空間に閉じ込めたことによって、一切の時間とは無縁になるのである。これをたとえてみよう。

遺伝子とは預金通帳のようなものである。今ある人が三十年間で、預金通帳に十億の預金をしたとする。ここではその手段の合法非合法を問わないことにする。今、百万円を引き出したとする。若い時に百万円を稼ぐことにどれほどの苦労をしたことであろうか。反面、億という金が貯えられた後の百万円はいとも簡単にできたであろう。またその百万円は、二十年前の百万円、五年前の百万円ということと無縁なのである。このように預金通帳の中の十億という金には時間とは無縁に、三十年間の物語があるのである。

また時間の長短は、次のことから相対的なものであることが分かるであろう。ヨーロッパの心理学者のユング氏が原型なるものを言った。私なりに原型を述べると、人というものは生まれながらに人としての何ものかを持って生まれ、人種、国籍を問わず、それを数百万年持ち続けてきた。たぶんそれは遺伝子の中にあるのであろう。人類数百万年の時間に比べたら我が国の一万二千年は瞬時のようなものである。

しかし我々は遺伝子の中のものを見ることができない。ヒトゲノムは解読されたけれども、誰もが納得のいくようなかたちで原型なるものを理解できないだろう。しかし遺伝子の中のものが現れたものがある。それが伝統である。しかし伝統は遺伝子の中のごく一部が現れたものにすぎない。氷山の一角の如く水面上に現れているが、多くのものは水面下にある。その水面下で、我々は暗黙知の知の領域をかなり発達させてきた。現在その知の領域はブラックボックスである。しかし私が前に述べた遺伝レベルでの理解、以心伝心、阿吽の呼吸、また職人が木、石、鉄の、人の言葉ではない言葉を聞き分けられるのも暗黙知の知の領域の中での作業である。

暗黙知と言語知。これはまさに対極にあるものである。言語、「言」も「語」も共に「語る」という意味である。「語る」の二乗。一方暗黙知は、「暗」も「黙」も「語らない」という意味であり、「語らない」の二乗である。

近代西欧は言語との長い格闘の末、そのうえに言語技術文明を作り上げた。我々は一万二千年という長い歳月の間に、経験知に基づく経験技術文明を作り上げると共に、その文明のなかで暗黙知の知の領域に到達した。そして、我々日本人はその知の領域の中でかなりのことを行なっているようである。

これをもって長々と続いた縄文時代を終わることにする。が、少々未練がましく最後に縄文時代の我々の祖先の人達の声を聴いてから終わることにしよう。

それ、生はわが願ひにあらざれども、無明《むみょう》の父、我を生ず。死は我が欲するにあらざれども、因業《いんごう》の鬼、我を殺す。生はこれ楽にあらず、衆苦のあつまるところ。死もまた喜びにあらず、もろもろの憂へ、たちまちせまる。生は昨日のごとくなれども、霜鬢《さうびん》たちまちに催す。強壮は今朝、病死は明夕なり。いたづらに秋葉の風を待つ命をたのんで、空《むな》しく朝露の日に催すかたちを養ふ。この身の脆《もろ》きこと、泡沫のごとく、わが命の仮《かり》なること、夢幻《むげん》のごとし。

これは縄文時代の我々の祖先の人達が詠んだものではない。縄文人の心と言おうか、魂の響きのような気がしてならない。ここには、ただ生の不可思議、不可思議、不可思議があるのみである。そして、この縄文の魂が長い歳月の後、当時最大の学問である仏教に出会うと、このようになる。

悠悠《いういう》たり悠悠たり、はなはだ悠悠たり。
内外《ないげ》（仏教と仏教以外）の縑緗《けんじゃう》（書物）、千万の軸《ぢく》あり。

杳杳《えうえう》たり杳杳たり、はなはだ杳杳たり。
道といひ、道といふに、百種の道あり。
書（書写）死《た》え諷《ふう》（読書）死えなましかば、もと何んがせん。
知らじ知らじ、吾《われ》も知らじ。
思ひ思ひ思ふとも聖《しゃう》（聖者）も心《し》ることなけん。
牛頭（中国古代の神農）、草を嘗《な》めて病者を悲しみ、
断《たん》蓄《し》（周旦公）、車を機《あやつ》つて迷方《まいはう》を愍《あわ》れむ。
三界（この世）の狂人《きゃうじん》は狂《きゃう》することを知らず。
四生（生きとし生きるもの）の盲者は盲《まう》なることを識《さと》らず。
生《うま》れ生れ生れ生れて生《しゃう》の始めに暗《くら》く、
死《し》に死に死に死んで死の終りに瞑《くら》し。

人間は現在まで多くの書を書き、その中で多くのことを書き残してきた。しかし人間は太古から変わらない。相変わらず生の始めに暗く、死の終わりに盲い。

このふたつの詩は空海のものである。もし縄文時代一万年、磐石の基礎が無かったら空海も生まれなかったろう。さらに空海の死後、約千年たった現代に、棟方志功という縄文の魂が生まれる。我々日本人の中には縄文時代からのものが脈々と流れていている。そして学芸の分野において、時々その魂が天才の中に現われる。我々庶民の中にも、それが滔々と流れていることは何ら変わらない。

第二章　古代国家の成立から鎌倉まで

さて、この論は現代まで続くのであるが、歴史の書でもなく、まして通史でもないので、現代までの分量は縄文時代ほど長くならないだろう。たとえて言うと、通勤時間帯の急行のように、ほとんどの駅は停まらない。停まる駅は、奈良と鎌倉という駅だけである。奈良という駅は、JR、地下鉄、いくつかの私鉄が乗り入れている、いわば総合ターミナル駅のようなもので、停車時間は少々長い。一方鎌倉という駅は、一つの線の単独の駅で停車時間は短い。では、現代というより明治時代まで行く急行に乗ることにしよう。

我々の文明の特徴——暗黙知の知の領域への到達

奈良という駅に停まることとは、古代国家形成前後のことを述べることである。近代国家形成時と同様に古代国家形成時は、我が国の歴史の大きな節目にあたっているので、どうしても停まらないわけにはいかないのである。そして、それまでの長い歴史が生み出した伝統の知恵と言うべきもの、特に漢字仮名交り文の発明とその背景にある我々の文明の特徴と、天皇の創設という二つのことを中心に考えてみようということである。

まず漢字仮名交り文の発明から考えてみよう。仮名文字の発明があったということは異存の無いところであろう。しかし漢字の発明というと異議があるだろう。確かに漢字は輸入物であるが、一面では発明があったと考えるのである。即ち、漢字の訓読みで日本語を表わしたこと。これはハードとしての漢字を輸入したが、それを使うソフトウエアの発明と考えるのである。

漢字仮名交り文の発明、即ち独創的とも言うべき仮名文字の発明と、これも独創的と言うべき漢字のソフトの発明について、何時、誰がという学者にも分からないことを述べるつもりはない。ここで述べることは、我々の祖先の人達がこのような発明をするにいたった背景としての古代文明の受容ということについてである。

即ち、我々は古代文明、古代文明と言っているが、いったい古代文明が祖先の人達にとって何であったのか。古代文明の正確な意味・内容を考えること。そこで、次の津田左右吉氏の文から考えてみよう。原文を引用する。

「ニホンの文化は、ニホンの民族生活の独自なる歴史的展開によつて、独自に形づくられたものであり、従つてシナの文化とは全くちがつたものである、といふこと、ニホンとシナとは、別々の歴史をもち別々の文化をもつている、別々の世界であつて、文化的には、この二つを含むものとしての、一つの東洋といふ世界は成りたつていず、一つの東洋文化といふものは無い、といふこと、ニホンは過去においては、文化財としてシナの文物を多くとり入れたけれども、決してシナの文化の世界につゝみこまれたものではない、といふこと、シナからとり入れた文物がニホンの文化の発達に大なるはたらきをしたことは明らかであるが、一面ではまた、それを妨げそれをゆがめる力ともなつた、といふこと、それにもかゝはらず、ニホン人はニホン人としての独自の生活を発展させ、独自の文化を創造して来た、といふこと、ニホンの過去の知識人の知識としては、シナ思想が重んぜられたけれども、それはニホン人の実生活とははるかにかけはなれたものであり、直接には実生活の上にはたらいていない、といふことである。ニホンとシナと、ニホン人の生活とシナ人のそれとは、すべてにおいて全くちがつている、といふのがわたくしの考である」。

明快な文章なので要約する必要ないが、私なりにまとめるとこのようになる。前半は日本と中国は別系統の文明であり、中間部は中国の文物を受容したが功罪相半ばし、後半は、それにもかかわらず実生活、即ち我が国の日常生活に何らの直接的な影響を及ぼすものではなかった。

前半の別系統の文明であることは、今まで述べてきたことで、ある程度その証しになると考えるが、大陸の文明の特徴をみることによって、その違いをより明確にしてみよう。

大陸の文明の最大の特徴は技術文明と言語文明の両方を持っていたことである。人が言葉を喋り、道具を使い始めて長い歳月の後ある段階に到達した。これは道具そのものの改良とその使い方の改良、即ちハード面とソフト面の改良を通して環境を改変して、まず物質的な生活の向上させてきた。一方ではまた文字の発明を通して、思考を文字を使って表記して精神面での生活を向上させてきた。この段階が前に述べた四つの地域であろう。

一方、我が国の特徴は言語文明を持たなかったが、持ったその技術文明が少々違っていたこと。確かに言語文明を持たなかった。では一体言語文明とは何なのか。ここで使う言語の意味は喋る言葉と文字を含んだものを言う。言語文明とは、宗教、哲学、思想、法のような思考を概念によって表出した段階を言う。

我が国は長い間、言葉を持ちながらが文字を持たなかった。そこで言葉を持ったことと、文字を持ったことの意味を考えてみよう。これをフィルムと写真にたとえる。言葉をフィルム、写真にしたものを文字にたとえる。

言葉を持ったということは、カメラで写し取られたものを現像してフィルムにしたようなもの。即ち、ある現実の一瞬をとらえて、その現実をフィルム上にもう一度再現したもの。するとここに、生の現実とフィルム上の現実の二つができる。言葉というものは、カメラでとらえたもう一つの現実のように、言葉でとらえたもう一つの現実をつくる。概念でとらえた世界とも言える。またこの言葉でとらえるということは、ものを区別することである。言葉はものを分けるものであるから。今、黒と言うと、総ての色の中から黒だけを限定する。犬と言うと総ての動物から犬だけを限定する。分けるということは、ものを理解することである。「解」の字は、牛の角を刀で切り分けることである。言葉というものは、絶えず研ぎ澄まされた鋭利な刃物のようなものである。故に言語知というものは鋭利な刃物のように鋭い。

考えるということは言葉で考えるのである。言葉で考えたものを文字によって確定する。それが多くの人に伝達される。文字が無い時代は口承によった。釈迦が語ったことが文字をもって教典の形になるまで口承されていた。口承された内容は、文字をもって伝えられるのに勝るとも劣らない正確さであったことが明らかになっている。

そこで、宗教、哲学、思想のような事柄を考えるようになった段階を言語文明と呼んでもいいのであるが、文字をもった段階のほうがより文明と言うに相応しいと考える。その理由は、言葉で考えたことを文字で表すことは思考を見える状態にすることである。見える状態にすることによって、思考そのものを深めることが可能と考える。

故に、宗教、哲学、思想、法のような事柄を考えるようになり、それを体系的にまとめて文字で表記した段階を言語文明と言うことにする。

我々は長い歴史のなかでこのような言語文明をもたなかった。まさにそのような文明に出会ったのである。具体的には、インド伝来の仏教、それを漢訳教典という形で。春秋戦国の諸子百家の思想を書籍の形で。

次に、縄文時代以来の我々の経験技術文明が大きな特徴をもっていたので、それを明らかにしておこう。

人は言葉を持ち考えるようになった。概念を持ち概念の世界を作るようになった。生の現実とそれを概念で表出した現実を作るようになった。これは現実をカメラで写し現像しフィルムの状態にしたようなもの。さらにそれをプリントして、より明確に見える状態の写真にしてきた。これは言語知を発展させてきたこととも言える。

人は言語による思考、即ち言語知を発展させてきたのであるが、一方では別の方向にも向かったと考えたのである。フィルムを元の状態に戻すような方向。即ち意識下の奥深いところに生の現実をそのまま残した。フィルムに像を写し取る元になる像、元像というようなもの。あるいはビックバン以来の、言語で限定される以前のすべての記憶。この意識下の広大な記憶の領域を暗黙知という知の領域と考えたのである。

では何故私がこのようなことを考えるにいたったか。それは我が国には、暗黙知、以心伝心、阿吽の呼吸という概念と現象、また職人が木や石や鉄の言葉を聞き分けられるという現象があるからである。何故山に登るのかと問われて、そこに山があるからと答えた著名な登山家がいた。そこに山があれば登りたくなるのが人の自然の欲求であり、概念なり現象があれば、何故と問いたくなるのもまた自然の欲求なのである。

職人が木、石、鉄と交流ができるのは、ビックバンにより元素ができ鉱物ができ生命が生まれるまでの広大な記憶の領域で初めて可能なのである。また我々日本人は草花に語りかけるのもこの領域でのことであろう。さらにまた日本独自の仏教において、山川草木悉《さんせんそうぼくしつ》有仏《うぶつ》性という考えを持つにいたったのは、この記憶の中での作業であっただろう。

確かに我々は言語文明を持たなかった。しかし持った経験技術文明は、暗黙知という知の領域の中でかなりの作業をするようになったことが特徴なのである。

以上が津田左右吉氏の引用文の前半部分を私なりに述べたものであるが、次にその中間部について述べよう。中国の文物を受容したが、功罪相半ばしたことについて。

功に関しては、言語文明を受容したということにつきる。では罪は何か。その受容した言語文明の元にある漢字そのものは、大陸の伝統のうえに作られたものである。異なった伝統の概念で我が国の伝統・価値をとらえなければならず、我が国の文化・価値を見失いかけたのである。これは欧米の概念で我が国の文化・価値をとらえることが混乱の一つの大きな要因と言ったが、まさに同じようなことがこの時にも起こったのである。

後半部分、それにもかかわらず我が国の日常生活に何ら影響を与えるものではなかった。我が国は大陸の文明の亜流のごとく思われているところがある。我々も大陸の古代文明から大きな影響を受けたと思いがちである。しかしまったく影響を受けなかった面もあるのである。津田左右吉氏が言っているように、我々日本人の日常生活には何らの直接的な影響を受けなかった。我々は言語文明を受容した。それは宗教、思想、法等に関わるものであって、形而下の日常生活には何の影響も受けなかったということである。

受容したものは、太古から持たなかった宗教、思想、哲学等であり、まさに喉の渇きを癒すかのように言語文明を受容したのである。一方形而下の日常生活に関しては、縄文時代以来の高度の技術に基づく豊かな生活があった。それ故に、遣唐使として大陸に渡った人達が長安で書籍、仏典を買い漁って評判になっても、彼の地で見たであろう日常生活に何らの必要性、便理性を感じなかったのである。

この時我々が受容したものと、大陸に次々に興った国をたとえると、興っては消え興っては消えした国々を望遠鏡、受容したものはその望遠鏡を通して見たものなのである。時にはその望遠鏡を手にとって出来栄えを愛でたことはあっても、それを通して見た春秋戦国の輝かしい価値を一貫して見続けてきた。春秋戦国の価値があまりにも偉大であったために、興亡していった国々はしょせん望遠鏡の筒にすぎなかった。また我々は現在でも、望遠鏡とそれで見たものを混同しがちなのである。

灯台が遠方を照らし足元が暗いように、我々は望遠鏡で絶えず遠方を見ていて足元を見なかった。また足元には見るべきものがなかったのである。

以上が長い歴史が生み出した伝統の一番目の知恵、漢字仮名交り文の発明とその背景の我々の文明の特徴を津田左右吉氏の文から述べたものであるが、外来のものを三度取り入れたことを一括して考えてみよう。

まず、最初の水稲耕作の受容。これは我々日本人の主食の基礎の決定と言える。それまでの我々の祖先の人達の食生活は、海の幸、川の幸、山の幸、畑の幸を四季に応じて食生活の基礎としてきた。水稲耕作による米の受容は、一年を通じての主食の観念の基礎となった。基礎というのは、すぐには主食になったわけではなく、現在までの長い時間を通して次第に主食になっていったからである。

二番目の言語文明の受容。これを栄養素にたとえてみよう。それまでは、三大栄養素の蛋白質と炭水化物を摂取していたが脂肪が欠けていた。脂肪にあたるものが言語文明である。ここにいたって我々は脂肪という栄養素を初めて知り、三大栄養素を摂取するようになったのである。政治制度としての律令というものはビタミン剤のようなものであった。このビタミン剤は我々日本人にあまり効力を発揮しなかった。

三番目の近代西欧の言語技術文明の受容。これは栄養素というより強壮剤として受容したのである。この論のキーでもあり、日本人を解くキーでもあると言った約半世紀で、日本は当時の五大国の一つになったのである。これを強壮剤と言わずに何と言おうか。

天皇の創設――統治の並立構造

もう一つの知恵である天皇の創設。天皇の創設とは何か。それは象徴天皇の創設である。天皇は古代から象徴であった。長い間慣習法による象徴であり、現在の憲法になり成文法による象徴になったのである。象徴天皇とは何か。権威としての天皇である。権威としての天皇とは何か。権威と権力の分離である。権威と権力の分離とは何か。統治の並立構造である。以降、これを天皇の創設による統治の並立構造、あるいは単に「統治の並立構造」と言う。

この場合の権威と権力の大きさと言うか重要度は必ずしも五分五分ということではない。六対四、七対三、八対二、九対一と時代によって違いはあっても、必ず権威と権力が併存していたということである。要するに絶対権力というものを作らなかったことが我が国の特徴なのである。ここで言う絶対権力は権威と権力を合わせもったものを言う。

ではまず、古代国家形成当時から遡って権威と権力をみてみよう。権威は一貫して天皇、天皇が創設される以前は大王にあったので、権力のほうをみてみよう。

藤原不比等は二人の娘、宮子を文武天皇、光明子を聖武天皇の夫人にした。後に光明子は光明皇后となる。いわゆる外戚として権力を握ったことは周知のことであろう。一つ前の時代、欽明天皇から推古天皇の時代をみると、蘇我稲目は馬子の姉、堅塩媛《きたしひめ》、小姉君を欽明天皇の妃にし外戚としての地位を築き、馬子、蝦夷、入鹿、蘇我氏三代にわたり権力を握った。もう一つ前、応神朝と言われる時代、葛城氏の女《むすめ》、イワノヒメが仁徳天皇、クロヒメが履中天皇、カラヒメが雄略天皇と結婚している。葛城氏を蘇我氏がならい、蘇我氏を藤原氏がならったと言うべきか。

応神朝、天皇という呼称は創設されていなかった。まだ大王と呼ばれていた時代である。大伴、物部、平群《へぐり》というようなそうそうたる氏族がいて、天皇家もその中の一氏族であったが、大王として権威を担っていた。一方権力のほうも、葛城氏が絶対的な権力を持っていなかったと考える。多くの氏族のなかで、天皇家に女を出すことにより権力を握るのに比較的優位な立場にいた、というほどの地位であっただろう。

ところが欽明、推古朝になると、蘇我氏が抜きん出てきた。言うならば他を蹴落として一段高いところに出てきた。一方天皇という呼称の確立に関して、学者のなかでも分かれるのが推古朝から天武・持統天皇の時代である。言うならば大王から天皇への移行期であると同時に、天皇家の権威が確立されつつある時期であった。

そして八世紀初頭、元明、元正女帝の時代、古代国家が作られた時には、天皇の呼称が確定し権威としての天皇が確立された。権力に関しても、不比等による藤原氏の権力が確立した。これを学者の説から明らかにしてみよう。

古事記、日本書紀、いわゆる記紀の神代史について、津田左右吉氏は天皇家の「権威の由来」を説くために作られたものだと言う。この津田氏のような見方をする学者は多い。一方、上山春平氏は、天皇家より藤原家を主体に考え、藤原家の権力の確立に重点を置いてみている。確かに記紀は、天皇家の権威の由来を説いているという見方は間違ってはいないが、「天皇の権威を藤原氏の政治的支配権を確立のために利用した」とみるのである。要するに太政官における実権の掌握と天皇の外戚としての地位の獲得することによって、不比等は記紀の編纂も思うままにした。即ち、藤原家の権力の確立を隠すために、仰々しく天皇家の権威を表面に出してきた、ということになろう。

これらの学者の説を総合しても、古代国家形成期に天皇の創設による権威の確立と藤原氏による政治権力の確立がなされ、ここに「統治の並立構造」が確立したと考えるのである。

我が国の文献では五世紀までしか遡れない。いわゆる魏志倭人伝によって、それより以前を朧気ながら知ることができる。北部九州にあったとされる女王卑弥呼を戴いた耶馬台国連合である。既にここにおいて、権威と権力の分離、即ち「統治の並立構造」の原形をみることができる。我が国の歴史上で最も有名な女性の一人が卑弥呼であろう。その卑弥呼を戴いた耶馬台国連合をたとえてみよう。

東京は日本橋に「わじん」というクラブある。このクラブは複数の経営者によって経営される共同経営の形をとっていた。クラブ「わじん」の経営は思わしくない。要するに客の入りが悪いのである。そのことが経営者の軋轢の種にもなっていた。このままでは倒産もしかねない。そこで経営者は急遽協議した。その結果は次のようなものであった。隣の銀座に「ヤマト」というクラブがある。そこのママ、ヒミコを引き抜いてこようということになったのである。その結果、クラブ「わじん」は繁盛した。それは、銀座のクラブのママ、ヒミコの個人的魅力と銀座という権威によって繁盛したのである。経営はあくまで共同経営者によって行なわれていた。

内外の文献で遡れるのはここまでである。では三世紀後半、弥生時代の我々の祖先の人達が、権威と権力を分けるという知恵を咄嗟に思い付いたのであろうか。咄嗟の思い付きにしては長く続きすぎる。今日まで永々と続いている。私は咄嗟の思い付きではないような気がしてならない。その前の時代、即ち縄文時代に何かがあったのではないかと思うのである。

縄文時代を知る手がかりは遺蹟と遺物しかない。当時の人達がどのような生活をして何を考えていたか知る由もない。しかし多少当てにできそうなものがる。想像力である。その想像力を、この論では時々用いてもいることもあって、ここで想像とは何かを考えてみた。似たような言葉、妄想と対比することによって明らかにしてみたい。

「妄」という字を辞書でみると、盲を意味する「亡」と「女」とから成り、銀座、新宿等の姫に目が眩んで正しい判断を失ってしまう、とある。もっともどの辞書をみても、銀座、新宿の姫という表現は使われていない。「みだり」とか「でたらめ」というような意味なので、「でたらめに想う」となる。これを勝手気侭に想う、あるいは何の根拠もなく想う、とする。今、私がこのように想う。宝くじに当たり、その金を元手に巨万の富を築き、世界でも屈指の大富豪になる。あるいは私の前世はパンダで笹を食べていた。これらは妄想の類である。

では想像とは何か。「像」を想う。想う目的語が明確になっている。では像とは何か。この像とは前に述べた、カメラで外界のものを写し取る元の元像、即ち暗黙知という知の領域、そこはビックバン以来の言語化されない意識下の広大な記憶の領域を想う。あるいはそこを根拠に何ものかを考える、ということであろう。

今、想像とは何かということを述べたのであって、この論が想像に基づく独創的なものか、あるいは妄想に基づく奇説、珍説なのかは今だに分からない。たぶんこの論を書き終えても分からないだろう。

我々の文明は、大自然を精緻に精緻にみることによって生まれた文明である。大自然を精緻にみたうちで、大自然のなかには絶対なるものは存在しないということをみたことが、我々の祖先の人達の最大の叡知であった。絶対なるものの想定は言語知によってのみ可能なのである。

縄文時代の我々の祖先の人達は、このように大自然をみていたと想像するのである。自然界は人も山川草木も互いに相依り相対して命をまっとうしていて、それらのものが重々無尽の世界、即ちそれぞれが独立しながら、互いに融和、調和の世界を作り出している。山川草木も時の流れと共に変化し、人もまたこの世に生を享け去っていく。人が遭う大きな不条理、苛酷な面、また至福の時も、その大きな調和の一つの相であり、その現れとみた。そこに何か大きなものを感じたかもしれないけれど、少なくとも絶対なるものが存在しているとはみなかった。そして「お陰さま」という言葉のなかに、このときの気持ちをみるのである。

一万年という歳月が、この時みたものを意識下の奥深いところに沈潜させていき、国家らしきものを作らねばならなかったとき、絶対なるものを作らずに権威と権力を分けるという知恵となって現れたと考えるのである。

古代国家形成時から遡ってみてきたが、今度はそこからくだってみてみよう。その後、権力は不比等の子供たちに引き継がれ、平安朝の藤原家の春を迎える。藤原家というのはなかなかのものである。ひるがえって我が人生を顧みれば、我が人生のどこを探しても頂点らしきものは見当らない。まさに頂点を極めずして下り坂の途中にある。そこへいくと藤原家はさすがである。道長という頂点を極め、くだっていったのである。

藤原家がくだりきったところで、源頼朝が鎌倉幕府を興し、明治まで武家が権力を握る。こうしてみてくると、我が国は古代国家形成の時から明治までの約千二百年の間、天皇の権威のもとで、貴族政権から武家政権へ、政権の交替が一回あったようなものなのである。

権威と権力の大きさの比は必ずしも一定ではないと言った。権力の側が権威を持とうとしたことはなかった。持とうとしたような人物がいなかったわけでもないが、実際にはそのようなことは起こらなかった。一方権威の側が権力を握ろうとしたことが何度かあり、また握ったようにみえた時もあった。その一人が後醍醐天皇である。

後醍醐天皇は、中国の皇帝のような絶対権力を夢見た人であった。夢見ているだけならよかったのであるが実行されてしまった。建武の中興はなったが、瞬時のうちに潰え、その後、南北朝という我が国の歴史上大きな混乱と異状な状態を招いてしまった。伝統を見失うと惨禍を招く。

統治の並立構造を伝統が生み出した知恵であると述べてきた。しかし私個人の思い込みかもしれない。思い込みでなく、多くの人がなるほどと思ってもらうためには証明されなければならない。その証明は現代のところで、それに相応しいところがあるのでそこですることにする。

道理――経験知による判断規準

今ここでは、長い歴史が生み出した伝統の知恵として、日本語の発明と、天皇の創設による統治の並立構造あげて鎌倉に向かうことにする。鎌倉という駅に停まることは、「道理」について考え述べることである。道理というのは何の変哲もない言葉であるが、聖徳太子がかかげた「和」と似たところがあるのでそこからみていこう。似ていると言っても概念そのものの共通点ではない。

太古から我々が持ち続けてきた共生、共存の生き方の中心概念として、聖徳太子はそれを掬い上げた。要するに、太古から我々のなかに流れていて、現在も変わらないものをある時点でこれからも大切なもので、生命の連続のなかで継承していくようにと取り上げた。道理も、太古から我々のなかに流れていて、現在も変わらないものを北条泰時がこれを取り上げた。

我が国は鎌倉時代に貞永式目を定めて法治国家の基礎を作った。身の丈にあった法であったので、このとき以来我が国では法治が定着した。八世紀に大陸の律令を取り入れたが、職制等を除いて、ほとんど根付かなかったと言っていいだろう。もともと大陸と我が国の日常生活の違いがあり、さらにその後、大陸との歴史の変遷のしかたが違ってきたことによりますます合わなくなってきた。そこで我が国の実情に合った法というものが必要な時代になった。

そのような時代の要求に従って、北条泰時が貞永式目を制定した。律令は外部から取り入れた栄養素、即ちビタミン剤のようなものであったが、我々の身体に効力を発揮しなかった。それなら外部から取り入れるのではなく、内部にあるものを根拠にして法を作ろうということになった。泰時がこのようなことを意識していたがどうかは私には分からない。

泰時は、式目を「道理のおすところを記した」ものであると言っている。道理を根拠にして法を作った。では道理とは何かということになる。道理という言葉は以前からあって、泰時が作り出した概念ではないようである。泰時がそれを法治国家の根拠にした。ところが泰時は道理が何であるかを定義していない。またこの時より現在まで、私は寡聞にして定義をした人を知らない。では何故、私が道理が何であるかを考えるにいたったか。それは私が暇だったからである。

「道」は小林秀雄氏の「術あるいは使う術」から見方、考え方とした。「理」はもともと玉のすじを表わし、そこから玉を美しくみがくという意味を持つようになる。そこから転化して、人が行なうべき道というような意味になる。「人が行なうべき道」といっても、漠然としていてよく分からない。十人に聞けば十人とも違った答えが返ってきそうである。では人の道を決めるのは何かと考えた。判断と考えた。「理」

は判断、すると判断の見方、考え方となる。即ちこれを判断規準と定義したい。では我々日本人は何を判断規準にしてきたのか。

江戸時代に、町人学者、あるいは思想家とも言われる人達が現われた。そのなかの一人に富永仲基《とみながなかもと》という人がいる。富永仲基は「普遍的なものはない」と言ったと言われている。私は富永仲基の著書を読んでいないので、どのような意味で言ったのか分からない。分からなくてもいいのである。考える材料として、この言葉があればそれで十分である。

人が作り出したもので普遍的なものはないと考える。人類数百万年、その数百万年の間、変わらないようなものがあっただろうか。しかし普遍的なものがあるような気もする。即座に考えついたのが人が作ったものより人の存在そのものである。何しろ数百万年続いてきたのであるから。その人の存在さえも、宇宙の数十億という時間と比べたら瞬時のようなものである。しかしこの論は宇宙ではなく地上の人間世界のことを論じているのであるから、数百万年続いていれば普遍的と言ってもいいだろう。それでも私は、かなり普遍的と言うことにする。

太古から人の変わらない面があるとすれば、それは悪と善、賢と愚、合理と非合理を両極端に持ち、その表出の可能性を持ちつつ、絶えずバランスをとりながら生きているのが人であろう。人が持っているこの二面性がどれほど人の社会を豊かにしてきたか。もしどちらかの一面しか持っていなかったら、人類はこれほどの文化・価値を生み出せなかったのではないかと思われるほどである。その人が持っている両端の中間からものをみようというのが道理である。中間と言っても、人に関わることはコンピューターのようにデジタルというわけにはいかない。だからできるだけその中間からものをみていこうというものである。

人の存在そのものがかなり普遍的であるならば、人に根拠をおく道理もかなり普遍的ということになる。かなり普遍的であるならば、道理という概念は日本のものであるが、道理に当たる現象は日本以外にもあっていいはずである。アメリカの裁判の話である。

ある婦人が夫の浮気現場に乗り込んで、その場で相手の女を射殺した。陪審員はこの婦人を無罪にした。

この話は数十年前、新聞のコラムでみたものである。執筆者が誰で、どのような趣旨でそのコラムを書いていたかはまったく記憶にない。しかしこの簡単な裁判の話は、不思議なことに何十年たっても明瞭に記憶に残っていた。今ここでは、その婦人が自分を裏切った夫を射殺せずに、何故、相手の女を射殺したかということは考えないことにする。

その婦人が相手の女を射殺したのが道理である。陪審員の無罪の判断も当然道理である。結論から言うと、欧米の陪審員制度は道理の制度化されたものである。では何故欧米で道理が働くのか。かなり普遍的なものであるから欧米に道理があってもおかしくはない。今までみてきたように、近代の科学技術文明は言語のうえに立っている文明である。言語知だけでは、非合理で不条理で複雑な人間が作り出す諸々の現象を判断できないということである。そこで経験知である道理によってバランスをとっているのである。

我が国では、このような場合どうなるかをみてみよう。その婦人が相手の女を射殺した道理を「情状酌量の余地がある」と表現して、無罪にはしないが、罪を軽くする。

アメリカと日本の違いをみてみよう。アメリカの場合は、道理をとって無罪にし罪を問わない。この二者択一の考えは言語知の性格による。言語は、前に述べたように限定するものであり、曖昧さを許さない。言語文明そのものの性格を表している。また欧米の人達が曖昧さを嫌うのは、やはりその文明による。

一方我が国では、殺人を犯したものを無罪にはしない。罪は罪とする。しかしそこには道理がある。即ち情状酌量の余地がある。よって罪は軽くなる。ここには、法をとるか道理をとるか、というような二者択一の考えはない。うまく勘案されている。即ち、法は道理のおすところなのである。

欧米は基礎に法がありそのうえに道理をおいてバランスをとる。日本は基礎に道理がありそのうえに法をおいてバランスをとっているとも言える。これは即ち、欧米の法は、言語知に基づく成文法による判断規準。我が国の法は、道理即ち経験知に基づく慣習法による判断規準と言語知に基づく成文法による判断規準の複合なのである。

我が国には、このアメリカの市井の事件と似た歴史上の事件がある。忠臣蔵である。大石内蔵助以下の赤穂の浪士が吉良上野ノ介を討ち取った。赤穂の浪士が吉良の首をとったことと、アメリカの婦人が相手の女を射殺したこととは同じなのである。道理である。そしてこれは私怨であり復讐でもある。そしてまたこれは人の尊厳を守るものでもある。

人の尊い命を奪うことが人の尊厳を守るのである。何と不条理、非合理、複雑なものであるのか。この論は、人のこの不条理で非合理で複雑な面をテーマにしているわけではない。だから私はこの難題に煩わされることなく、それを横目で見ながら通り過ぎることができるのである。

赤穂の浪士たちは道理を見事に通した。しかも組織的に隠密理に。しかし我が国は法治国家である。長い法治の伝統がある。そこで法に従った。即ち、道理を通し法治国家の民として、法に従いますといって死んでいった。だから義士と言われるのである。

さて、裁判員制度が実施された。この問題は現代のところで述べることであるが、納まりがいいのでここで述べておくことにする。

結論から言うと、民が何らかの意味で裁判に参加する制度は、我が国においてはあまり意味がない。やめてしまえ、というような無謀なことは言わない。やっててみるのもいいだろう。しかし三十年もすれば廃れているだろう。かつての陪審員制度が根付かなかったように。

何故あまり意味がないのか。結論的に言うと、我々には基礎に道理というものが通っている。そこに道理の制度化である陪審員制度に近いものを作れば、屋上屋を架すということになるからである。陪審員制度のようなものは、言語文明、即ち言語知ですべてのものが成り立っている欧米諸国においては必須のものであるが。我が国では必ずしも必須ではないのである。

司法制度の改革で、民が裁判に参加する制度は我が国ではあまり意味がない。原告も被告も、検事も弁護人も、当然裁判官も道理が通っている。ではどうすればいいのか。最終的に法の判断を下す裁判官がしっかりしさえすればいいのである。

なお法に関してアメリカの社会をみれば、アメリカの社会は法治の徹底したなかなか立派な国である。ある人がファーストフード店でコーヒーを買った。砂糖を入れるためにクルマの中で脚にコーヒーを挟んでキャップを外そうとした。キャップがうまく取れずコーヒーをこぼしてしまった。その人は熱いコーヒーで火傷をした。

このような場合、我々日本人は本人の不注意と考える。しかしアメリカ人はそうは考えない。法に判断を求める。そこで裁判に訴えた。この裁判を担当した裁判官はたぶん優秀な裁判官だったのだろう。ファーストフードの会社は億という単位の賠償金の支払いを命じられた。アメリカは法治の徹底した立派な国である。しかし道理というものが社会全般に通らなければならない社会でもある。

第三章　中世ヨーロッパとの同時平行現象

宗教改革

これをもって鎌倉という駅を発ち幕末から明治へと向かうことにする。今まで述べてきた二つの文明、即ちユーラシア大陸の両端に生まれた文明、一方は言語知による言語技術文明、一方は経験知に基礎をおいた経験技術文明がいよいよ出会うのである。

鎌倉から明治へはかなりの距離がある。電車に乗っていれば、景色を眺めるなり、本を読むか、居眠りをしているかというところであろう。急行に乗ったのはたとえであるから、景色も眺めず本も読まず居眠りもせずに、その急行が走っている二本の線路を眺めることにする。

二本のレールが平行してのびている。この二本のレールを今まで述べてきた二つの文明にたとえる。これから述べることは、主に梅棹忠夫氏と川勝平太氏の論による。しかし両氏の著書の紹介ではない。あくまで私が二氏の論を理解した範囲で使わせてもらいながらこの論を進めていく。

この二つの文明がある時点から同時平行現象を起こしながら近代に入っていったということがこれから述べることの趣旨である。同時平行現象と言っても、まったく同じという訳ではない。地球上に似たような現象を起こした地域があった。それはユーラシア大陸の西と東に起こって、他の地域にはこのような似たような現象はどこにも見当らない、ということなのである。そこでその異同をみてみよう。

まず我が国は八世紀初頭に古代国家を作った。ヨーロッパにおいては、八世紀にフランク王国のカロリング朝が起こった。これをまったく同じと言うには少々無理があるかもしれない。我が国においては、八世紀に作った国家がその後現代にいたるまでの基礎となった。ヨーロッパの場合は、これがそのまま現代にいたるまでの基礎となったとは言い難い。シャルルマーニュ帝の時に大きくその版図を広げたが九世紀にいたって、後のフランス、ドイツ、イタリアの原形になる地域に分かれる。

この二つの文明が同時平行的に近代に入ったことを登山にたとえると、ヨーロッパが南ルート、日本が北ルートということになる。別ルートで登ったが、ある時点で同じ高度の所に達した。その時点、即ち近代という所から過去をみると、八世紀頃のこの二つの現象がその同時平行現象の起こりの始まりとみてもいいのではないか、ということである。

次に、日本の鎌倉時代に起こった宗教をもって、ヨーロッパの宗教改革にたとえる人が多い。そこでこの現象をみてみよう。

確かに法然、親鸞とルターには共通のものがみられる。共に既成のものに対抗して、一方は専修念仏によって救われると説き、一方は信仰のみによって救われると説き、共に僧の妻帯を認めた。しかし私は、共に個人のレベルになったことを重くみたい　即ち我が国において、鎮護国家の仏教から個人の救済に向かったように、ヨーロッパにおいては、教会を外して個人が直接神と対峙するようになった。共に近代を担う個の意識が芽生え始めたということ。個の意識が芽生えた結果、後の近代を担うブルジョアジー、町人が生まれる萌芽ができた。

ここで、ブルジョアジーが何であるかを考えてみよう。我々日本人はおしなべて欧米の概念をカタカナで表現すると、それが何か高尚なものと思いがちなところがある。そこで欧米の概念をカタカナで多用する人は、日本人のそのような心理を知ってか知らずか利用して、自分が高尚な人間であることを示そうとしているか、あるいは日本語の語彙が貧弱か、どちらかなのである。

梅棹忠夫氏によると、ブルジョアジーとは、ブール（町）に住む人。だからブルジョアジーを日本語に翻訳すると町人という意味になる。欧米の概念で日本をとらえると日本が分からなくなる。日本にはブルジョアジーが生まれず、そこから論理がどうつながっていくのか分からないのであるが、最終的に日本は遅れているという結論になってしまう。このようにブルジョアジーという概念一つをとっても、欧米の概念で日本をみると、我々は欧米に遅れているという考えにいたりがちなのである。

同じ言葉（規準）でものをみないと客観的にものがみえなくなる。欧米の概念で両者をとらえてみよう。ユーラシア大陸の両端、即ち西欧と日本にブルジョアジーが生まれた。日本の概念でとらえると、両者に共に近代を担う町人が生まれた。

ここで、仏教は我々の宗教ではないので外来のものを受け入れたこと、即ち栄養素として受け入れたことは、どのようなことであったかをみてみよう。栄養素を錠剤にたとえてみよう。

ビタミン剤を飲んだ場合、その錠剤は溶けて、ビタミンAであれば目に効き、Bであれば筋肉に効くというように、元の形はなくなり身体の各部所に働いていく。このように栄養素として取り入れたものは、原形は留めなくなるが、何らかの形で身体に作用を及ぼしている。仏教の場合であれば、インド伝来の仏教は溶解し、前に述べたように三つの要素として現在においても我々の身体に働いている。即ち哲学的思索の基礎、我が国の独自の思想、神道に同化してしまったもの。

このようなことは我が国だけの現象ではない。およそどの国も外来のものを受け入れる場合はこのようになる。我々は縄文時代以来の強靭な肉体を持っていて、その栄養素が現在においても肉体の各部所に作用しているように、どの国も固有の肉体に栄養素として作用するだけなのである。要するに、外部から受け入れたものによっては、遺伝子まで変えてしまうような肉体の改造は起こらないということなのである。

インド伝来の仏教は、この時以来、我々個々の哲学的思索の基礎として、日本独自の思想表現の基盤として、神道の一部として作用している。あるいは哲学的思索、思想表現、神道という部所に作用していると言えるのである。

中世の危機

次に、ヨーロッパの中世は暗黒時代と言われる。疫病と宗教的混乱によって危機に瀕していた。この時期我が国もまた危機に直面していた。南北朝、即ち権威が二つできるという異常な状態。それに続く応仁の乱。

一方は精神的支柱たるべき宗教の混乱と疫病による人口の減少。一方は伝統の根幹をなしている権威の混乱による精神的な不安定と国を二分するような争乱。このようにまったく同じではないが、共に暗く不安定な社会を持った。

また両地域は暗く不安定な社会から外部への脱出、即ち大航海時代と倭寇の時代という似たような現象をもった。共に海賊と言われるが、実態は交易、通商であった。暗く不安定な世界から抜け出して、未知なる世界へと踏み出したことが両地域の近代へ向かう一つの大きな要因となった。

中世、確かにユーラシア大陸の両端は暗く不安定な地域であった。ヨーロッパも我が国も地球という定量空間の中の一地域にすぎない。しかもユーラシア大陸の両端に位置するローカルな存在である。そこで歴史を地球規模でみると、中世、光明を放ち光り輝いていた地域があった。それはユーラシア大陸の中央のイスラムペルシャであった。

数学、天文学、化学としての錬金術、哲学、医学等において、まさに先進地域であった。ここに、地球上のどの地域にも先駆けてイスラムペルシャの文芸復興が行なわれた。

代数学のアルゲブラは、当時最先端の数学の著書の名に由来する。天文学に関しては、当時既に現在よりも正確な時間、即ち一年の時間が現在よりも正確に計算されていた。しかし閏年の取り方が現在よりも複雑であった。化学のケミストリーは、アラビア語の錬金術アル・キーミヤアに由来する。哲学に関しても、古代ギリシャはもとよりインドの哲学をも継承して発展していた。レオナルド・ダヴィンチという人もこのペルシャ文芸復興の影響のもとに現れた人である。

哲学に関しては、特にギリシャのアリストテレスの強い影響のもとに発達した。このペルシャの哲学がラテン語に翻訳されヨーロッパに伝えられた。ヨーロッパの人達は、それまでアリストテレスを知らなかった。イスラムペルシャを通して古代ギリシャを知ることになり、ヨーロッパの文芸復興につながっていくのである。このイスラムペルシャの文芸復興は近代につながっていかなかった。しかし人類という生命の連続のなかでヨーロッパに継承されたことは幸いであった。

文芸復興――豊富化のサイクル

そこで次にヨーロッパの文芸復興と我が国の異同をみてみよう。我が国の歴史のなかには文芸復興というものは述べられていない。ここでもまた、我が国には文芸復興がなく近代へはつながらず、近代西欧との出会いによって初めて近代を知り、これを模倣し後を追い掛けなければならなかった、ということになるのである。

では文芸復興とは何か。文芸復興とは、芸術、学問上の革新運動であった。暗い中世から抜け出すために、未来は未知なる故に過去、即ち古代ギリシャ・ローマに光明を見いだし、その光明を未来に投影することによって近代を開いていった。その革新運動は当初、文学、美術に始まり次第に宗教、学問から政治、経済へと進み近代の発端となった。

文芸復興は我々の伝統の概念で言う温故知新である。温故知新により近代の端緒を開いたとも言える。確かに我が国の歴史のなかでは文芸復興という捉え方はしていない。しかしあると言えばあるのである。あえて文芸復興と仰々しく言う必要はないということである。

我々の文明の継承方法である伝統・革新・新しい器（伝統）、即ち豊富化のサイクルを太古より何度も何度も繰り返しながら現在にいたっている。伝統というのはそれまでの古きものである。それを革新して新しい器に盛る豊富化のサイクルは温故知新のサイクルと言える。これはまた文芸復興のサイクルでもある。

我々は豊富化のサイクル、即ち文芸復興のサイクルを太古より地道に根気よくやってきた。その集積されたエネルギーの量はヨーロッパが一度に行なった量に勝るとも劣らないものだった。我々は継続的にやり、ヨーロッパは一度に行なった。その一度に行なった革新は言語知によってであった。言語知は鋭利であったために、我々が長い歳月をかけて経験知で行なってきたことを一挙にできた。やはり叡知と言っていい。

このように我々は豊富化のサイクル、即ち文芸復興のサイクルを継続的に行なってきたので、西欧のように大々的に歴史に取り上げる必要はないのである。

我々は継続的に文芸復興のサイクルを行なうことにより、近代に入っていった。内藤湖南《こなん》氏の言葉、「大体今日の日本を知るために日本の歴史を研究するには、古代の歴史の研究する必要は殆どありませぬ、応仁の乱以降の歴史を知っておったらそれでたくさんです。それ以前の事は外国の歴史と同じくらいにしか感ぜられませぬが、応仁の乱以降はわれわれの真の身体骨肉に直接触れた歴史であって、これをほんとうに知っていれば、それで日本歴史は十分だと言っていいのであります、……」。

司馬遼太郎氏もこの湖南氏の言葉をうけて、書院造に基礎をおく現在の我々の住宅、着物、生け花、茶の湯等、みな室町時代以降に基礎を置いたものであると言っている。要するに、ユーラシア大陸の両端の地域が十五世紀半ば頃を境にして、近代に向かって大きく変わっていった。衣食住全般にわたる革新が行なわれ、現在の我々の生活様式が確立していったのである。

国民国家の成立と産業革命

さらにこれを政治、経済の面からもみてみよう。文芸復興の総仕上げと言うべきものが政治面での国民国家の成立と経済面での産業革命であった。まず国民国家の成立の過程をみてみよう。

我々は国民国家の成立と言うとフランス革命を思い描く。あの流血と殺戮の。しかし国民国家を初めて作ったのはフランスではなくイギリスであった。では何故フランスを思い浮かべるのだろうか。たぶんそれは華々しさがあったからだろう。流血と殺戮という。

イギリスにおける政治面での革新は、十三世紀初めのマグナカルタに始まり十七世紀後半の名誉革命を通じて、約五百年かけて徐々に作っていった。それをうけてフランスも国民国家を作るのであるが、あの流血と殺戮を引き起こしてしまった。では何故このような違いが起こったのだろうか。

ヨーロッパの考え方に正、反、合という考えがある。これを私なりに述べよう。我々の文明の継承方法である豊富化のサイクル、即ち伝統・革新・新しい器。これに正、反、合というものを当てはめて述べていく。正を伝統、反は伝統にあらざるもの、正と反に基づき革新を行なって新しい器としての合を作るということである。ヨーロッパと我々の違いは、我々は反というものを使わず、正としての伝統を革新して、合としての新しい器を作ってきた。ヨーロッパは我々が使ってこなかった反というものをあげて新しい器としての合を作る。では我々が使ってこなかった反とは何か。

正を現実であり経験知とすると、反は概念であり言語知である。正という現実から概念をたてて、言語知でもって理論なり思想を作る。その理論なり思想、それは未だ現実ではないものである。その現実ではない理論なり思想に沿って、新しい器としての現実を作っていく、あるいは未来を切り開いていく。この場合のヨーロッパ理論、思想は、いわゆる啓蒙思想家が作った理論、思想であり、それに沿って作られたのが国民国家であった。

イギリスは正としての伝統と、反としての概念、即ち理論、思想とを相互にうまく作用させて合としての国民国家を作った。イギリスに遅れたフランスは一挙にやらなければならなかった。そこで、できたばかりの鋭利な言語知で作られた理論、思想で国民国家を作った。言語知である理論、思想は現実とは違う。この時の現実はルイ王朝下にあり、民が権力を握る国民国家ではなかった。そこでその理論を現実に当てはめようとすると、どうしてもマリー・アントワネットの首を刎ねなければならなかった。

イギリスは正としての伝統に絶えず耳を傾けてきた。これをたとえると、伝統、経験知をブレーキ、概念、言語知をアクセル。イギリスはアクセルを少しずつ踏みながら同時にブレーキも踏んできた。経験知というブレーキを踏みながら走るということは、それほど速く走れないということでもある。その証しがイギリスでは、国民国家を作るのに五百年という歳月を要したということである。

ところがフランスは、正としてのブレーキを持っていなかったわけではなかったが、ブレーキを少々疎かにして、アクセルを一挙に踏んでしまった。その結果が、同胞の数十万の殺戮であった。概念で作られたものを現実に当て嵌める時の摩擦とも言える。

フランスの場合は、少々の摩擦があったけれど国民国家が作られた。摩擦だけが残り、合としての新しい器ができなかったものが後の社会主義、共産主義国家であった。マルクス氏は西欧の伝統からその理論を作り出した。正という伝統から反としての理論を作りだした。正と反があり、何故合ができなかったのか。即ち、西欧の伝統の中に社会主義国家、共産主義国ができなかったのか。私は『資本論』を読んだこともないし、マルクス氏の理論に精通しているわけではない。しかしこの正・反・合という論理から考えると、反としての理論に無理があったとしか考えられない。

西欧の伝統の中でできなかったこの理論を実現させようとしたのが帝政ロシアと中国であった。この場合も実現できなかったのであるが、マルクス氏の理論が分からなくても実現されなかった理由が導きだせる。

結論から言うと、正がなかった。反からだけでは合はできない。マルクス氏は西欧の伝統の中から理論を作った。ロシアも中国もその反としての理論だけを取り入れた。ロシアも中国も彼ら自身の歴史と伝統を持っている。そこへ別の伝統から生まれた反としての理論を取り入れた。正としての西欧の伝統がなかった。伝統があっても、その理論を生み出した伝統と異質のものであった。正がなかった。故に実現されなかった。そして概念で作られたものを現実に当て嵌めるときの摩擦、即ちスターリン、毛沢東による同胞の一千万単位の殺戮だけが残ったのである。

ヨーロッパにおける国民国家形成についてみてきたが、では我が国においてはどうであったか。結論から言うと、我が国はどの地域よりも早く国家を作った。国家をデコレーションケーキにたとえて述べてみよう。

デコレーションケーキはスポンジケーキの上にデコレーションがのっている形である。即ち、民というスポンジケーキの上に権力というデコレーションがのっている。我が国が八世紀に作った古代国家も近代西欧が作った国家も基本的にはこのデコレーションケーキであった。基本的に同じであるということはまったく同じということではない。その違いをみてみよう。

まずデコレーションの部分が権力だけではなく権威ものっていた。西欧のデコレーションは中心に権力という山が一つ。我々のデコレーションは権威と権力という山が二つ。即ち統治の並立構造である。

スポンジケーキについては、我が国のスポンジケーキは、いわば天然食材で作られたスポンジケーキであるのに対して、西欧のスポンジケーキは、いわば人工食材で作られたスポンジケーキであった。即ち、民を個ととらえて権利、義務、自由、平等、博愛、人権等の概念で作られた。

このように違いはあっても、デコレーションケーキの形であることには違いはなかった。この我が国のデコレーションケーキの由来とスポンジケーキの詳しい分析は、現代のところで行なうことにする。今ここでは、国家の形成については我々のほうが少々早かった、ということに留めておこう。

このように言うと、何かもったいぶって出し惜しみしていると思うかもしれない。しかし私はそのようなつもりはない。私には私の論理があって、それによってしか進めていくことができないのである。誰でも納得しやすい表現を使えば、私の頭のなかは理路整然としていないのである。

文芸復興の掉尾を飾るのが経済面での産業革命であった。

産業革命が起こるにいたった過程をみていこう。彼らは暗く不安定な社会から七つの海に出ていった。そして南アジア、東南アジアにも到達した。以降単にアジアと言う。そこで綿、砂糖、茶、胡椒などの香辛料等に初めて出会い、これらのものを盛んに輸入した。西欧になかったものを輸入することによって、生活革命のようなものが起こり近代の生活様式が確立されることになった。

例えば香辛料に関しては、当時のヨーロッパでは塩しかなかった。味付けに塩しかないことがどんなに味気ないものだったか想像がつくはずである。また、紅茶がないためイギリスの紅茶文化もなかった。我が国も同様で、緑茶がなかったため緑茶文化がなかった。ヨーロッパも我が国も、それらの文化を作り出す素材をもっていなかった。

そこでアジアからそれらの素材を盛んに輸入するのであるが、西欧も日本も共に輸入の対価である貨幣素材を豊富に持っていた。西欧は新大陸アメリカ、即ち南米におけるインカ等からの掠奪と北米のゴールドラッシュによって。我が国は戦国時代以来の鉱山開発によって。マルコ・ポーロが我が国を黄金の国ジパングと言ったのは、異国への夢想から生まれた戯言《たわごと》ではなかった。我が国から出ていく膨大な金、銀、銅の流れを見たと考えられる。

このような貨幣素材には限りがある。またアジアから入ってきた諸々の素材から生まれてきた生活上の価値、主に衣食に関する文化、価値が必須のものになってきた。そこでこれらのものを自給する必要に迫られたのである。そして産業革命を起こすことによってそれを可能にした。これを綿を例にとり簡単に述べる。

綿も元来西欧にも日本にもなかった。西欧はウール、日本は絹と麻。現在多くの日常の衣類が化学繊維、これは第二次大戦後に普及したもので、それ以前は綿製品であった。多様な用途をもっている綿製品を生産していたのがインドであった。インドから綿織物が西欧に入ると、その多様な用途から衣料革命、ファション革命のようなものが起こり現在の服飾文化につながってきているのである。
インドの綿産業にかわって、西欧はイギリスの産業革命によって綿織物の自給が可能になった。北米大陸の南部で奴隷を使って栽培された綿をイギリスに持ち込み、機械化された工場での生産が可能になった。これがランカシャー地方に代表される紡績産業であり、綿織物の生産が産業革命の花形にもなったのである。これにより世界に誇っていたインドの綿産業は壊滅し、ムガール帝国の滅亡にもつながっていったのである。

このようにアジアからの素材によって生活革命のようなものが起こり、近代の生活様式を確立していったのであるが、その近代の生活様式を維持するのに必要な諸物をアジアに頼ることなく自給自足できるようになった。これが近代であり、それを産業革命によって達成した。これを近代世界システムと言った。

一方、我が国も西欧と同じようにアジアに頼ることなく自給自足できるようになった。八代将軍吉宗による各種物産の国産化の奨励策として知られるところであり、またサツマイモで有名な青木昆陽という人も国産化の流れの中で出てきた人物であった。そして十八世紀初頭には、いわゆる唐《から》、天竺《てんじく》に頼らずに各種物産の国産化が可能になったのであった。その結果が今まで言われてきた鎖国であった。

そこで鎖国について考えてみた。即ち鎖国はあったのかなかったのか。政治・経済と文化面で考えてみた。文化面では鎖国はなかった。周知のようにオランダを通じてヨーロッパの情報は入ってきていた。例えば、コペルニクスの地動説を江戸時代の人達は知っていた。

江戸時代に書かれた滑稽本というのは落語の種本のようなもので、後にご隠居さん、熊さん、八っつぁんになる人物がコペルニクスの地動説を用いて、まことに面白い落語を展開している。コペルニクスはその当時から悠に百年以上前の人である。その地動説が我が国に伝わってきても何の不思議もない。しかし知識階級の一部の人達だけが知っていたのではない。私の祖先の熊さん、八っつぁんも知っていた。また当時ヨーロッパの最新の著書が数年後には日本語に翻訳されているのである。

政治・経済面においては鎖国があった。正確には鎖国が可能になっていた。もうインド、中国等のアジアに頼ることはなくなった。我が国で必要なものは何でも自前で生産できるようになった。よって鎖国が可能になったのである。現在の我が国の状態、エネルギー、食料の大半を諸外国に頼っていることを考えれば、鎖国がなかなかのものであったことが分かる。そこで、これを鎖国システムと呼ぼう。鎖国システムを確立したのである。

西欧は近代世界システムを産業革命によって確立した。我が国における産業革命に概ね相当するものは何か。速水《はやみ》融《あきら》氏が言うところの勤勉革命である。産業革命が industrial revolution、これに対して我が国は勤勉革命、industrious revolution によって鎖国システムを確立した。

西欧は大西洋を挟んだ広大な地域において、労働を節約し、その文明が生み出した機械化、工業化に資本を集中させ労働の生産性を向上させることにより自給自足のシステムを作り上げた。彼らはこれを近代世界システムと言った。

一方我が国は我が列島において、資本を節約し、元々その文明が持っていた労働は悪ではないという労働観、さらにそのうえに培われた勤勉の哲学、思想に基づき、土地に労働を集中させ土地の生産性を向上させることによって、自給自足のシステムを作り上げた。これが鎖国システムである。

共にある定量空間の中で交易によらず生産即ち、物づくりによって必要なものを自給できるようになったのである。そして地球上でほぼ同じ時期にこのような状態になった地域は二ヶ所しかなかった。

彼らが近代世界システムと言ったとき、彼らは彼らの世界しか念頭になかったから、近代を作り上げたのは彼らだけと思っていたことであろう。しかしユーラシア大陸の一方の端に同じようなシステムを作り上げ、近代に入っていたところがあったのである。同じ概念（規準）でとらえないと、客観的にみることができなくなる。彼らの言葉でとらえると、地球上に二ヶ所、即ち西欧（大西洋を挟んだアメリカ大陸を含んだ地域）と我が列島において近代世界システムが作られたのである。

では我々の言葉でとらえると、西欧も鎖国システムを作り上げた。彼らは大西洋を挟んだアメリカ大陸含む広大な地域において鎖国システムを作り上げた。広大な地域ではあるが地球全体からみれば一つの定量空間にすぎない。共に定量空間のなかで鎖国システムを作った。定量空間の大きさに違いがあっただけである。

このようにほぼ同時に近代へ入ったのであるが、その形はまったく同じというわけではない。それは基礎にある文明の違いから生じたのである。彼らの文明は言語知という鋭利な知から生み出された技術であったため機械化、工業化へと進んでいった。一方我々の文明は経験知から生まれたもので鋭利さはなかった。しかし共に技術文明ということでは共通していた。だから我々は現代の製鉄技術ではできないような、たたら製法による高純度の鋼、発想のなかった鉄砲の量産化、不定時法による精巧な和時計、からくり人形等の高度の技術を持っていた。それ故に大がかりな機械化、工業化も容易に達成できた。

また彼らの文明は鋭利であった故に宇宙へも飛び出せたけれども、自然の破壊、即ち環境破壊をもたらした。一方我々の文明は宇宙へは行けなかったけれど、環境破壊をもたらさなかった。それどころか江戸二百六十年にわたる自然との共生、完璧なまでのリサイクル社会を作り上げた。

さらに我々は宇宙へ行けるような高度の言語知を持たなかったけれど、高度の暗黙知を持った。それは暗黙知の知の領域のなかで作業が行なえるようになったことを意味する。職人が一万分の一ミリの感覚を指先で感じられたり、以心伝心といって、何でもかんでも契約書を作り契約書がなければ何もできないような複雑で面倒な社会を作らなかった。

ユーラシア大陸の両端に近代が生まれた。それは共に近代の一つの形であった。

近代の基礎としての封建社会

同時並行現象の最後が共に封建社会のうえに近代が築かれたということ。近代が生まれる前に封建社会を持ったのはヨーロッパと日本だけだった。

封建社会は好ましくないものという見方は現在でもある。しかし、一方では封建社会下の江戸二百六十年の徳川の平和がいろいろな面から見直されてきている。私は何事も人が作り出したものは両刃の剣であると思っているので封建社会も長短の両面をもっていたと考える。それを検証するのがこの論の論旨でもなく、また私にはその力もない。ただ封建社会が結果的にはそれぞれの近代の豊穣な土壌であったと思えるのである。

封建社会下の幕藩体制における社会を検証するのは論旨ではないが、統治階級であった武士の世界がかなり実力主義の面をもっていたと山本七平氏は言っているので、この面だけを考えてみたい。

今まで封建社会全般が好ましくないというふうに否定的にとらえられてきて、統治階級としての武士の社会も固定的で硬直した世界であると思われてきた。ところが山本七平氏は、そうではない、武士の世界も実力主義の面をもっていたと、詳しく検証している。ところが福沢諭吉氏は「封建制度は親の仇でござる」と言っている。諭吉の父親は武士であったが、固定化され硬直した封建制度のために出世ができなかった、ということであろう。山本七平氏と福沢諭吉氏の言っていることには矛盾がある。そこで、どうしてもこの点だけは考えざるを得なかったのである。そして考えた結論は次のようなものであった。

福沢諭吉氏の父親は実力がなかったのかもしれない。あるいは諭吉の父親は人並みの実力をもっていた。しかし運がなかったのかもしれない。努力と運は双頭の鷲である。私が人生のうちで頂点らしきものを見いだし得ないのは、私自身の努力も足りなかったし、運もつかめなかったからである。あるいはまた、諭吉の父親は人並み以上の実力をもっていた。しかしそれを秘する術を知らなかったのかもしれない。

いずれにしても福沢諭吉氏は、親の不遇の原因を社会に転化してしまった。現在日本の社会がダメになった一つの要因として、自分に悪いことが降り掛かってくると、それはすべて政治家が悪い、社会が悪い、相手が悪いとして外部にその責任を転化してしまうことがあげられる。これを無責任体制と言ったり、被害者意識と言ったりしている。

福沢諭吉という人は我が国の近代化に大いに貢献した人である。しかし「封建制度は親の仇でござる」という言葉を後世に残し、前の時代を全面的に否定するような印象を後世に与えてしまったことと、親の不遇の原因を社会に転化してしまったことは、近代への影響が大きかった故に、負の一面も大きいのである。

最後に、関孝和《せきたかかず》に代表される我が国の和算と言われる数学は、まったく独自の方法によりヨーロッパの微分積分に相当するものに到達した。ヨーロッパが南ルートで到達したところに我が国は北ルートで到達したことを象徴的に現しているので、この和算の成果をもって締め括ることにしよう。

数学界のノーベル賞と言われるフィールズ賞というものがあり、我が国では三人受賞している。三人も受賞しているのはこのような伝統と決して無縁ではないだろう。なおフィールズ賞というのは、ノーベル賞と違って四年に一度の賞らしい。三人受賞していることはノーベル賞に換算すると、十二人に相当すると書かれているのを読んだことがある。私の思考の程度と算数の程度が同じような人がいることを知って大いに安心したのである。

本書の構成について

さていよいよこの二つの文明が幕末に出会うのである。これが講談であれば講釈師が扇でテーブルを叩いて大きな山場に入るところである。講談は最近復活の兆しを見せているが馴染みが薄くなっているのも事実である。現在何と言ってもテレビに勝るものはない。テレビというのは、ここ一番という時に必ずコマーシャルが入る。テレビにならって一旦コマーシャルに入ることにする。

コマーシャルと言ってもこの論の宣伝ではない。たとえであって、ここではこの論の序、破、急という構成について述べることである。

序、破、急というのは音楽、舞踊などの伝統的な形式上の三区分である。速度の区分であったり、脚本構成上の区分、あるいは演出上の区分であったりする。この論では脚本構成上の区分としての導入部、展開部、終決部として用いている。だから序は導入部、破は展開部、急は終決部。なお今回、上梓するにあたって、全体が大部なこともあって、本論の日本の文明的な正体を明らかにする部分だけにとどめて、我々の使命について述べた「急」を除いた。ここで構成に関して一言述べるのは「破」にある。破は一般には破るという意味である。

この論は私の今までの人生における総ての知識、経験に基づいている。

まず知識について。ほとんどが本から得た知識である。それも文庫、新書、せいぜい二千円止まりのごく一般的な本であり、高度の専門書ではない。その対象の範囲は興味の趣くままに読んできたものである。故にこの論は、同時代と時空を越えた人達の著書に基づいている。だからと言ってそれらの著書の紹介ではないので、それらのものに基づいて私が考えたものである。だから私の考えたことはそれほど多くはない。また正しいことを述べたのではなく、あくまで私自身が考えたことを述べたものである。だから間違っていることもあるだろう。

この論において私が述べたことは多くの人達に負っている。読んで、成る程とも御尤もと思い、そんなことはないだろうと考え、中には難しすぎて私には分からないものも多々あった。またそれとは逆に、分からなくて難しいものもあった。難しくて分からないのは、どうも私の思考の程度に問題があり、分からなくて難しいのは書き手の思考の程度に問題があるようであった。分からなくて難しいのは、何を言いたいのか分からないために難しいということも分かった。それらのものはたいがい難解な表現に満ちていた。しかしそのような著書からも得るものがあった。それは表現したい何ものかをもっていなければ、書かない方がいいのではないかということ。表現したい強い欲求をもったなら、それを表現するのに分かりやすい表現を用いる方がいいのではないかということ。

何れにしてもこの論は多くの人に負っている。細やかなる思考と言うか思考の芽のようなものが私の内部にあり、それが外部のものに誘発されて、その芽が膨らんでいったものである。しかしあまり大きくは膨らまなかったし、奇形に膨らんだ感もある。だから参考にした著書をあげるとなると、今まで読んだ総ての著書をあげなければならない。しかし私は蔵書家ではないので、手元にそれほど多くの書は残っていない。一応最後にあげるが、このような意味でかなりいい加減なものである。

経験については今までの人生そのものであるが、その人生は人並みの波乱はあったが万丈と言うほどのものではなかった。どのような経験をしたかを述べるとしたら、ここに自分史のようなものを挿入しなければならなくなる。それはこの論の構成上好ましくない。知識について述べたように、ごく簡単に我が人生を抽出して述べると次のようなことだろうか。

何か事が起こった場合、たとえ小さな事であれ自分なりにまとめようとしたこと。初めはその事をまとめるのに時間がかかっても、同種の事が起これば、まとめるのに時間が短縮すること。自分なりに考えをまとめることは、自分の信念のようなものをかためていくこと。さらに、考え方において成長していくこと。また、生きて行くうえで、その膨らんでいった考え方で対処できるであろうこと。

しかし自分なりの考えをまとめて自分を納得させる点において、必ずしも正しさがないこと。自分自身に対する欺瞞があること。欺瞞を欺瞞として正視し、それを正当化しないこと。欺瞞を正当化することによって、もののけじめがつかなくなること。欺瞞は欺瞞を生むこと。心の中で大きく膨らんでいった欺瞞によって、正しい判断を失うこと。欺瞞を正当化することによって、正しい心を失うこと。正しさを失った心は、ものの正しい姿が見えないこと。それでも考えること。そして考える力を持ち、考えることが人を強くすること。

この論は私の人生における総ての知識、経験に基づいている。要するに、破れかぶれで書いたのがこの論なのである。

第四章　アジア太平洋戦争

古代国家と近代国家の作り方

この二つの文明が幕末に出会った。その結果、我が国は近代国家を作っていくのであが、まずその出来方の概要をみていこう。また古代国家そのものの出来方について述べなかったので、ここで両者を対比して簡単に述べる。

まず近代国家ができる大きな背景。それは西欧列強、ロシア、アメリカがアジアに触手を伸ばし始めたこと。古代において、これに対比されるものが随、唐の勃興であった。共に我が国のその後の運命に大きな作用を及ぼす動きであった。そのような大きな背景のなかで、直接的な出来事がペリーの来航であった。ペリーが開国を迫ったことに対比されるのが白村江の敗戦であった。

白村江の敗戦は悠に千年を越える昔の出来事であり、教科書のなかでも僅か数行しか書かれていない。もっとも最近の教科書には書かれているかどうか分からない。しかしこのことは当時の人達にとって、ペリー氏の開国をせよという過度の親切心に勝るとも劣らないような直接的な脅威であったと考える。何しろ累々と防塁を築き、都まで内部に移してしまったのだから。

そのような動きのなかで、時の為政者の伊井直弼が桜田門外で水戸、薩摩の浪士によって暗殺される。これに対比されのが時の為政者、蘇我入鹿が飛鳥板蓋宮において、皇極女帝の前で中大兄皇子、中臣鎌足によって暗殺される。大化の改新と言われる時の為政者の暗殺に始まる一連の改革は白村江の敗戦以前である。歴史には同じことは起こらない。しかし似たようなことは起こる。近代と古代では事件の順序が同じではない。しかしこれを似たようなことの範疇に入れて考えたい。

　そして、錦の御旗を戴いた薩長の官軍と幕府軍は対峙することになるが、周知のように西郷さんと勝海舟氏の阿吽の呼吸により流血と殺戮は回避された。ところが古代においては壬申の乱にいたってしまった。しかし、しょせん乱は乱であって上野の彰義隊、会津での戦い程度であったと考える。そこには同胞同志の大規模な流血も殺戮もなかった。

　ペリーの来航（一八五三年）が近代国家への直接的な契機であることにはそれほど異論はないだろう。しかし近代国家の完成をどこにみるかに関しては定説はない。早くみれば明治元年で、ペリーの来航以来十数年、帝国憲法の発布と翌年の国会開設で三十年強、遅くみれば不平等条約を廃し関税自主権の回復時点で約六十年である。

　白村江の敗戦（六六三年）から何時をもって古代国家の完成とみるかも定説はないようである。国家としての根拠をハードとしての都城、ソフトとしての律令制度、その理論的拠り所としての日本書紀と考えれば、古代国家の完成はほぼ八世紀の初頭と考える。

　こうしてみてくると、我々は直接的な原因から半世紀ほどで古代国家も近代国家も作っているのである。この点に関しては我々は千三百年たっても変わっていなかったということになる。

文明の衝突としてのアジア太平洋戦争

これで近代国家ができたのであるが、近代西欧との出会いの結果がアジア太平洋戦争であると考える。

ここでアジア太平洋戦争について。我々はこの戦争を「大東亜戦争」と呼んできた。戦後アメリカの教育的指導により「太平洋戦争」と呼ぶようになったものである。私は主にその戦域の広さからアジア太平洋戦争と呼ぶことにする。即ちアジア大陸の奥地から、さらに南太平洋諸島の南半球にまでにおよぶ広大な地域で行なわれた戦争であったから。戦域の広さ、近代兵器のおかげによる激しさ、人類が経験した空前の戦争と言ってもいいような戦争であった。

しかし過去を消してはいけない。未来がみえなくなるから。そこで先人の知恵を借りて次のように記しておこう。「一書ニ曰ク《あるふみいわ》」大東亜戦争、「一書ニ曰ク」太平洋戦争と。

この戦争は我々日本人にとって歴史上空前の出来事であった。何しろ三百万人もの同胞を失ったのだから。そこでこの戦争を中心にして近代西欧との出会いをみてみよう。これから述べることは一庶民の感想のようなものである。感想とは感じて思ったことである。即ち、今までの知識、経験から感じ思ったことであり、学者の検証というようなものではない。

この戦争は大きな歴史のなかの必然とも言える。本来阿片戦争の次に、日本と欧米の間で起こる戦争であった。欧米諸国は親切心から日本を植民地にしなかったのではない。司馬遼太郎氏によると、日本には気概をもった武士、侍がいたからだと言う。確かにこれは間違いではない。およそ世の中の出来事は事の大小を問わず、みな多要因現象である。起こらなかったことも、多くの要因によって起こらないのである。侍がいたからだけで日本と欧米の戦争が起こらなかったのではない。戦争ともなれば、まさに多要因現象の見本のようなものである。政治的、経済的、文化的な様々な要因が、またそのなかには遠因、近因があり、それらが乱れた糸のようになって起こるのである。ある意味ではこの時期、日本と欧米の戦争の機が熟していなかったとも言える。歴史はこの戦争を百年ほど延ばしたにすぎなかった。

これを分かりやすいようにたとえてみよう。十九世紀は帝国主義、軍国主義の時代であった。西欧列強とその後を追い掛けたロシア、アメリカがアジアを蚕食し始めた。いや、こういう紋切型の表現はやめよう。分かりやすいたとえにならない。要するに、食うか食われるかの時代であった。

今ここでは、食うことが悪であるという倫理道徳的な判断はしないことにする。およそ大きな歴史の流れのなかの戦争というものを個人間での倫理道徳を適用することは、何かはかる尺度が違うような気がする。また近代文明を生み出した西欧が慢心して、アジアを侵略したり、有色人種を人間扱いしなかったことを責めるつもりはない。我が国もごく最近のバブルの時、少々慢心したではないか。一国の経済の繁栄と新たな文明を作り出したこととは雲泥の差がある。慢心したとしても人間として無理のないことであった。またもし私が当時の西欧の白人として生まれていたら、我が身の性格から考えると、アジアの植民地化を当然のこととし、まして人間の平等を声高に叫んだとは思われないから。これは人間が歴史のなかで出会わなければならなかった宿命のような気がする。

話をもどして、食うか食われるかの時代であり、食うほうに回らなければ食われてしまう時代であった。長い歴史と伝統のお陰で、我が国は食うほうに回ったが、食ったものが悪かったために食中毒をおこし、体力が消耗しきっていたところに、後から加わったのに食いすぎだと言われ、また少々生意気だということで、仲間内からリンチにあい、こてんこてんにやっつけられ、息も絶え絶えになってダウンしてしまった。

私はアジア太平洋戦争を人類が経験した空前の、しかも最大の文明の衝突とみるのである。確かに過去にも文明の衝突はあった。スペインとインカ帝国の戦いも文明の衝突であった。しかしあまりにも呆気なくインカ帝国が食われてしまったために、文明の衝突とはみえないほどである。しかしアジア太平洋戦争は違っていた。近代兵器のお陰でその激しさと、南半球まで及んだ範囲の広さといい、まさに空前の戦争であった。人間が総ての戦場で関わったという意味での人間的な空前の戦いでもあった。ボタン一つ押せば始まる核戦争のような非人間的な戦争ではなかったという意味でも。

では何故、このような激しい戦争になってしまったのか。結論から言うと、人間が作り出した確たる文明の衝突の面があったからである。確たる文明により近代を成し遂げていた国家間の戦争であったからである。確かに、我が国も十九世紀の半ばに近代西欧と出会い、その文明のなかに入った。その意味では文明内での衝突であった。しかし我々は自らの文明を捨てたわけではなかった。しかもその上に、西欧の文明を強壮剤として取り入れたものだったから手強かったのである。インカのようにはいかなかった。

縄文時代から延々と継承してきた経験技術文明と近代西欧が作り出した言語技術文明との文明の衝突であった。またこの二つの文明が作り上げてきた白人と有色人種の戦いとも言える。さらにまた、八世紀以来同時発展的に変遷してきた西欧と日本が、その歴史のなかで作り上げた騎士道と武士道の正面きってのぶつかり合いでもあった。ゲリラ戦がほとんどなかったという意味でも。そして、その結果世界は大きく変わった。

近代の歴史のなかで、戦争の結果世界がこれほど変わったことはなかったろう。何が変わったのか。それは人種への偏見が表面的には一掃されたことであった。このことに関しては欧米の人達は目を向けたがらない。むしろ秘しておきたいことだろう。彼らは白人と称して他の民族を有色人種と呼び差別してきたのだから。

近代文明を生み出した当時の欧米の人達は、この輝かしい文明を生み出した故に自分たちは優秀な民族であり、他の民族を劣等なる人達と考えた。そして彼らはアフリカ、東南アジア諸国を次々と植民地にしていった。彼らは連勝、連勝、向かうところ敵無しという状態で、幕末の日本の前に姿を現したのである。

我が国は植民地にされなかったが、劣等民族としての多くの無理を強いられた。我が国は連勝、連勝して迫ってくる敵の連勝をくいとめることを、必ずしも大儀として戦ったわけではなかった。当時の人達はご先祖と後世の繁栄を守るために、ここで戦わなければそれを守れないと感じたので戦ったと思う。当時の多くの人達は、心の奥底で負けると感じていたが、戦う時には戦わなければならない、勝敗を越えた何かを感じていた。その何かとは長い歴史と伝統そのものであり、感じた源はその長い歴史と伝統に培われた暗黙知という知の領域のなかにあったのではないかと思う。

戦いが始まってみると、アジアにおいては、日本はイギリス、フランス、オランダには勝った。イギリスの東洋艦隊は瞬時のうちに日本軍によって壊滅させせられてしまった。時の首相チャーチル氏の心中はいかばかりであったか。その後戦域は南太平洋に広がっていき、対戦相手は主にアメリカに変わって、最終的には日本はアメリカとの戦いで負けた。

この間の事情をトインビー氏はこのように言っている。

「日本人が歴史の上に残した業績の意義は、西洋人以外の人類の面前において、アジアとアフリカを支配してきた西洋人が、過去二百年の間考えられてきたような不敗の半身でないことを明示したことにある。イギリス人も、フランス人も、オランダ人も、ともかくわれわれはみなばたばたと将棋倒しにやられてしまった。そしてやっとアメリカ人だけが、史実上の栄誉をたもてたのである」。

アジアにおいて負けた西欧諸国は、近代国民国家を作って以来破竹の勢いで世界を征服してきた。白人の仲間内ならともかく、劣等民族とみていた日本に負けるとは悪夢としか思えなかったのではないか。負けて捕虜になり使役された。彼らの無念さ、屈辱ははかり知れないものがあっただろう。当時の彼らの偏見から生まれた屈辱を二人の白人のなかにみてみよう。

ラフカディオ・ハーン氏とピエール・ブール氏。ピエール・ブール氏というのは、東南アジアで一時日本軍の捕虜となったこともあるフランス人で、戦後作家になり、映画『猿の惑星』の原作者である。猿は当然日本人である。このような小説を書かなければならなかったブール氏の心中を察すれば、その屈辱が如何に大きかったかが分かる。

なおあの映画について言えば、チャールトン・ヘストン氏主演のものが一番面白かった。我が身を猿に置き換えても、ヘストン氏が気の毒でならなかった。

ラフカディオ・ハーン氏はギリシャに生まれたイギリス人で、周知のように日本にきて小泉八雲となった人である。当時、ハーン氏のように帰化した白人は、生まれつきの劣等民族と同じような扱いを受け、白人から仲間外れにされた時代であった。八雲氏自身は偏見をもっていなかったかもしれない。しかし当時の白人の意識を知らなかったはずはないと思う。

日露戦争が始まったとき、八雲氏は、どうか東郷さん（連合艦隊司令長官）、この戦争に必ず勝ってくださいと願った。日露戦争は白人と有色人種の戦いであった。白人に生まれながら日本人となったために劣等民族の一員になってしまった八雲氏、有色人種の日本人が何としてでも白人に勝って、屈辱感を晴らしてほしいという思いがあったのではないか。

一人は白人が劣等民族から受けた屈辱感を表し、もう一人は白人が白人から受けた屈辱感を表した。私は欧米人の傷口に塩を塗るためにこの論を書いているわけではない。西欧、ロシア、アメリカと出会った幕末からアジア太平洋戦争までの約百年ほどはそのような時代だったのだ。現在の価値観で過去をみると過去が分からなくなる。戦後、アジア、アフリカの多くの国が独立していき、人種偏見が払拭されている現在の価値観でこの時代をみたら、明治、大正、昭和の先人たちの苦労も分からなくなる。

では現在、人種偏見が完全に払拭されているのだろうか。完全に払拭されたわけではない。戦後、昭和天皇がヨーロッパに行ったとき卵を投げ付けられた。また、オランダ女王が来日されたときの宮中での晩餐会で、日本軍の旧オランダ植民地への侵攻について批判的なスピーチをされた。さすがヨーロッパの国王である。堂々たるものではないか。

人は他者に与えた多くの屈辱を容易に忘れても、たとえ一度であっても受けた屈辱は容易に忘れられないものである。

日本人は準白人扱いを受けているようなところがあるらしいが、我々は白人ではない。純有色人種である。表面的には払拭されているのだから、それほど強く意識することはない。しかし心の片隅に留めておいたほうがいいのではないか。そうすれば、それを飛躍のバネにもできよう。また良からぬ優越感が生まれてきたときに、それを抑えることもできるかもしれない。

なお、同じく第二次世界大戦のなかで戦ったドイツ、イタリアの戦いは文明の衝突ではなかった。同じ文明内での同質の文化をもった国の衝突であり、人間が飽きるほど行なってきたにもかかわらず、一向に飽きそうにもない伝統的な戦争であった。

我々日本人の戦いの根拠――全身全霊の戦い

ここに岡崎久彦氏の次のような文がある。「……あれだけ全国民が全身全霊を打ち込んだ大戦争をしながら……」。私は、「全身全霊を打ち込んだ」という表現に当時の人達の気持ちをみる思いがする。終戦時から現在にいたるまで様々なことが言われているが、現時点からみると父、祖父、曾祖父の世代にあたる人達が何故あれだけ全身全霊で戦ったのか、ということをあまり考えない。そこでこのことを考えてみた。

欧米は正義に基づいて戦った。負ければ不正であり悪である。欧米の概念の正義とはそのような意味である。そこで敗戦国日本は不正であり悪となった。もともと不意打ちである真珠湾攻撃で、彼らの正義はピカピカに輝いていた。その正義を東京裁判によってさらに磨きをかけなければならなかった。このように欧米の正義は、絶えず磨いていなければ曇ってしまうものなのである。

では日本は何に基づいて戦ったのか。我が国には、欧米の概念の正義というものは無いわけではないがそれほど強くない。だから私が正義を思いつくのは、「正義の味方　黄金バット」くらいである。

日本は道理に基づいて戦った。この場合道理とは何か。西欧列強がアジアに触手を伸ばし始めるまでは、アジアの国々はそれなりに平和に暮らしていた。そこへ列強の植民地化が始まった。そこには人間の支配欲と傲慢さがあるのみであった。このことが日本はじめアジア諸国にとって、基本的に道理に適わぬことだった。食うか食われるかの時代だったので、我が国は長い歴史と伝統のお陰で食う方にまわって、日清、日露戦争を戦った。特に日露戦争後、欧米の日本に対する対応がますます道理に適わぬものとなってきた。その道理に適わぬことの集積が、アメリカ国民の真珠湾攻撃に対する思いよりも遥かに大きかった。この思いは天皇、為政者だけのものでなく、多くの日本人が共有していた。そこで道理に適わぬことをこれ以上我慢するわけにはいかず、止むを得ずに戦った。

戦いの結果は三つしかない。引き分けか、勝ちか負けである。日本は負けた。正義と違い道理は、戦争の結果により不正であったり悪であったりすることはない。だから戦争の勝敗があっただけで、その他何の変化もなかった。敗戦時点において、アジア諸国は相変わらず植民地であった。しかし終戦後、基本的な道理は通ったのである。即ち、アジア諸国は次々と独立していった。これを怪我の功名と言う。日本は大怪我をした。これをもう少し砕いて言うと、日本人は、自国の三百万人という尊い命を犠牲にしてまで、アジア諸国の独立を助けるほど高尚な民族ではない。また007のスペクターのように地球を征服、支配するために戦ったわけでもなかった。

敗戦前後のことをもう少し考えてみよう。千島列島の最北端に占守島《しゅむしゅとう》という島がある。ここに当時戦車第十一連隊が駐留していた。この連隊はほとんど無傷であった。十分な戦力を保持していた。ここに昭和二十年八月十四日、明十五日正午にラジオで天皇の重大発表があるとの通達が届く。この時、連隊の第二中尉付だった篠田民雄氏は、この通達から「いよいよ本土決戦、全国民一丸となって戦うために激励と決意の玉音放送がなされるもの」と思ったという。私は、篠田氏が思ったように、戦うための激励と決意の詔勅が出た時のほうが、当時の多くの日本人にとって意外性がなかったのではないかと思うのである。何故か。

父、祖父、曾祖父の世代の人達は全身全霊で戦った。外部からの強制によっては全身全霊では戦えない。全身全霊で行なうには、人の内部にある強い思いがあってこそである。当時の多くの日本人は道理に基づいて戦った。半世紀以上にわたる道理に適わぬことの集積があった。これをたとえてみよう。

日本は真珠湾攻撃という刀を抜いた。当時の在米日本大使館の不手際があったことが知られている。これをもって正当化するつもりはない。またルーズベルト大統領は真珠湾攻撃を知っていたとも言う。大統領を卑怯極まりない人物とも思わない。賢い喧嘩の仕方は最初に相手に殴らせることである。政治家として称賛したいほどである。

そこで、武士、侍を不易と流行という視点からとらえてみよう。武士、侍は流行であった。長い歴史と伝統から、鎌倉時代に武家政権が誕生した。その後、長い武家の伝統から武士道が確立された。明治と共に流行としての武士、侍はなくなったが、それを生みだした不易なるものは、現在にいたるまで我々のなかに脈々と流れている。武士が刀を抜くのは死を決意した時だけである。刀を振り回すのはテレビ、映画、演劇のなかだけである。

では、真珠湾攻撃という刀を抜いた時、多くの日本人は死を決意しただろうか、直前に死が迫っていると強く意識したわけではなかったと思う。むしろ多くの日本人の頭に浮かんだことは、はたして欧米と戦争して勝てるのだろうか、ということだったろう。そしてこの問いに対する解答を日本人はみなもっていたのである。即ち、勝てないだろう、負けるだろうと。言うならば、意識上で勝てるだろうかという問いをもち、意識下にその解答を下しつつ道理に基づいて戦ったのである。

そこで、占守島の篠田氏が思ったように、戦うための激励と決意の詔勅が出た場合、篠田氏のような無傷で十分な戦力を保持していた連隊の軍人でなくても、当時の多くの日本人はこのように考えたのではないか。「とうとう来るものが来たか」と思い、腹を決めたのではないだろうか。もしそのようになっていたら、惨禍はさらに大きなものになっていただろうが。この「腹を決めた」ということが、武士、侍を生みだした伝統のかなの不易なる部分の端の方くらいは擦っているのではないかと思うのである。

ところが、戦争終決の詔勅が出たのである。この時、日本人はどうなったか。約半分の日本人が茫然自失となった。予想される結果に出会った場合、人は茫然自失にはならない。確かに今で言う空爆が激しくなり、非戦闘員の女、子供まで犠牲になるにつれて厭戦気分が募っていったことも事実だろう。しかし武士、侍を生みだした伝統のなかに脈々と流れているものも失っていなかったし、戦いの拠り所であった道理に何ら変わりはなかった。だからこそ敗戦直後、多くの日本人が茫然自失になった。では何故、半分の日本人が茫然自失にならなかったのか。茫然自失になったのは男だけである。女というのは戦争で負けたくらいで茫然自失にはならないものである。

戦争に負けるということは悲しいことである。しかしその悲しみのなかに一筋の光明を見いだす。それは、この戦争が法治国家間の戦争であったことだ。我が国は鎌倉時代に法治国家になった。約八百年にわたる法治の伝統を築いてきた。欧米が法治の国であることは異存がないだろう。法治国家間の戦争であったからこそ、戦勝国側は敗戦国に対してデタラメな残酷極まりない虐殺を行なわなかった。即ち、政治犯として捕え拷問を行なったり、見せしめのための絞首刑や銃殺を行なわなかった。確かに戦勝国側はデタラメは行なわなかった。しかし終戦後の統治に関して少々のインチキがあった。

手を挙げたら命が助かると思っている人がいるかもしれない。しかしそれは少々甘い。人は太古から戦争、殺戮を行なってきたが、手を挙げれば助かるような戦争、殺戮はほとんどなかったのである。現在にいたる半世紀ほどの間にも多くの戦争、殺戮があった。そこでも何ら変わっていないのである。手を挙げても殺される。それどころか戦闘に関係のない婦女子でさえ殺してしまおうというのが人間が行なってきた伝統的な戦争、殺戮の姿なのである。そして人はその伝統を頑なに守り続けているのである。確かに手を挙げれば助かる戦争もある。法治が伝統として根付いている国家間の戦争ならあり得る。しかしその場合でも例外中の例外のようなものである。私は敗戦後の悲しみのなかで、その悲しみをさらに上塗りするような悲しくも酷い行為が行なわれなかったことを一つの光明とみるのである。

マッカーサー氏の二面性

もし戦勝国側がデタラメを行なったら日本人はどうしただろうか。この「もし」は、日本人を考えるうえで少々役立つと思われるので考えてみよう。そしてこの解答は日本人からではなく、戦勝国側の統治責任者であったマッカーサー氏がだしてくれているのである。

「占領軍の大幅増強が絶対必要になり、その数は百万を下らず、しかも無期限にこれを維持しなければならない。そのうえさらに数十万の行政官を呼び寄せなければならない。また戦時方式による対外物資補給体制を確立しなければならない」。これは今終わったばかりの戦争よりさらに激しい戦争が続くことを意味している。

これは本国の陸軍参謀長官アイゼンハワー氏に打電された内容の一部であるが、デタラメを行なった場合の予想ではないのである。これは天皇を戦犯として裁いたときに起こり得ることを予想して、本国政府を説得しているのである。デタラメを行なうということは、天皇を裁くどころではない。もしそうなったら、当然天皇一家は殺され、為政者のなかには人々の前で見せしめのための絞首刑、銃殺が行なわれ、多くの日本人が虫けらのように殺されるのである。

このように言うと、何か悪いものを食べて悪夢にうなされているのではないかと思うかもしれない。そういう人には、こう言えば分かるだろうか。二十一世紀になった現在、世界で行なわれている戦争、殺戮というのは、年端もいかない少年兵を前面に押し立てて戦うのはまだましなほうであり、子供に地雷源を先に歩かせてから正規軍が進み、女性を十字架に縛り付けてそれを前面に立てて攻めてきたりするような戦いなのである。

人は案外自分自身が分からないものである。むしろ他者が己れの本質を鋭く洞察している場合がある。マッカーサー氏は日本人以上に日本人になった面があった。アメリカの歴史学者のヘレン・ミアーズ氏が『アメリカの鏡―日本』を表した。明治以降の日本が海外で行なってきたことは、鏡に写ったアメリカの姿そのものであるという内容の書である。それほど詳しい内容に関心がない人にとって、表題の意味が分かれば、それで読んだことにしておけるなかなかの書である。

「日本の鏡―マッカーサー氏」、即ち戦勝国側の統治者としてのマッカーサー氏は、鏡に写った日本人の姿そのものである。このようにマッカーサー氏の一面を表現することができる。マッカーサー氏は日本人以上に日本人になった面と、一方では戦勝国側の統治者として完璧にその責任を果たした面があった。そこでマッカーサー氏の日本人以上に日本人になった面と、戦勝国側の統治者としての責任を果たしたことによって日本人がどうなったかをみてみよう。

当時「国体の護持」ということが言われた。国体の護持の明確な意味を聞いたこともなく、また読んだこともない。漠然と覚えている言葉である。そこで当時の人達が使ったこの言葉の意味を考えてみた。これは天皇の存在を守るということであったのだろう。これをこの論で述べてきた統治の並立構造としてとらえる。長い歴史と伝統の知恵である、権威としての天皇をもった統治の並立構造を何としてでも守ろうということだったのだろう。

では何故天皇を守らなければならなかったのか。守らなければならない情況があった。それは戦勝国側のヨーロッパはもとよりアメリカ本国、オーストラリアにおいて、天皇を戦争犯罪人、即ち戦犯として処刑しろ、という意見が渦巻いていたからだった。

敗戦色が濃くなり戦争終決を決断をしなければならなかった時のことを考えてみよう。本土決戦になったら竹槍でアメリカと戦うということも言われた。物量を誇るアメリカと竹槍で戦おうとは、当時の人達は何と愚かであったと思うかもしれない。確かに賢明とは言えない。だがその心意気はなかなかのものではないか。しかしこれは一面であり、当時海外においてはほとんどの戦力を失ってしまったが、国内においてはまだかなりの戦力が残っていた。だからこそ本土決戦をしてでも戦おうという強い主戦論があった。

強い戦いへの主張がある一方、海外においては玉砕につぐ玉砕、広島、長崎への原爆、東京をはじめとする大都市への無差別殺戮により非戦闘員の多くも失っていた。戦争を続けるべきか終決させるべきか、国の意志としての決断をしなければならなかった。我が国の長い歴史のなかでも、このような苦しい情況におかれたことと、苦しい決断をしなければならなかったことはそれほど多くはなかっただろう。

御前会議における昭和天皇のご聖断によって戦争終決ということになったのであるが、このご聖断というのはいわば内輪の決定である。このご聖断に基づき、鈴木貫太郎首相は、議会の正式の決定の手続きを行い国家としての意志、即ち戦争終決の意志をアメリカに伝えたのである。

御前会議において、陸軍を代表して強い戦争継続を主張していたのが阿南陸軍大臣であった。もし終戦が決定されたら、クーデターも辞さなかったかもしれない。その阿南陸相も天皇の決断に従った。この時天皇は、阿南陸相に向かって「おまえの気持ちはよく分かる。苦しかろうが我慢してくれ」と、涙を流して言われたそうである。阿南陸相も、これ以上主張できなかったと言う。

私は終戦前後の多くの人達の気持ちが、御前会議の天皇と阿南陸相の気持ちに集約されているように思う。欧米との戦いにおいて、四年間にわたり全身全霊で戦ってきた。どんなに戦況が不利になったとはいえ、負けを認めることの無念さ。人生をある程度経験してきた人なら、何らかのかたちでの負けを認めることの無念さを経験したことがあるのではないか。負けを認めることの無念さに苦しみ耐えたことはなかったか。

八月十五日に、いわゆる玉音放送によって終戦の決定が伝えられた。ここで敗戦と終戦について。我々は自分を偽るために言葉を替えることがある。売春を援助交際と言うように。敗戦と終戦はこの関係ではない。ドイツと比べると分かる。ドイツは敗戦が即終戦であった。即ち、敗戦により連合国側と交渉する主体が消滅してしまっていた。政府が瓦解していた。

日本は政府が無くなってしまったわけではなかった。たとえ時期と情況がどうであろうと、敗戦を認め国の意志として、苦しいという一言では表しきれないような戦争終決の決定をしたのである。

戦争は終決したが、誰一人としてこれから先日本がどうなるか分からなかった。何しろ歴史上空前のことであり、戦いに破れて敵の軍隊が進駐してくるのである。苦渋の決断につぐ将来への不安。このような苦しい情況のなかで国体の護持が出てきた。

人は他者の全体像がみえないことが多い。長いこと付き合っていても一面しかみていないことがある。人が苦況に陥ったときにどのような振る舞いをするかで、その人の真の姿が分かるということが、私の今までの経験から得た一つの人の見方であった。順調なときに面倒見のいい人が、苦況に陥るや人を後から刺すようなこともある。

戦況が悪くなりかけてから終戦の決定とその後の不安、国として進退窮まったような時期であった。そのような苦しい時期に国体の護持、権威としての天皇をもった統治の並立構造が出てきた。そしてそれだけは何としてでも守ろうとした。またそれしかでてこなかったことにおいて、それが日本、日本人の本性というか正体であり、故に暗黙知の知の領域から出てきたものではないかと思う。

ローマの歴史家タキトゥス氏は、「人の真価は逆境の時ではなく、成功した時に分かる」と言った。人は成功した時には有頂天になり、幸運の女神が永遠に離れないと思うのであろう。人は成功に耐えられずに転落していく。確かに逆境に耐えられない人もいる。しかし大方の人は耐えてきているのである。

私は人の真価を逆境の時にみた。タキトゥス氏は成功のうちにみた。私よりタキトゥス氏のほうが人への洞察が少々深かったと思うにいたったのである。

一方、マッカーサー氏も別の意味での苦しい立場にいた。本国はもとよりヨーロッパ等における天皇を裁判にかけろとの大きな声。裁判になれば、情状酌量の余地により執行猶予がついたわけではなかったろう。では何故、欧米で天皇を裁判にかけろとの大きな声が渦巻いたのか。

近代西欧が国民国家を作って以来、西欧諸国は破竹の勢いで世界を侵略し植民地にしてきた。インドも当初は反抗もした。しかし呆気なく制圧され、その後反抗らしい反抗もなくなってしまった。これはインドだけではなかった。有色人種はみな白人支配に諦めていた時代であった。我が国は自衛のため、我々の平和を守るために止むを得ずに立ち上がったのであるが、結果的にはこの欧米の前に立ちはだかることになった。

そして西欧列強はアジアにおいて負けてしまった。彼らにとって国民国家を作って以来約二百年間、夢にも思わないようなことが起こった。起こってしまった以上悪夢としか思えなかったのではないか。しかし夢ではない。捕虜になり使役されるという現実もあった。そこで当時の欧米の人達は、彼らの作った文明に対する反逆であるという考えをもったのではないかと思う。この点でドイツ、イタリアとは違う。ドイツ、イタリアとの戦いは白人の仲間内での伝統的な戦争にすぎなかった。

ヨーロッパにおいて第一次世界大戦という大きな戦争の次に、似たような大きな戦争が第二次世界大戦であり、アジア太平洋地域で行なわれた日本と欧米の戦争はまったく別の戦争である。

終戦時点において、彼らの文明に逆らった日本への怒り、憎しみが頂点に達していた。そして彼等は終戦後、アジア、アフリカ諸国の独立により総べての植民地を失った。そこで彼等の怒り、憎悪がさらに増幅され、時の経過と共に薄れていったが、一抹の感情は残っているのではないかと思う。その証しが昭和天皇への卵を投げ付けるという行為であったり、オランダ女王の宮中での堂々たるスピーチであろう。

怒り、憎しみ、一度もった感情は、そう容易には消えないだろう。また怒り、憎しみという感情と共に、日本への恐怖という感情も、その一抹のなかには含まれているのではないかと思う。しかしそのような良からぬ気持ちだけをみるということは、彼らの一面しかみていないのではないかという気がしてならない。まったく別の、正反対の気持ちもあるのではないか。

彼等は近代の国家というものを言語知をもって精緻に精緻に作り上げた人達である。それ故にこそ、国のために全身全霊で戦った日本人、日本への敬意というものがあったのではないか。敵ながらあっぱれであったという。

さて、マッカーサー氏が戦勝国側の空気を体現したらどうなったか。それがアイゼンハワー氏に打電された内容なのである。そこに私は、日本、日本人へのマッカーサー氏の深い洞察をみるのである。日本人のなかにも天皇の存在を否定する人がいることを考えれば、マッカーサー氏の日本への深い洞察が、マッカーサー氏が日本人以上に日本人になったと考えるゆえんである。

マッカーサー氏が日本人以上に日本人になったままだったら、戦勝国側の統治者としての責任を果たせなかった。マッカーサー氏はその責任もまた完璧に果たしたのである。戦勝国側の責任を果たしたということは、敗戦国の日本の立場からみると、少なくとも敗戦国の日本人の生命の連続のなかの一人としての私からみれば、それはインチキであったと考える。ではマッカーサー氏のインチキとは何か。

それは、日本が軍国主義、帝国主義の悪い国であり、封建的で遅れた国なので、欧米の民主主義を学び、二度と戦争を起こすことがないような平和を愛好する平和国家にならなければならない、ということを巧妙な手段を用いて徹底的に思わせたことである。私はこのインチキのなかに、アジア太平洋戦争が文明への反逆であるという彼らの思いと、二度とそれに逆らわせないという意図をみるのである。

軍国主義、帝国主義について。近代国民国家を作って以来、欧米諸国は軍国主義、帝国主義という時代の衣を着て、アジア、アフリカの多くの国を植民地にしてきた。我が国も遅ればせながらその時代の衣を着て、その列の末席に連なっていた。だからあの戦争は、同じ時代の衣を着た国家間の戦争であった。ところが戦争が終わるや否や、戦争の勝利を免罪符として、彼らは軍国主義、帝国主義という時代の衣を脱ぎ日本のうえにだけ着せたのである。

封建的について。彼らは近代の豊穣な土壌である彼らの封建社会を悪し様に言うような愚かなことはしていない。二つの近代は共に封建社会という豊穣な土壌のうえに築かれた。江戸時代を封建社会ととらえることを是とするならば、それは一面であり、もう一面は我々の近代のうえに立った我々の資本主義社会でもあったのだ。

欧米の民主主義について。我が国は二十世紀の初頭、大正時代に普通選挙が実施され、非欧米諸国のなかで唯一つ欧米の議会制民主主義が根付き、断絶することなく現在にいたっている。非欧米諸国のなかで、民主主義がうまく機能している唯一つの国と言っても過言ではないだろう。

ポツダム宣言の第十条に「……日本国民ノ間ニ於ケル民主主義的傾向ノ復活強化ニ……」とある。ポツダム宣言のどこにも、日本が封建的で遅れているとは書かれていない。それどころか当時の欧米人のなかにも、日本が二十世紀の初頭に普通選挙が実施され、二院制に基づく議会制民主主義が戦前にも機能していたことを知っている人がいた故に、戦前の「民主主義的傾向の復活強化」と書かれているのである。政府は、終戦後も戦前の「民主主義的傾向」を「復活」し「強化」することを妨げることがないように、ということが十条の趣旨なのである。

また開戦時の東条内閣は、第二次東条内閣というべきものを組閣しようとしたが組閣できずに総辞職してしまった。東条首相もヒトラーのような独裁者にはなれなかった。議会制民主主義のルールに従って総辞職したのである。我が国は敗戦色が濃くなった時機においても、議会制民主主義が機能していたのである。

二度と戦争をしない、ということについて。私は、父、祖父、曾祖父の世代の人達は戦ってでも、命にかえても守ろうとするものをもっていたと考える。フランスのブール氏は日本人を猿と想定して小説を書いた。猿とみられたからには、我々は猿でないことを一応証明しておいたほうがいいだろう。戦ってでも、命にかえても守ろうとするものをもっていたということにおいて、日本人が猿ではないことの証明にしたい。そして三百万人の人達が命にかえても、戦ってでも守ってくれたものがあるからこそ、今日の日本の繁栄があると考える。三百万の人が命にかえて守ってくれた価値を見つめ、我々もそれを守り、未来を切り開いていくことが先人への義務ではないだろうか。

平和国家について。平和国家を言うのであれば、私は我々の長い歴史と伝統のなかに平和国家をみたい。何しろ他国に例をみないような平和を築いてきた国であるから。

戦後民主主義という言葉がある。私は寡聞にして誰が言い出したのか知らない。また明確な定義も聞いたことはない。以上述べたことから私なりに定義をすると、「戦後」民主主義は「インチキ」民主主義ということになる。

インチキ、インチキと言って、マッカーサー氏に責任を転嫁するために述べているわけではない。アンブローズ・ビアス氏は、その『辞典』のなかで、世の中を簡単明瞭、一言で定義している。即ち、世の中とは「インチキ」であると。私はビアス氏の定義にしたがって、世の中をみただけである。

さて、ミアーズ女史が『アメリカの鏡—日本』を書いた精神のようなものを述べておこう。この書はアジア太平洋戦争における日本の立場を擁護してくれているような面がある。しかし、女史は日本を擁護するためにこの書を書いたのではない。一見擁護しているような面があるならば、それは女史が学者としての鋭い洞察力と客観的立場から当時の情況をみたにすぎない。想像するに、女史はアメリカという国、即ち自分を生み育んでくれたアメリカを人一倍愛していたのだろう。そしてアメリカ人としてアメリカのために書いた。「我々アメリカ人はこんなことをしていていいのだろうか」という自省の書なのである。オリンピックへの参加国が二百を越えた。果たしてその中で、このような精神を持ち合わせている国がどれだけあるだろうか。

喜劇「東京裁判」

敗戦直後のことをもう少し考えてみよう。即ち、戦争終決の詔勅が出て日本が武器を捨て、連合国側と向き合った時を相撲の「仕切り」にたとえてみた。そのわずか数秒で両者の態度が決まったのである。連合国側は日本が一切抵抗しないことを。日本は連合国側がデタラメをしないであろうことを。ところが連合国側、即ち欧米諸国はここにいたるまでの激しい戦闘と、その後の無抵抗の理由が分からなかった。我が国は近代化して百年近くたっていたが、アジアに位置していることもあって、欧米諸国は日本を異質な国とする考えがあったと思う。しかし、それよりも別の理由によるところが大きかったと考える。

それは欧米諸国も余裕がなかったということである。欧米諸国も気持ちのうえでの余裕を失っていた。法の不遡及ということがある。法は実施される以前に遡って適用されないということ。いわゆる東京裁判において、その裁判を成立させるための法を作り、平和に対する罪、人道に対する罪を設け、既に終わった戦争に適用したのである。

なお東京裁判について一言付け加えるならば、この裁判はなかなか面白い裁判である。既に有名なインドのパル判事の意見書はもとより、共同謀議、南京問題等、さらにはブレイクニー弁護人の「爆弾発言」もあったりしてなかなかの裁判である。もし私が古代ギリシャのアリストファネスほどの才能を持ち合わせていたら、喜劇「東京裁判」を著せたのだが。まことに残念である。ギリシャのアリストファネスを持ちださなくても、我が国には落語という伝統の芸がある。東京裁判にはオチがある。

東京裁判の判決がおりたのちに、有罪宣告された被告の一部を代表して、アメリカの弁護人が米連邦最高裁判所に、この裁判の再審請求をしている。再審請求自体は受理されたが、請求は却下されてしまった。ダグラス最高裁判事の却下の理由は次のようなものであった。「これはそもそも裁判とは認めがたい。従って最高裁判所の管轄外である」。これはなかなかのオチではないか。

ここに、パル判事を生んだインドと、ローガン弁護人をはじめとするアメリカの弁護人の真摯な弁護に感謝と敬意を表しておこう。

近代西欧は民主主義という政治原理に基づく国民国家を作った。そこでは法は国家を支える重要な柱であったはず。要するに欧米諸国は法治国家であったはずである。法の不遡及は自明の理と言っていい伝統をもっていたはず。法治国家として自明な法の不遡及を無視したことにおいて、当時の欧米諸国が余裕がなくなっていた証しにしたい。

欧米の余裕の喪失

では何故、欧米諸国が余裕をなくなってしまったのか。もともと彼らの文明、特にキリスト教の一面である異教徒への不寛容。そこから発する異文化への無理解。さらに西欧諸国はアジアにおいて日本に負けた。この二百年間、彼らにとってありえないようなことが起こった。彼らは彼らなりの無念さがあったろう。またアメリカは苦戦を強いられたうえでの勝利であった。そこにアメリカの日本への怒りもあっただろう。

以上のような諸感情に加えて、大戦まで強固にあった人種への偏見が相俟って、日本への許しがたい感情が渦巻いていたのである。要するに、当時の欧米諸国はキレてしまっていたのである。

アメリカも苦戦を強いられたアジア太平洋戦争は、後半にいたって凄まじい様相を呈してきた。特に硫黄島から沖縄かけて。

硫黄島の戦いもまさに凄まじいものであった。あの小さな島のなかで、日本は二万人の死者をだし、アメリカはそれを越える死傷者をだした。戦いが終わったとき、司令官ホーランド・スミス氏は、屍のなかからかくも勇敢に戦った敵将、栗林司令官の遺体を厚く葬ろうとしたが適わなかった。まさに命をかけて戦っている戦場において何か真なるものがあり、平和のなかに虚偽、欺瞞、不正がある。アジア太平洋戦争が騎士道と武士道の正面きってのぶつかり合いと言ったが、その証しにならないだろうか。またこの時の絆が現在のアメリカの軍人と日本の自衛隊の間に流れていると想像している。軍人とはそういうものであろう。

アメリカもよく戦った。ここでアメリカの将兵の勇敢さを讃えるとともに、その霊に手を合わせてから次に進もう。

この硫黄島、そして沖縄の戦いの後、アメリカは勝ったのであるが、日本の敢闘からさぞかし抵抗があると考えたとしても無理のないことであった。しかしまったく抵抗がなかった。たぶん銃声一発も発せられなかっただろう。欧米側はこの点が分からないのである。そこで、やれ戦争の反省が足りないからはじまって、直前の激しい戦闘から、日本を怪獣とみなし、二度とこの怪獣が牙を剥き出さないようにと考えたのも無理ないことであった。

反省することによって戦争がなくなるのであれば、人類は数千年前から、いやもっと前からかもしれない、歴史に戦争という言葉をみつけることが不可能になっていたであろう。また、我々は猿になったかと思えば、次には怪獣である。将来何になるのであろうか。欧米はなかなかの楽しみを与えてくれる。とりあえず、戦争中における日本の敢闘と終戦後の無抵抗を野生動物にたとえてみよう。

砂塵をあげて草原を疾駆する数万頭の野性動物。この疾駆する野生動物の群れがピタリと止まるのは、その群れが持っている内部のある力だけである。その力というのは、前に述べた「腹を決めた」ということが、武士、侍を生んだ不易なるものの端の方を擦っていると言ったが、その端の方から少々中心に近いところから発せられたものである。

欧米も余裕をもって自らの歴史をみれば、そこに騎士道というものを生み出しているではないか。またラグビーにおいて試合が終われば、ノーサイドと言ってサイドがなくなるだけである。戦争の反省が足りないとか、怪獣とみる必要もなかったのである。ここに、異文化、異文明との戦争の結果欧米がキレてしまって、余裕を失ったとみるのである。ドイツ、イタリアとの違いでもある。

戦争犯罪・戦争責任

次に戦争犯罪、戦争責任について考えてみた。戦争犯罪、戦争責任という考えは、第一次世界大戦のときに生まれた新しい考えである。太古から数えきれないほどの戦争をしてきたが、このような考えはなかった。

近代西欧は戦争を政治の延長線上のものとして正当化してきた。ハーグ陸戦法規等に基づき、そのルールに従って戦争をしようということである。ところが第一次世界大戦があまりにも大きな戦争になってしまった。即ち近代兵器による被害の大きさと、今までの歴史にないような総力戦となったことであった。そこで戦争犯罪と戦争責任という考えがでてきた。

戦争犯罪というのは戦争そのものを犯罪とみて、戦争を起こした国の為政者の責任を問おうというものである。このような考えはアメリカから生まれたものであろう。我が国にとっては青天の霹靂のような考えであった。東京裁判が始まってから、初めて知った考えであった。またヨーロッパにおいてもこのような考えは強くなかっただろう。近代西欧が人間が太古から業のようにして行なってきた戦争を已むを得ない政治の手段として認めてきたことは、経験知からの知恵ではなかったと思う。当時戦争は国際法上違法ではなかった。当然、戦争を遂行した個人を裁く法もなかった。

戦争当事国を裁く公正中立な国際機関のようなものが可能なのであろうか。また公正中立な立場から当事国を裁けるのだろうか。

第一次世界大戦のときにこのような考えが生まれたが実行されなかった。では何故第二次世界大戦のときに実行されたのか。ドイツと日本を対比してみてみよう。

ヨーロッパにおけるドイツとの戦いは、同じ文明内での伝統的な戦争であった。しかし民族抹殺という今までの歴史にないようなものが含まれていた。即ち殺人施設と死体処理施設を設け大々的に抹殺を行なった。この民族抹殺に対する驚きと怒りからであったと考える。イタリアと対比すれば分かる。イタリアとの戦いも同じ文明内での伝統的な戦争であったが、イタリアは民族抹殺を行なわなかった。だからイタリアは裁かれなかった。

一方我が国の場合は、民族抹殺というような考えはなかった。我々は民族的に少々お目出度いところがあって、他国の善意を信じてみんな仲良くやりましょう、というのが日本的な発想であろう。一つの民族を抹殺しようという発想はなかった。

では何故日本は裁かれたのか。それは、非キリスト教国であり異文明、異文化の日本が欧米の前に立ちはだかり、敵闘したことに対する驚きと怒りであったと考える。原爆の使用はその証しではないか。

戦争を犯罪と考え、当事国を犯罪国家とし、その為政者を犯罪人とする考え。現在の日本人のうちで、どれほどこのような考えをもっている人がいるか、私には分からない。戦争というものは、多要因現象である場合が多い。アジア太平洋戦争はまさにそのような戦争ではなかったか。裁いた方に一点の非もなかったか。

さて、我々は戦争犯罪そのものよりも、戦争犯罪人としての「戦犯」に意識が向いているように思うので、戦犯について考えたことと、ある事実を述べておく。

ムーディーズというような企業格付け会社が企業を格付けするように、戦犯をA、B、Cと格付けまでして頂いた。何と肌理の細かい配慮であったことか。しかし私はABCという格付けには納得できない。格付けであるならば、何故トリプルA（AAA）、ダブルA（AA）、Aにしなかったのか。

我々日本人が「戦犯」という言葉を使うとき、欧米の概念、欧米の価値観で日本をみている最も分かりやすい例ではないか。


昭和二十七年、国会において「戦争犯罪による受刑者の赦免等に関する決議」が圧倒的多数で可決された。翌年の二十八年、社会党の堤ツルヨ議員は、「(戦犯として刑死、獄死した者について）その英霊は靖国神社の中にさえも入れてもらえないということを今日の遺族は非常に嘆いておられます。……遺族援護法の改正されたなかに当然戦犯処刑者、獄死された方々の遺族が扱われるのが当然であると思います」と発言し、「遺族援護法」は全会一致で改正され、戦犯遺族にも遺族年金等が支給されることになった。

私は、最高の等級を付けて頂いた人達を戦争が終わった後に立法化された戦争犯罪人という言葉でとらえたくない。人は過ちを犯すものである。我々はこの時点において、等級を付けて頂いた人達を含めた先人が犯した誤り、失敗を許したと考える。

我が国は民主主義国家であると思っている。選挙のときなど、本家の欧米諸国より混乱なく行なわれている。非西欧諸国のなかではどの国よりも、我が国は三権分立を骨子とする民主主義制度が機能していると言っていいだろう。しかし最高の立法府である国会で議決されたことを尊重しないようでは、はたして我が国は真の民主主義国家であろうか。

なお、社会党が堤ツルヨ氏のような考えをもっていたならば、社会党は消滅しなかっただろう。確かに自民党と社会党はかたちのうえでだけの二大政党であったかもしれない。しかし堤氏のような考えをもち続けたならば、その後の二大政党の基礎を築けたと考える。我が国の政党史上まことに残念なことであった。

次に戦争責任について。私は右のようなことから戦争責任という言葉を使わない。だからと言って、敗戦責任という言葉も使いたくない。昭和の一時期戦争という方向へ向かい、みなが全身全霊で戦い負けた。その結果、等級を付けて頂いた人達を含めて三百万人の命を失った。我が国の歴史上の大きな出来事としてとらえ、その責任という面から考えてみよう。

この場合二つの考えがある。これだけ多くの戦没者をだしたのであるから、誰か特定の人達にとってもらおうという考え。もう一つは、これだけ多くの人達を失った責任を特定の人達だけで負えるものではない。まして多くの人達が全身全霊で戦ってきたではないか。結果として戦いに負けたからといって、誰か特定の人達に責任をとってもらおうとは潔くない。日本は後者の考えをとった。これも武士、侍を生んだ不易なる部分の端の方から、少々中心に寄ったところから発せられたものなのである。

日本人の多くは、マッカーサー氏のインチキにもかかわらず、全身全霊で戦ったことを軍国主義の責任に帰して責任逃れをしなかった。多くの人達はそれぞれ責任の一端を感じ、自らその責任を引き受け耐えてきたのである。我々もまた生命の連続のなかでそれを引き受け耐えているのである。耐えていると言えば、欧米も言語知のなかでもがき苦しみ耐えているのかもしれない。

靖国神社――メディア問題

ここで社会党の堤ツルヨ氏の発言のなかにある靖国神社について。このことは現代のところで述べることであるが、納まりがいいのでここで述べておく。即ち、我が国には「靖国問題」は存在しないことと、我々が神社に霊を祀る心的メカニズムについて。

もともと我が国には靖国問題は存在しない。多くの日本人は、首相が靖国神社に詣でても何ら問題にしてこなかった。事実戦後、吉田茂首相はじめ首相が靖国神社に詣でても何の問題も起こっていない。では、ある時期から忽然と問題が生じてきたのは何故か。

それは中国や韓国が、自国の国内事情によって内政干渉をはじめてきたことと、それを日本のメディアが取り上げて問題にするから問題になっただけなのである。だから、「靖国問題」あるいは「教科書問題」は、日本の「メディア問題」と言うこともできる。これを証すものとして次のことをあげよう。

鄧小平《とうしょうへい》氏は副首相の時に、日本の軍備に関してGNPの一％の枠にとらわれず、もっと軍備を増強せよと日本に迫った。この時メディアは、「軍備増強問題」として取り上げなかった。だから軍備増強問題は起こらなかった。鄧小平氏がこのようなことを言ったことさえ知っている人は少ないのではないか。メデイアが取り上げなければ、このようなものなのである。

本来問題にならない靖国問題と、問題になったことのない軍備増強問題を対比してみよう。軍備増強問題は旧ソ連がアフガニスタンに進攻したことによって、中国が脅威を感じてのことであった。靖国問題は、首相が靖国神社に詣でると日本が軍国主義になるということであろうか。

軍国主義というものがあるならば、軍備を増強することの方が軍国主義につながり易いだろう。首相が靖国神社に詣でても、私の論理では軍国主義にはつながらない。事実戦後、吉田首相から大平首相の時くらいまでであろうか、首相が靖国神社に詣でても日本は軍国主義になるどころか、そのことにより何の変化も起こらなかった。

この対比から分かることは、自国の都合によりある時は軍備を増強しろと言い、ある時は正反対のことでさえ言ってくるということである。

イラク戦争の時に、メディアはアメリカに追従、追従の大合唱であった。我々は「選択」という言葉をもっている。人生が選択の連続であるように、国家もまた選択の連続である。この時メディアが、「追従」と「選択」とを相対化してとらえることができなかったことはまことに残念であった。しかしメディアが「追従」と言った気持ちが分からないでもない。その気持ちを忖度すれば、次のようなことではないか。

国家というものは自らの意志によって国家の方針を決めるべきであって、いかなる国の言動によっても左右されてはいけない、ということであろう。「追従」という言葉を私なりに定義すると、「意志のない選択」となる。即ち、ある国から言われて自らの頭で何も考えず「御尤もです」、他の国から言われて「御尤もです」。

外交の基本は他国から言われたことについて、御尤もですと言わないことと考える。尤もでないことを言われたら、当然拒絶する。では、御尤もなことを言われたらどうするか。国際社会ではないことと思うが、その場合でも、まずは拒絶する。拒絶したうえで、よく考えて国家としての意志を述べる。その意志が御尤もなことと同じだったとする。相手の国は「我々の言った通りの決定ではないか」と言ったとする。こう言う。「我が国の意志と貴国の意志がたまたま一致しただけのことである」と。御尤もですと言ったら、自国の意志を他国に委ねることになる。国際社会は、そのような国を蔑みこそすれ敬意を払わないだろう。

一国の軍備に関するような重要なことは、国家の意志によって決めるのは当然であろう。また、国のために死んだ人達を弔う場合、キリスト教世界ではキリスト教の儀礼をもって行ない、イスラム圏ではイスラム教の儀礼で行っている。仏教圏でも同様であろう。それぞれの文明のもっている、死者を弔う伝統の儀礼で行なっていると言っていいだろう。我々の宗教である生命の連続への思いは、言語化されていないし何の儀礼ももっていない。そこで我々は神道という自然観がもっている儀礼をもって死者の霊を弔うのである。我々は我々の伝統の儀礼で死者を弔い、他の文明圏と同じようにしているのであって、決して特異なことをしているわけではない。

国のために死んだ人達を国が弔うということは、軍備に関わることと同じような重要なことと考える。あるはいそれ以上に重要かもしれない。メディアがイラク戦争の時に「追従」と言ったのであるから、首相が靖国参拝をやめたら中国、韓国に対する「追従」と言うのが筋が通った考えであろう。ところがメディアは、何も考えずに他国の言うことを「御尤もです」とし、参拝をやめろ、やめろと言う。ある時は

「追従」と言い、ある時は「御尤もです」と言い他国に対する一貫性がない。しかしどちらの時も共通していることがある。自らの頭で考えないことが共通しているのである。

なお、マッカーサー氏が靖国神社を焼き払おうとしたとき、イエズス会のビッテル神父が進言した言葉がある。考える材料として、ドイツ人神父の言葉をあげておこう。

「いかなる国家も、その国家のために死んだ人びとに対して敬意をはらう権利と義務があるといえる。それは戦勝国か敗戦国かを問わず平等の真理でなければならない。……もし靖国神社を焼き払ったとすれば、その行為は米軍の歴史にとって不名誉きわまる汚点となって残ることであろう。……靖国神社が国家神道の中枢で、誤った国家主義の根本であるというなら、排すべきは国家神道という制度であり、靖国神社ではない。……いかなる宗教を信仰するものであろうと、国のために死んだものは、すべて靖国神社にその霊をまつられるようにすることを、進言する」。

神社に霊を祀る我々の心的メカニズム

我々が死者の霊を神社に祀る心的メカニズムについて。我々は死者を神とみる。では何故、我々は死者を神とみることが可能なのであろうか。

菅原道真公を例にとれば分かりやすい。道真公は政治家としても右大臣にまでなった人であり、学問に秀でていたことで知られている。道真公が死んだ。すると我々の人間観から、道真公は大自然に還ったと考える。大自然は神道という自然観から神である。即ち、大自然に還ったということは神の領域に還ったことになる。すると八百万の具象神の一つの「天神」という神になる。天神という名称が付けられたのは道真公の場合だけで例外であろう。乃木神社の乃木大将のように一般的には神としての名称をもたない。道真公は、当時の人達にとって特別な人格だったのだろう。

では私のような一庶民が死んだ場合どうなるか。道真公と対比してみよう。私も死ねば神の領域に還ることは道真公と変わらない。しかし私は神にならない。我々は意識下の奥深いところで、人はみな神の領域に還るので神になると考える。しかし私のような庶民は意識上では神にはならない。我々は自然観と人間観によって、意識下において人は死ぬとみな神になる。この前提があって、道真公のように学問もあり徳も高かった人だけが意識上で神となり祀られる。

私は寡聞にして知らないが、道真公の墓はどこかにあるはずである。墓は菅原家のものである。我々は道真公のような学問もあり徳の高い人を菅原家の人に限定しないで、身近に置いて共有したいと考える。すると大自然という神の領域に還っていった、その大自然の天神様の周囲の大自然を切り取り地上に据える。即ち、大自然の形象化である天満宮という神社、「大自然」の「社」にその霊を祀る。これでまた、我々は道真公を単なる歴史上の人物でなく、何時でも身近な存在として共有できるのである。

私は神社の評論家ではないので、多くの古い神社、即ちお稲荷さん、八幡さま等については何もかも知っているわけではない。お稲荷さんに何が祀られているのか、何故狐がいるのか。宇佐八幡は有名な神社であるが起源等については知らない。しかし、死者を神社に祀る心的なメカニズムは右に述べたように考える。そして近代にいたっても、このことは変わっていない。

我々が道真公と同じようにみてきた人物に弘法大師空海がいる。弘法大師は仏教の世界ではもとより、学校を作り辞典を編纂し、四国満濃池を修復完成させるような土木技術にも精通していた人物である。私の朧気な記憶に、九世紀最大の科学者と評した欧米の学者がいた。大師は仏教世界の人、神社に祀るわけにはいかなかった。そこで仏閣の「大師」に祀られた。これは三番目の仏教で、神道になった仏教である。祀るメカニズムは、道真公と何ら変わらない。

我々は古い時代には、道真公、弘法大師のような優れた、あるいは尊いとみられた人を神社仏閣に祀り、時間を越えて身近に共有してきた。近代にいたって我々は、それまでにはなかった新たな国家という価値をもつようになった。そこで、新たに生まれた価値に基づいて国家に尽力したり、国のために死んだ人を祀るようになった。近代に作られた神社をみてみよう。

明治神宮、最大の初詣の人が訪れる神社。大正時代に明治天皇を祀るために建てられた。

明治という時代は国難の時代でもあった。民と共に近代国家を作るのに尽力された天皇が祀られた。東郷神社、乃木神社。日露戦争は世界史的にみても画期的な戦争であった。白人と有色人種が戦争をして有色人種が勝った戦争であった。東郷元帥、乃木大将が祀られた、靖国神社。維新前後から近代国家につくし、またそのために死んだ人達が祀られてきた。

ここで、もっと古いと思われる浅間神社に祀られているコノハナサクヤ姫。我々は古い時代から、祀る心的メカニズムは変わらないので一応みてみよう。

コノハナサクヤ姫は、記紀の神の時代に登場しニニギノ尊と結婚した姫である。記紀には多くの姫が登場するが、コノハナサクヤ姫は神武天皇以降の人の時代に登場する姫とは違う。神武天皇以降の姫は銀座、新宿の姫と同じ世界の住人である。しかしこの姫は神の領域に住む姫である。大自然の具象神、山の具象神である。山の具象神であることは、富士山の麓に祀られているから、また父親の大山祇神の名称からも分かる。豊玉姫、玉依姫が海の具象神として考えられているのと同じである。

この姫が祀られたのは、優れた、尊い価値の根源である大自然、その具象神であるからだろう。この点は弘法大師、道真公と似たようなものである。一つの違いは、神の領域に住む姫であるから、この世から神の領域にゆく工程が省かれていることである。

時代が変わっても我々は、何らかの価値を認め、その価値を体現した人物等を神社に祀ってきた。その心的メカニズムは古代から現在まで何ら変わっていない。

神社に霊を祀る心的メカニズムをみてきたが、次に祀るという意味をもう少し深くみてみた。「祀る」という言葉には、慰める、崇める、祈る、という意味が含まれていると考える。すると祀るということは、「追悼」、即ち死者を偲んで悼み悲しむ。「顕彰」、功績等を世間に知らせ彰らかにする。「祈り」、祀られている人への祈り、即ち時代の価値を体現した人への祈り。あるいは価値そのものへの祈り。道真公の場合であれば、学問という価値。東郷元帥、乃木大将の場合、武という価値。靖国神社の場合、国家という価値。

では何故我々は、追悼、顕彰、祈る場所が神社でなければならないか。我々の自然観、人間観から神社に祀るのであるが、前に述べたように我々は光背を備えた仏像であり、大自然と切り離せないから、大自然の形象化である神社でなければならないのである。太古から変わらずに一貫して神社に霊を祀ってきたのは、暗黙知の知の領域において、我々は大自然と人が密接不可分で切り離せないからである。伝統を見失うと惨禍を招く。

次に神社の多様な面をみてみよう。

まず「祀りの場」としての神社。今述べてきたように、追悼の場、顕彰の場、祈り・感謝の場としての神社。

二番目が「祈り・感謝の場」としての神社。この場合の神社は、「祀りの場」としての意味はほとんど薄れる。多少重なるのが天神様くらいだろう。即ち、祀られている人への祈り・感謝ではなく、前に宗教についてのところで述べたように、生命の連続への祈り・感謝の場である。

明治神宮へ初詣に訪れる多くの人のうち、半分くらいあるいはそれ以上ではないかと思うが、誰が祀られているか知らないと思う。知っている人でさえ明治天皇に祈る人は皆無に等しいのではないか。まして浅間神社、八幡さま、住吉大社に誰が祀られているのか、知らない人のほうが圧倒的に多いだろう。知らなくてもいいのである。我々はこの場合、祀られている人に祈るのではない。生命の連続への祈りと感謝の場として神社であるから。我々は生命の連続が光背、即ち大自然と密接不可分で切り離せないから、祈り・感謝の場はどうしても光背、大自然の形象化である神社でなければならないのである。

三番目が鎮守の森としての「自然との共生の場」。この場合、「祀りの場」、「祈り・感謝の場」としての意味はほとんどなくなる。都心に作られた明治神宮を中心にした広大な明治の森。憩い、癒しの場であったり、スポーツの場でもあり、広大な鎮守の森でもある。いわゆる環境問題の解決の一つの糸口として、伝統の知恵である里山と共に見なおされつつある。

なお桜のある鎮守の森は、お花見の時には憩いの場、自然との共生の場でもあるが、もっぱら「酒との共生の場」になる。そしてそこで、酒に祈りつつ酒への絶大な感謝を表すのである。

戦争の残虐性

次に、戦争そのものを論じるにはあまりにも大きなテーマになりすぎるし、私の手に負えない。そこで戦争のもっている一面である残虐性、残忍性について考えてみた。

アメリカのリンドバーク氏は、何かと有名な人物であり日本とも関わりが深い人でもある。リンドバーク氏は戦争中、反戦的な言動をとった。有名人である故に、反戦的な言動は大統領の目にとまり大統領ににらまれた。何故リンドバーク氏は反戦的になったのか。それはアメリカ兵による日本兵、日本人捕虜への残忍な行為を嫌というほどみたためであった。日本人の頭蓋骨を持ちかえるということもかなり行なわれていた。またイギリス兵による日本人捕虜への残忍な行為もある。

また大陸の通州にいた日本人居留民数百人が、中国人により残虐な殺されかたをした通州事件というものもある。テレビで時々みる中国人が日本人に殺されたと言っている場面。しかし日本人もこの通州事件に限らず、あの時期中国人に殺された人も少なくない。我々は関係者も含めて半世紀も前のことを語りたがらないだけである。またメディアもそのような日本人を取材しないだけである。

旧ソ連による日本人のシベリアへの連行。これは終戦後に行なわれたのであるから、捕虜でなくまさに強制連行、強制労働である。極寒の地で多くの人が死んでいった。ヨーロッパにおいても、ドイツ人、ロシア人による婦女子の凌辱、残忍な行為はいくらでもある。

人というものは人種国籍を問わず、こうも残忍、残虐なことができるのか。アジア太平洋戦争、ヨーロッパにおける第二次大戦のなかだけでも残忍、残虐な行為は、資料を探せばいくらでも出てくるだろう。

我々日本人がアジア太平洋戦争において残虐な行為を行なった。その証拠を集めればいくらでも集まるだろう。日本人が残虐な行為を行なわなかったと思っている人がいるならば、それはあまりにも人というものを知らなすぎる。日本人も他の国の人達と同じような残虐さ、残忍さを十分持ち合わせているのである。人はあらゆる悪、あらゆる善を表出する可能性をもって生きているのである。もし片方の面しかもっていなかったら、魑魅魍魎の類かと思われても致し方ないだろう。日本人もアジア太平洋戦争において、その個々の人間がもっている悪の面を遺憾無く発揮した面があったと思うのである。

もし日本人が人類共通の悪の面をもっていなかったら、日本人はみな、もうこの美しい我が列島に住めなくなってしまうのである。では何処に住まなければならないか。そう、世界各国の博物館のガラスケースのなかに住まなければならないのだ。そこには、こう書かれているだろう。「日本人　人類共通の残虐性、残忍性を欠落した人類の珍種」。

我々日本人も人類共通の悪をもっていることは、太古から現在に至るまで一貫しているのである。そうであればこそアジア太平洋戦争において、その悪しき面が現れても何ら不思議ではない。戦争という人間がもっている好ましくない面を発揮するのに都合がいい状態のなかで、日本人の皆がみな高尚な精神を発揮できるわけではない。

確かに日本人が悪い面を発揮したことがあっただろう。しかしそれは人が個々にもっている悪しき面にすぎず、決して文化、伝統としての残虐性ではなかったということである。その証しは前に述べた通り、我が国の歴史のなかには流血と殺戮の文化、伝統をもっていないからである。我が国の最大の殺戮者、織田信長はわずか三千人を虐殺しただけで伝統に葬り去られてしまうのである。

私は物事をできるだけ多面的にみるという性癖があるというか、またそうしないと何となく気分が落ち着かなく、イライラしてしまうところがある。アジア太平洋戦争における日本人の悪しき面をみれば、やはり日本人としてあまりいい気分はしない。そこでどうしても自分のなかでバランスをとるためにも、日本人がもっている善い面をみざるを得ないのである。また日本人もそう捨てたものではないと思う。そこで、そのような面をみることにする。村上兵衛氏の簡潔な文があるので参考にさせて頂く。

それは二十世紀初頭、中国大陸で起こった「北清事変」である。北京にある列国の公使館が「義和団」に襲われ、やがて清国も義和団に加わり宣戦を布告、公使館を含む地域は清国軍の攻撃を受けて、百日の篭城を余儀なくされた。欧米十ヵ国と日本の公使館地域一帯に住む人達の命が風前の燈となったのである。即ち、十一ヵ国の連合軍の防衛線が破られ、清国軍の侵入を許せば、そこに避難していてた民間人、婦女子は凌辱され、多くの人達が虫けらのように殺されることは明らかであった。

ヨーロッパの視線が北京に集中し世論が沸騰した。北京の公使館員、居留民が全滅し、婦女子が凌辱された、という噂まで流れた。各国は日本に出兵を要請した。おまえの国が近いのだから救出に向かうべきだということである。特にイギリスの強い要請、費用は負担してもいいという要請を受けるにいたって、日本はやっと重い腰をあげ出兵したのである。『タイムス』紙は、「この危機に際して日本出兵に反対する国は、人道の敵である」と論じたという。

この百日間の篭城戦において、日本公使館付武官、柴五郎陸軍中佐の指揮の下に、日本軍の見事な戦いぶり、勇敢さを発揮した。日本軍は自国の軍区だけでなく、他の手薄になっている軍区にも馳せ参じたのである。日本軍の粘り強さ、勇敢さに対する賛嘆と信頼の声は連合軍将兵、外交官、居留民のあいだに広がってゆき、日本軍は絶大なる信頼を得たのである。イギリス兵はいちばん勇敢で強いと自負していて実際にそうであったが、彼らも「しかし、日本軍は我々以上だ」と認めざるを得なかったという。

『北京篭城』を著したP・フレミング氏は次のように記している。「戦略上の最重要地である王府では、日本兵が守備のバックボーンであり、頭脳であった。日本を補佐したのは頼りにならないイタリア兵で、日本を補強したのはイギリス義勇兵だった。

日本軍を指揮した柴中佐は、篭城のどの士官よりも有能で経験ゆたかであったばかりか、誰からも好かれ、尊敬された。……日本人の姿が模範生として、みんなの目に映るようになった。日本人の勇気、信頼性、そして明朗さは、篭城者一同の称賛の的となった。……」

なお柴中佐は、中国語、英語、フランス語に堪能な人物でもあり、中国の事情にも詳しかった。それ故、連合軍の指揮官たちの意志の疎通をはかり、戦闘計画に食違いが起きると、みなは柴中佐の判断を乞い、それに従った。そしてコロネル・シバの名は、西洋で知られる最初の日本人の固有名詞になったという。

さらにイギリス公使館内に開設された野戦病院では、負傷した日本兵は物静かで、沈痛な表情一つ見せず、周囲を明るくしようと努めていた。彼らの看護にあたっていた日本の婦人たちとの様子は、明るく和やかで日常の振る舞いと何ら変わらなかった。長い篭城の危険と辛苦によって発狂寸前の欧米の人達もいたが、この日常と変わらない明るく和やかな雰囲気は、周囲の人達に安心と安らぎを与えた。

連合軍の反攻によって北京が解放され、清国軍は市中から掃討されたが、群盗と化した暴徒が放火、窃盗、強盗、掠奪をはたらき、連合軍の兵士のなかにも暴徒と同じような行為をする者がいる有様であった。そのなかにあって、最も良く規律が保たれていたのは日本軍であった。

そして最初に治安が回復したのは日本軍区であった。治安が回復するや、民政、即ち地元の有力者に統治させ、良民の「保護証」を発行して、商店には仕事を始めることを奨励した。その結果、日本軍区は日毎に賑わい始めた。日本軍区の治安の良さと繁盛ぶりは、市民だけでなく連合軍のなかでも評判になった。そのため他の軍区から日本軍区に移り住む市民も少なくなかったと言われた。

この時、アメリカの将官が日本軍の勇敢さ、規律の良さ、軍区の治安の良さは何故かと問いに来たと言う。欧米十ヶ国のなかで、そのようなことを尋ねに来たのはアメリカだけだった。アメリカもなかなかいいところがある。そしてこの話には続きがある。

湾岸戦争のとき、我が国も遅ればせながら自衛隊の機雷掃海部隊を派遣した。任務が完了し、各国の部隊はドバイ、バーレーンなどの寄港地に寄って帰途についた。寄港地での自衛隊のマナーの良さが評判になった。他国の水兵が暴力事件はもとより酔っ払ってトラブルを起こしたり交通事故を起こす。これは軍隊のもつ伝統の一面でもある。

そのなかにあって自衛隊は一件の問題も起こさなかった。それどころか礼儀正しい、安心だということで寄港地のタクシーの運転手は自衛隊員を乗せたがる。街の市場でも歓迎される。北清事変のときと違って湾岸戦争のときは、各国海軍の指揮官が、何故自衛隊はトラブルを起こさないのか、どんな教育をしているのかと尋ねた。

軍隊の規律と組織による治安の安定は我が国の文化、伝統なのである。現在、以前よりも多少治安が悪くなった面もあるが、それでも諸外国に比べれば最も治安のいい国のひとつなのである。そして我々日本人が個々にもっている残忍性も永久に失われないだろう。一方文化、伝統としての軍隊の規律、治安の良さは、これからも伝統のなかに脈々と流れ続けるだろう。

我々はアジア太平洋戦争において、等級を付けて頂いた人達を含め三百万人の同胞を失った。その人達の思いと願いを考えてみた。最早もの言わぬ人達である。その思いも願いも聞けない。その気持ちを読み取るしかない。二度と戦争をしない、という気持ちを読み取ることは誰にでも容易にできる。

そこで、二度と戦争をしないという気持ちを読み取った結果を考えてみた。過去にある戦争があった。一応二千年前のある戦争としておこうか。ある家族がいた。夫であり父親である人がその戦争で死んだ。その家族の悲しみは容易に想像できる。その心情は時空を越えている。幼い子供を残して死んだ愛する夫への妻の心情。その妻の二度と戦争をするな、という気持ちは容易に想像がつく。二千年このかた、数えきれないほどの戦争があった。数えきれないほどの戦争と同じ数の二度と戦争をするなという思いがあった。

そこで、等級を付けて頂いた人達を含め三百万人の人達の二度と戦争をするなという思いを越える思いを読み取りたい。私でなくとも誰でも思いつくのは、死んでいった人達が後世の繁栄を願ったであろうこと。自分は死んでいくが、残った後生が何らかの意味で繁栄してほしいこと。

さらに私は思う。現実をみよ。戦争も平和も現実から生まれる。生の現実が戦争、平和の生みの親である。何ものにもとらわれず生の現実をみなければ、戦争も避けられず平和も達成できない。後世の平和と繁栄を守るため戦わなければならないときがあるかもしれない。その時には、決して負けるな。何故負けてはいけないか。負ければ、悪しき軍国主義者の烙印を押されるか、為政者にだまされた愚か者と思われるからである。我々は軍国主義者でもなかったし、為政者にだまされるほど愚かではなかった。最善の策は戦わずに勝つことである。そのために全思考をめぐらし、万全の現実的な対策をとれ。

日本とドイツの違い

さて、幕末、明治からの百年ほどをみてきたわけであるが、そろそろ終わりに近づいてきた。簡単に二つのことを述べて終わることにしよう。

日本とドイツの違いはその都度述べたきたが、戦後補償の違いについて。ナチスがユダヤ人に行なった犯罪は、本来の戦争目的と何ら関係がないということ。地域内にゴミ処理施設を作るのに猛反対する人達がいる。大々的な殺人および死体処理施設を作るのに反対が起こらないわけがないだろう。近代国家で平時に、このようなことを行なうのは不可能ではないだろうか。ナチスの犯罪は戦争中に行なわれているから紛らわしい。戦争遂行に必要ではなかったはずである。真面目に戦争だけをやっていればいいのに、平時にできない余計なことをしたのである。要するにナチスの行なった犯罪は、戦争のようなどさくさに紛れてしかできないということである。戦争を利用した犯罪なのである。

捕虜の虐待等のいわば通常の戦争犯罪。大戦後に作られた人道に対する罪、平和に対する罪。この二つをまとめて戦争犯罪とすると、ナチスの犯罪はこれと別のものと考える。戦争を利用した犯罪なので、これを「特殊な犯罪」として、戦争犯罪とは分けて考える。

ドイツが補償したのは、この「特殊な犯罪」についての補償であり、戦争犯罪については補償をしていない。個人補償も行なった。しかし近隣諸国への戦争犯罪に対する補償を行なっていない。それどころかドイツは、戦勝国側も戦争犯罪を犯していると言っている。何と堂々たるものではないか。だからドイツからすれば、戦勝国も犯している戦争犯罪について、何故敗戦国であるからといって補償しなければならないのか、ということであろう。

将来において、ドイツは近隣諸国から戦争犯罪に対する補償を求められる可能性をもっているのである。その時、こう言われる可能性もある。「日本が補償したようにドイツも補償しろ」と。

中国人について一言

次に中国人について一言。白髪三千丈、一瀉千里の中国人はいったい何処にいってしまったのだろう。

我が国のODAを国民に公にできないように懐が狭くなり、一時期の日本人だけが行なった残虐行為を展示館で展示するようなちっぽけになってしまったのか。魏志倭人伝に、魏帝の恩寵を広く知らしめよとあるではないか。他国にはそれを求めても、自国では行なわないのが古くからの伝統であったのか。また、人間のもっている残虐な行為を知らしめるならば、人間、いや人類が今まで行なってきた総ての残虐行為を壮大なスケールで全世界に開示するのが、大中華の漢民族ではなかったか。

さらに、南京の三十万という数字には少々驚くのである。中国人は何時から、三十万というような、ちまちました数字に目が向くようになってしまったのか。インド伝来の最大の数字は無量大数である。南京無量大数の虐殺ほうが中国人らしく思えるのだが。

これをもって、アジア太平洋戦争を軸にして、幕末における欧米との出会いから現在までを述べてきたのであるが、この百年ほどを私なりに締め括ってみよう　我々は猿になったと思えば怪獣にもなった。また私は野生動物にたとえた。今度は我々をモグラにたとえ、欧米人をゴリラにたとえて締め括ろう。ゴリラがモグラ叩きゲームをしている。

ゴリラは叩くのが好きなようである。モグラは「したたか」であるからあっちこっちに穴を掘って頭を出す。ゴリラが叩く。モグラはこっちの穴で頭を出して叩かれると、素早くあっちの穴から頭を出す。まあ、考えてみればどっちもどっちである。もうそろそろそのような単純なゲームを止めにしてはどうか。同じゲームをするなら、もう少し知的なゲームをしてはどうか。歴史が大きくうねっているときに、はたしてゲームなどしていていいのだろうか。

戦後の頭の中の空洞化現象

近代西欧との出会いからアジア太平洋戦争までをみてきたが、これから、戦後の約半世紀における現在の個別の問題を論旨の範囲内で述べる。何故社会党は消滅したのか、天皇の存在と主権在民が矛盾するかどうか、憲法、男女別姓について述べるが、その前に二つのことを述べる。

一つは、戦後日本がダメになったと言われるが本当にダメになったのかどうか。ダメになったのなら、その原因は何か。またその結果としての現在の状態。

もう一つは、現在日本の混乱の一つの大きな要因である、欧米の概念で我が国の文化、価値をみると日本が分からなくなるということ。この主題の含む範囲は広く、またこの論の核心をなす部分でもあり、個別の問題よりもだいぶ長くなるだろう。そしてこの主題の本質は二つの文明、即ち言語技術文明と経験技術文明との違いを明確にすることにある。

まず、現在の日本がダメになったかどうか。メディアを含めた多くの人が日本がダメになったと言う。確かに景気も今一つぱっとしない。官僚の腐敗、凶悪で怪奇な事件が起こり、家庭崩壊が言われ、治安も悪くなった。暗くて憂鬱なことばかりである。しかし私はそれほど心配していない。

バブルの時のような景気は何百年に一度のものであり、過去にそれを求めれば元禄のバブルだろう。低成長というのが安定した社会の姿と考える。「役人の子はにぎにぎをよく覚え」と言うように、官僚が不祥事を起こすのは何時の世でも同じこと。怪奇な事件は何時の時代にもある。家庭崩壊と言うけれど、日本中の多くの家庭が崩壊したらまず治安面に現れる。日本中のいたる所で、若者が地べたに座り、強請《ゆすり》たかり親父狩りが始まる。現在、若者が地べたに座りたむろしているのは、都会の一部で散見する程度あろう。

時代が大きくうねるときには、ダメだと思われるような現象が一定量だけ増える。しかし大部分には及ばない。少なくとも現在の日本の大部分がダメになっているとは思わない。例えば、官僚が不祥事を起こせば、メディアで騒がれ大部分の官僚が悪いような印象を受ける。しかし日本の将来を真剣に考えている官僚のほうが圧倒的に多い。また多くの日本の国家公務員も地方公務員も、どこの国の公務員にも劣らず粒揃いでなかなかの人達であろう。

我が国の長い歴史のなかでも、歴史が大きくうねるときには、その時期固有の原因により社会不安を引き起こすような現象が増えたのではないだろうか。しかし過去のことは分からない。現在の一定量増えたダメな現象は決して好ましいことではない。また多くの人がダメになったと言うことにも一理ある。現在固有の原因があるのではないか。そこで私なりにその原因を考えてみた。

産業の空洞化が言われて久しい。私は経済の評論家ではないので、我が国の産業が空洞化しているのかどうか分からない。日本人がダメになったのは、まさにその空洞化のためである。空洞化と言っても産業の空洞化ではない。では何が空洞化したのか。我々日本人の頭の中が空洞化したからである。では何故日本人の頭の中が空洞化したのか。それは敗戦のショックである。我々にとってあの敗戦は歴史上空前の経験であった。同胞三百万人を失うというようなことはかつてなかった。この大きなショックをたとえてみよう。

大きな力で頭をガツンと殴られたようなもの。このときの頭の中をみると、大きな力の衝撃により、脳が多少一方に寄ってしまった。脳が圧縮されたようになり、その横に空洞化した部分ができたのである。考えるということは脳細胞を通ることであるが多少の抵抗がある。その時に隣に空洞化した部分があると、こちらは抵抗がないからすべて空洞化した部分に入ってしまう。「平和」という言葉を考えてみよう。

本来空洞化した部分がなければ、平和という言葉は脳細胞の中を通るから、程度の差はあっても平和とは何か、平和について諸々のことを考える。またその対極にある戦争とは何か、ということについても考える。しかし脳細胞を通るには抵抗がある。そこで平和という言葉は、抵抗のない空洞化した部分に入ってしまう。すると空洞化した頭の中で、平和がカラカラ、カラカラ音をたてて回っているだけである。空洞化した部分は入るにしろ出るにしろ抵抗がないから、またすぐ飛び出してもいく。即ち、平和国家、平和憲法、挙げ句の果ては平和ファッション、平和料理。今、平和ファッションで身を包み、平和料理を食べている一人のサラリーマン氏の一日をみてみよう。

朝食は洋式として、平和印のパンに平和印のバターをつけ、平和農園で作られた平和印の牛乳。平和印の卵を目玉焼きにして、平和レタスを添える。いよいよ出勤。平和印のワイシャツにネクタイ。当然スーツは平和スーツ。多少のお洒落をして、靴と靴下は平和ブランド。最寄りの駅に着いたとき、通勤時の駅の雑踏のなかで、突然暴漢が刃物をもって暴れだし、何人かの死傷者がでた。気の毒にもそのサラリーマン氏も刺されて亡くなってしまった。警察の検証の結果、使われた刃物は平和産業製の平和印の刃物であった。このサラリーマン氏はまことに平和に包まれて殺されたということになる。

ちなみにレーニンという人は、安易な平和主義者を「役に立つ白痴」と呼んだ。「白痴」というのはこの場合、「愚か者」というような意味と考えればいいだろう。積極的な侵略政策をとる国にとって、相手の国に「役に立つ白痴」を作っておけば、侵略者の先導者となって侵略しやすいのである。そしてヒトラーがこの手を使ったのである。ヒトラーは侵略していった先々で、平和、平和、平和を叫んだのである。これにはイギリスもフランスも引っ掛かってしまった。平和という言葉に弱いのは、必ずしも日本人だけではないようである。また侵略はともかく、相手の国に「御尤もです」という「役に立つ白痴」を作っておけば、その国を意のままに操れるのである。

平和な状態は好ましいものである。しかし平和という言葉は恐ろしい言葉でもある。一方戦争状態は好ましいものではないが、戦争という言葉は平和という言葉ほど陥穽に満ちていない。

次に脳そのものをみてみよう。脳は多くの脳細胞の集まりである。そしてその細胞にはみな何本かの足のようなものがあり、すべての細胞がそれぞれの足で繋がっている。大きな衝撃を受け脳そのものが圧縮されたような状態になっている、ということは脳細胞の足の繋がりが短絡したことを意味する。この脳細胞の短絡化が思考のうえに現われたのが思考の短絡化である。即ち、軍事力即戦争である。軍事力をもつことと戦争の間には多く判断がある。また過去に、軍事力をもっただけで戦争になった例はないと考える。戦争は多要因現象であり、戦争にいたるまでには多くの判断がある。このように頭の中の空洞化は思考停止を意味し、多少思考が働いても思考の短絡化を起こしやすい。

では、この頭の中の空洞化が日本人にどの程度働いたかをみてみよう。まず日本人の全体に働いた。その例をあげよう。北朝鮮による拉致である。北朝鮮による人権蹂躙と国家主権の侵害に対して、我々はみなおしなべて無反応であった。そして、頭の中の空洞化にはかなりの程度の差があった。これを風に吹かれる木にたとえてみよう。

縄文時代一万年という大地に生えた大木がある。大木の幹が我々庶民。枝葉がそれぞれの専門分野の人達。強風が吹いても幹はそれほど揺れないが、枝葉の揺れは大きい。幹である我々庶民は、それほど揺れなかった。枝葉のメディア等の揺れは大きかった。北から風が吹けば南に流れ、南から吹けば北に流れた。しかし枝葉には利点がある。幹である我々は幹そのものはみえない。枝葉からは距離をおいて幹がみえるのである。即ち、我々は伝統そのもののなかにいるから、客観的に伝統をとらえられないところがある。それに反して枝葉からは幹を客観視できるのである。そして我々の伝統とは何かを、我々民に知らせるのもメディア等の一つの使命ではないだろうか。

頭の中の空洞化の原因である敗戦のショックから約半世紀がすぎた。では現在の情況はどうなっているだろうか。頭の中の空洞化は徐々に収まりつつある。この論のキーでもある約半世紀。外部のものを取り入れて自家薬籠中のものにするのに半世紀。取り入れたが伝統に合わないため排出するのも半世紀。我々のもっている、いわば歴史のサイクルと言うような働きによって頭の中の空洞化が収まりつつある。

現在の我が国の位置は、明治からの約百五十年という一つの時代の終焉と新たに始まろうとしている時代の分岐点というか、時代の曲がり角にいる。我々は千年ほど前に大陸の言語文明に出会いそれを吸収しながら、一方では我々の伝統への熟視が始まり、長い時間をかけて経験技術文明として綜合してゆき、我々の近代を作り上げた。そして百年ほど前に言語技術文明に出会った。歴史をみれば、再び伝統への回帰が始まり、それらを綜合していく課程にあった。

ところが近代西欧との出会いの結果であるアジア太平洋戦争。その敗戦の結果、我々はおしなべて頭の中の空洞化を起こしてしまった。そのために綜合する作業が中断してしまった。しかし我々の歴史のサイクルである半世紀がたって頭の中の空洞化が終息に向かいつつある。現在、完全に空洞化が収まったというわけではない。それは雨上りにできた大きな水溜まりが、日の光で水溜まりが消えていくが、あちこちにまだ水溜まりが残っているのに似ている。

では、残っているその水溜まりはどのようなものか。その一つを例にとれば、このようなものであろう。もともと空洞化した頭から出てきたものだから思考がない。思考がないから理論になっていない。即ち、「欧米の個人主義」、「フェミニズム」、「ジェンダー」等の欧米の概念をもってきて継ぎ合わせただけである。言葉をもってきて継ぎ合せるだけだから思考の必要はない。

また、それらの欧米の概念には、共通の認識にいたる定義がない。我々日本人の血肉になった定義がない。だから正体不明な言葉でもある。正体不明なものを継ぎ合わせただけだから、出来上がったものは正体不明な化け物のようなものである。そしてそれがけっこう世の中で幅を利かせている。時代が大きくうねるときにの混乱と同時に、我々はおしなべて頭の中の空洞化を起こしてまったのだから致し方ない。しかし淀んだ水溜まりも、空洞化が納まるにつれて消えていくと考える。

頭の中の空洞化が収まるということは、再び伝統の知恵への回帰が始まり、それらを綜合してゆくときがきたということ。本来、大戦までの先人が行なうことであった。しかし先人達は、いわば歴史が課した重圧というようなものを受けていた。即ち、人種偏見をともなった欧米の征服欲。明治からの約百年ほどのあいだ、我々はこの歴史が課した重圧というものを受けていた。先人達はこの重圧をはねのけるために懸命だったのである。そのため彼らの文明を強壮剤として取り入れるしかなかった。そして大戦後、述べてきたように表面的にはこの重圧がなくなった。先人ができなかったことができる時代がきたということである。

先人達ができなかったことは、近代西欧が作り出した言語技術文明を強壮剤としてではなく真の栄養素、即ちその文明の本質を見つめ直すとともに、我々の伝統にもいっそう目を向けて、両者から知恵を導きだし未来を切り開いてゆくことである。現在の我々は、未来を切り開いてゆかなければならないような時代の変わり目にさしかかっている。約半世紀という歴史のサイクルがあり、その上は何百年というサイクルが我々の歴史のサイクルなのである。その大きな時代の変革期に入りかけているのである。

そこで、我が国における時代変化がどのような現れ方をするかみてみよう。谷沢永一氏がその変化を鋭く指摘しているので、それからみていこう。

「日本において時代変化という場合、いつでもあまり劇的な大変化ということにはならない。ジワリジワリと次の時代を準備する風潮が出てきて、気がついたら、アレ、皆が変わっていた、という変わり方。これが日本的な時代変化の形である。

どこからともなく潜在的に、次の時代を準備する思想、言論、思潮が、時代を先取りする形で、底辺から芽生えてくるのだ。たとえば近世の考え方は、すでに室町時代に芽吹いている。明治維新を遂行する原動力となった思想は元禄時代に発し、享保年間にははっきりと理論化されている。」

「現在の言論界は、我が国の中でいちばん遅れたところだ。いつでも事柄の変化の最後か、万事すんだ後にやってきて、変化を追認し、映倫の審査よろしく、これなら結構と評価し、合法化する。日本の言論界の役割はそこに尽きている。実際に有効な言論は、実はそうした確認の発言より、常に先行している。

ただ、表立たないにすぎない。西欧における哲学や社会思想は、言葉で言い表されたもの、すなわち論文や書物による主張が、そのまま時代変化の象徴となっている場合もあるようだ。」

谷沢永一氏のこの洞察はなかなかなものである。我が国の時代変化は、表立たずに底辺から芽生えてくる。私は、谷沢永一氏の洞察を述べるために引用したのではない。頭の中の空洞化と大いに関係があるのである。

　我々は時代の地殻変動期と言うような大きな時代変化のなかにいる。その時代変化のなかで、我々はおしなべて頭の中の空洞化を起こしてしまった。その空洞化が我々のもっている歴史のサイクルによって終息に向かいつつある。私は空洞化が収まることは、伝統の知恵への回帰の始まりであると考える。

　そこで、頭の中の空洞化が収まりつつある現象と、それが伝統の知恵への回帰の始まりであると考える現象をあげる。これから述べるそれらの現象は、大きな地殻変動の何十万分の一、何百万分の一かもしれない。それは私が一庶民であり、それらの現象を調べているジャーナリトではないからである。これから述べるような小さな現象が長い時間をかけて、表立たずに底辺から次々と相寄り相集まって、気がついたら、アレ、皆が変わっていた、というような変わり方をする。そしてそれは、我々の半世紀という歴史のサイクルの次の数百年という歴史のサイクルと考える。

　そしてそれらの現象は、どちらかと言えば小さな現象が多い。郵政とか年金のようなメディアで大きく取り上げられるものではなく、新聞の片隅に小さく扱われるようなものが多い。しかし、それらのことがらに携わっている人は、何か使命というようなものを感じて行なっていると考える。明確な使命感から、あるいはよく耳を澄ましてみると、どこからともなく、今これをやりなさい、と、わずかに聞き取れるかすかな声の場合もあると考える。これから述べるそれらの現象の内容自体にはあまり注釈はつけない。また、それぞれの現象は関連がないかの如く起こっているものである。

河川法が改正された。郵政、年金、拉致問題、靖国参拝、増税等で大騒ぎしているうちにひっそりと改正されたようにも思える。知らない人も多いだろう。

裁判所が特許侵害訴訟に関して、特許が有効か無効かの判定を特許庁の審判に委ねていたのが、裁判所がその判断をしはじめたこと。具体的には、富士通と米テキサス・インスツルメンツの訴訟。小野薬品工業が起こした訴訟については、「後発医薬品の開発を目的にした試験には特許権の効力は及ばない」とした判断等。これら一連の判決に関して、「最高裁が『思考』を活発にめぐらせ始めた」と森綜合法律事務所の末吉弁護士の弁がある。頭の中の空洞化が収まるという表現に似た表現である。

司法に関するものとしてあげれば、凶悪事件では加害者がプライバシーを侵害されたからといって損害賠償を請求する権利はない、との判断を示したこと。この事件は、当時十九の少年が通学途中の女子高生に包丁で切りつけた後、バスを待っている幼稚園児の集団を襲い、五歳の女の子を馬乗りになって刺し殺し、庇おうとした母親の背中にも包丁を突き立てて逃亡した。この少年の実名と顔写真を掲載したメディアがあった。それに対して少年は名誉毀損でメディアを訴え、二千二百万円の損害賠償を求める民事訴訟を起こした。その訴訟に対する大阪高裁の判断である。

ソプラノ歌手の藍川由美氏の『「演歌」のススメ』という本が出版されたこと。クラシック音楽を否定して演歌を賛美した本ではない。このような書名と内容の本が出版されたこと。出版に関するものとして、「民主主義」、「人権」等の欧米の概念、我々がその正確な意味を考えずに正体不明の言葉として使い、そのため現在の混乱の一要因となっている欧米の概念の由来とか正確な意味を表した本が出版されるようになったこと。

また養老猛司氏の『バカの壁』という本が出版されたこともあげておいてもいいかもしれない。新書としての発行部数の記録を塗り替えたことは、出版界としては大きな出来事かもしれない。それだけ多くの人に読まれたことは、表立たずに底辺からの起こる動きの一つの現象と考える。

女優の浅野温子氏が「日本神話への誘い」と題し、伊勢神宮でイザナギ、イザナミ、天の岩戸に隠れたアマテラスなどの神話を幕開けとして、全国の神社で神話の読み語りを行なっていること。彼女は次のような思いを述べている。「かつて生活に溶け込んでいた神話や民話が失われている。この文化財産を残していきたい。一応二十年を区切りとするが、生涯かけて全国の神社を回る覚悟」。

「森は海の恋人」という合い言葉のもとに、漁師達を中心に植林が行なわれていること。先人たちは豊富な植物性プランクトンをつくる森林が沿岸に豊富な漁場をつくることを知っていた。これに関連して、今までより多少林業に目を向け始めたこと。

漢字の増加、まだ人名漢字に限られたことだが、使用する漢字の制限がかなり緩和されたこと。言語、即ち国語は我々の思考の源泉である。

学校において、独創的思考の基礎と考えられる「読み書き計算《ソロバン》」に目が向けられるようになったこと。これに関連して、やはり学校における「朝の読書」がある。

多少治安が悪くなった街の安全を自ら守ろうと、地域住民による様々なパトロール組織が各地で組織され始めたこと。女性だけのもの、一人暮らしの老人宅の訪問などにも活動の範囲を広げているもの。新たなる共同体模索の萌芽。

以上の現象だけであるが、良識ある識者の言論は当たり前なのであえてあげない。わずかこれだけなので、やはり何百万分の一と言ったほうがいいだろう。このような小さな現象が表立たずに底辺から次々と起こり、思想も底辺から生まれ、気がついたら様変わりした社会が出来上がっている。これらの現象は、その大きな地殻変動のかすかに聞こえてくる地鳴りの響きに思える。

第五章　近代西欧と我々の文明の異同

思考のメカニズムの違い

現在の個別の問題を述べる前のもう一つは、欧米の概念で我が国の文化・価値をみると日本が分からなくなるということ。このことはまた、欧米の価値観で我が国をみると分からなくなることでもある。それ以前に、我々は欧米の概念そのものの明確な定義が分からないまま使っているための混乱もある。このようにこの主題の含む範囲は広いので、これから述べていくうちに、今までよりさらに主題から外れていく場合が多々あると思う。また少々長くもなるだろう。しかし論旨からは外れない。今までもそうであったが、締まりのない文脈になってしまうのは、私の頭のなかの理路が整然としていないからである。

この主題の本質は、近代西欧がつくった言語技術文明と我々の経験技術文明の違いを明確にすることである。文明が忽然と現われたわけではない。そこにはそれを作った人がいる。そこで、まず欧米人と我々日本人の思考のメカニズムの違いからみていこう。

「家賃の支払い」とそこに「住む」ということから考えてみる。今ここでは、それが高級なマンションか安い木賃アパートかを設定しなくても、これから述べる内容は分かるようになっている。我々にとって家賃を支払って住むということは常識と言ってもいいだろう。中学生にもなれば常識として理解できるはずである。

では欧米人の場合、どうなるであろうか。彼らは、抽象概念の「義務」としての家賃の支払いと、抽象概念の「権利」としての居住権というものを考える。その抽象概念の内容と具体的な事がらが一致したときに初めて常識となる。抽象概念と具体的な事がらとを瞬間的にすり合わせる。この瞬間的に行なうということは、脳のなかではかなり一般的に行なわれているようである。我々は、「きしゃのきしゃがきしゃできしゃした」と聞いた場合、瞬間的に「貴社の記者が汽車で帰社した」と理解するのである。ここに漢字の大切さの根拠がある。

欧米人の場合、我々より思考の行程が一つ多い。抽象概念というものがでてくるのである。このように彼我の違いが分かった場合、我々は今までどうしてきたかというと、だから日本人はダメなのだ、遅れていると言ってきた。明治から約百年、遅れているダメだと言い続けてきた。百年もやってきたのだから、もうそろそろ飽きてきてもいいのだが。ただ彼我の違いがあるだけで、遅れているとかダメだとかいう問題ではないのだ。

相対化とその弊害

そこでまず彼我の違いを対比すること、即ち相対化することとその弊害をみていこう。相対化することは、ものごとを考えるときかなり大切な方法なのだ。では相対化できる根拠が何であるかを考えてみた。欧米人の場合は、高いところに絶対神というものを想定しているから、そのもとでは総て相対化される。我々も欧米人と同じように相対化できる。絶対神をもたない我々が何故相対化できるのか。

自我と言われるものがある。犬とか猫というような実物があるものの概念は分かりやすい。しかし自我のような実物がないもの、即ち抽象概念は目に見えるものがないため掴み所がない。だから抽象概念を使うときには、共通の認識にいたる定義がないと、述べていることの意味が分からなくなる。他者が分からないというより、自分自身でさえ何を述べているのかが分からなくなってしまう。それを読んだ人はなお分からないだろう。

権利、義務、自由、平等、人権等、これらはみな明治の先人が翻訳した欧米の概念であり、既に我々の日常語になっている。日常語になっていながら、その意味が分からずに使っているために、現在の混乱の一つになっていると考える。我々は権利は主張するが義務はほとんど考えない。勝手気侭なことをすることが欧米の自由の概念なのだろうか。人権派の人達が、北朝鮮による人権蹂躙である拉致に懸命に取り組んでいるだろうか。

自我とは何か。実物をもって示せるものがない。そこで岸田秀氏の定義を使わしてもらうことにする。時間内の位置づけであり、人が最初の位置づけを獲得するのは家族であるという。父母がいて兄、妹、伯父とか伯母という関係のなかで自分の位置が分かる。人が明日に向かって一歩を踏み出すには、三つのものが必要と考える。強固な基盤があり、自分のいる位置がはっきりしていて、自分が何者であるか、その正体がはっきりしていること。自分の位置づけが、明日に向かっていく条件の一つということになる。

欧米人が相対化できるのは、神を想定したからと述べた。では何故神を想定すると相対化できるのだろうか。大海原のなかの船を考えてみよう。その位置が分かるのは、星であったり灯台の光である。欧米人にとって、言語知という知の領域における星、灯台の光が神である。神によって位置づけされている。即ち自我によって相対化が可能なのである。

我々は欧米人と比べると自我が弱いというようなことが言われる。弱いと分かるのは、欧米人の自我と我々の自我、即ち我々の位置づけが明瞭になったとき初めて可能になる。私達はそのような位置づけを考えてこなかったように思う。もともと明治以来、遅れているダメだということで、立っている基盤に目を向けようとしなかったために、我々がどのような歴史の延長上にいるのか、どのような伝統の延長上にいるのかが分からなくなってしまった。そしてその基盤の位置づけに目を向けなかったために、「欧米の個人主義」というような言葉だけを追いかけるようになり、我々の主体性の根拠が分からなくなってしまった。そのために我々の素性、正体が曖昧になり、どちらにどう一歩を踏み出したらいいのか分からない状態のなかにいる。

明治の先人達は、それなりに努力をしてきた。鹿鳴館に象徴されているような。これは方法が間違っていた。しかし我々は先人たちを非難することはできない。先人たちは劣等民族として食われないため最大限の努力をしてくれた。そのような努力のなかでとり得る悲しいまでの方法だったと思う。もしこの時先人達が、彼我の文明の違いに思考をめぐらしていたら、食われてしまっていて今日の日本はなかっただろう。そして大戦までの先人ができなかったことができるときがきたのである。

我々は明日に向かって歩んでいる。その向かっている明日が不透明になってきた。即ち言語技術文明が大きな曲がり角にきていて、革新しなければならない局面にきている。その文明をかなり使っている我々も明治以来の大きな曲がり角にきている。我々は漠然と明日に向かっていくのではなく、積極的に未来を切り開いていく局面にさしかかっている。未来を切り開いていくには、我々の経験技術文明に一層目を向け、彼らの言語技術文明を強壮剤としてではなく真の栄養素とするため、その本質を見極め、両者から知恵を導きだすことであろう。

特に、立っている基盤である我々の文明を見極めることが必要であると考える。祖先の人達が、どのような歴史と伝統を築き、何を規範にしてきたか。それらを見極めることによって、その基盤と我々の正体も分かるはずである。

我々の自我、即ち位置づけについては、この後の男女別姓のところで述べる。というのは、いま思考過程での彼我のメカニズムの違いから、相対化というものにおよんで、ここにいたってしまった。私は、この論を進めいくうちにもたえず自分の理路が整然としていないことを感じてきた。私なりに苦労しているのである。

そこで、相対化の弊害について。正、反、合、という前に述べたものとを使っていく。正を我々の経験技術文明、日本、日本人。反を言語技術文明、欧米、欧米人。両者から合としての未来を切り開くと考える。相対化をこの正と反ととらえて述べる。

相対化における一つ目の間違いは、正、反どちらかにに優劣をつけて、優と見た方に軸足を移し、一方を否定すること。これは、我々が明治以来やってきたことである。欧米が優れていて進んでいる、我々は遅れている、だから日本はダメなのだと。明治以来のこの意識のうえに、敗戦のショックによる頭の中の空洞化により一層拍車がかかり、我々の立っている基盤が分からなくなってしまった。そのため、現実に起こる諸問題にも明確な態度がとれなくなり、世界に向かって我々の考えも発信できなくなっている。

丸山眞男氏は学者として、日本への深い洞察をもっていた人であった。ところがそれにもかかわらず、日本は遅れていてダメだと言った学者ではなかったか。そこでまず、丸山眞男氏の日本への洞察をみてみよう。引用する。

「ぼくが日本神話を大切だといふのは、古代人の世界像とか価値判断のしかたが現われてゐる点です。考古学的事実史の上がいふと、ぼくはしろうとだけど、思想史からいふと、決定的に重要なんですね。記紀の話は事実としては作り話であつていいわけです。しかしなぜ作り話が一定の効果をもつたかが問題なんですね。膝に蚊がとまつて刺したなんていふ自然的事実より、嘘でも作り話でも人間の心のなかに意識された事実のはうがずつと歴史的意味がありますよ。」

「日本神話は古代の天皇制を合理化するためのイデオロギー的体系であるといふ目的意識的な面だけを見るのでなく、神話の素材には実際に日本の各地方でおこなわれてゐた祭儀とか、民間伝承とか、さういふものがすくなくとも出雲神話などにはあるわけですね。」「歴史といふものは現代の立場から過去を見通すものではあるけれども、それぞれの時代にはそれぞれの価値があつて、そしてその価値を中心にしていろいろなものが動いてゐる。さういふ時代固有の価値を認識するといふことが、いまの歴史から見失はれてしまつてゐるのぢやないか。さうすると人間が歴史の上に残してくれたいろいろな多様な現象が現在の歴史の上にどう働いてゐるかを考へるばあひ、あまり直接的になつてしまつて、過去の人がそれぞれの価値体系のなかで悪戦苦闘してきたのだといふ面が抜けてしまふのですね。それがないと歴史といふものはひじやうにつまらないものになつてしまふのではないか。それがいまの歴史教育の大きな欠点ぢやないか。」

「現在中心主義といふことは、逆説的だけれども、現在自身がわからないといふことになつちやふのです。」

日本への洞察と言うか、学者としての神話、歴史そのものへの深い洞察がある。このような深い洞察をもっていながら、日本はダメだとしてしまう学者が多いのである。反に軸足を移してしまっては、合としての未来は切り開けない。明治以来、我々はおしなべてこのような意識をもってきた。欧米が目標になった。だからこの百年間、欧米を越えて未知なる未来を開くような理論、思想を生み出してこなかった。

江戸時代の先人は違っていた。江戸時代がいわゆる封建的でもなく遅れていなかったことは、日本の学者の間では、即ち学問の世界では自明のことと思っている。しかしメディアを含めた我々が封建的で遅れていたと思っているにすぎない。江戸の先人達は、正を我々の文明とみて、反を中華文明とみた。主に春秋戦国の。先人達は、反に軸足を移さなかった。正としての我々の文明に軸足をしっかりとつけ、反としての春秋戦国の理論等を精緻にみつめた。そこから理論、思想を生み出した。だからこそ、反としての中華文明を越えて近代を築き得た。

スイス生まれの学者、ヘルベルト・プルチョウ氏の文を引用する。「日本の近代化は明治維新以降の西洋諸国との頻繁な折衝・接触から発展したものではない。すでに十八世紀後半から始まっていた。……私は日本の近代化は確実に、私が名づけるところの「徳川啓蒙期」に始まったと声を大にして言いたいのである」。これは前に述べた谷沢永一氏のもの一致する。

相対化のもう一つの間違いは、軸足を反から、その反がもっている神の立場に昇って移してしまうことである。神の立場に立ったのだから何でも言える。即ち、日本の政治家は三流でバカでチョンであり、民は愚かなのである。言いたい放題のことが言える。我が国のメディアがこの立場の指定席にいる。人は考える、しかし神は考えない。考えずにして全知全能であり、完璧なる宇宙秩序の体現者である。だから神ならぬ身の人がこの立場に立つとだいたい思考停止になる。また、この神は行為の主体ではない。欧米人は神を想定して、主体である人が相対化を行ない、神の秩序が何であるかを探求し近代を築いてきた。谷沢永一氏が「現在の言論界は、いちばん遅れていて、変化を追認」するだけ、と言った根拠はここにある。行為の主体である我々民が行なってきたことを、精々追認することくらいしかできないのである。

これら二つの間違いは、絶対神をもたない我々日本人が陥りやすい間違いである。絶対神をもたない故に、一つのものを絶対視したり、その神の立場に立ってしまう。

神の内面化——心・本心

彼我の思考のメカニズムの違いに戻ると、思考の生まれ方も欧米人と我々は違う。二つの文明を対比すると、両文明は共に神のうえに立っている。欧米は、言語知のなかで想定された絶対神のうえに。我々は、大自然という神のうえに立っている。大自然を神とみる神道という自然観のうえに立っている。両者の違いは、欧米はその神が言語知のなかで想定された故に、言語体系化されている。一方我々の神は、大自然である故に、言語体系化されていない。欧米人も我々も共にその神が内面化されている。

欧米人は、人は神によって作られ、人の理性も神のもっている理性の分有と考え、正義は神の正義の体現と考える。未来を切り開いていくのは神の秩序の体現と考える。アジア太平洋戦争のところで、我々は正義に基づいて戦ったわけではないと述べたのは、我々は絶対神をもっていないから、このような正義ではないという意味である。このように欧米人は、内面化された神に還元して考えていく過程で、言語を分析していくことから生まれる思考である。

では、まず我々日本人の神の内面化をみてみよう。我々は神である大自然が内面化されている。我々の自然は、あるがままの自然である。人もその一部とみる自然。『古今集』の「仮名序」のなかの「花に鳴く鶯、水に住むかはづ」、人、山川草木が織り成す重々無尽の世界が我々の自然である。古来我々はこのような自然を「じねん」と言ってきた。また我々はものを否定的に言う場合「不自然である」、肯定的に言う場合「自然体がいい」と言う。大自然が不自然でないあるがままの「じねん」として内面化されている。山本七平氏が古くからもち続け現在も変らない「本心」というものがある。日本人が強く信じていて、自己がその責任を負うべき対象にしているもの。これは内面化された自然である「じねん」が心の状態としてとらえられたものと考える。そこで、我々の内面化された神を「じねん」、「本心」あるいは「心」とする。これを証すものをあげる。

自白の意味

我が国では、犯罪の証拠を主に自白に求めている。自白というのは、この内面化された神である「本心」の判断に基づくものである。我々日本人は、この「本心」にだけは逆らえない。我々の神の内面化である「本心」は、我々の文明のもっている基本的な規範である。「規範」とは、判断あるいは行為の規準をいう。それは欧米人が内面化された絶対神を規範にしていることと何ら変らない。神の内面化ということは、かなり普遍的なことと考える。人が神をもつことは、人の内面に神をもつことと考える。他の宗教の人達も同じであろう。

自白を根拠にしている我が国の方法は冤罪を生む大きな要因でもある。無実の罪をかけられた人の無念さははかり知れない。しかし犯罪に対する冤罪の発生率は多くないと考える。過去五十年間の犯罪の数は数えきれないだろう。その間の冤罪はたぶん数えられるだろう。確かに冤罪はよくないが、冤罪をなくすためには、自白の強要をやめることであり、自白という方法を否定するのは論理が違う。我々が長年行なってきたことは、それなりの根拠がある。よく考えずに、欧米式、グローバル・スタンダードの名のもとに何でもかんでも変えると、世の中の混乱を引き起こすだけである。もしこの自白という方法を否定したら、世の中の混乱を引き起こす要因をまた一つ増やすことになる。何しろ、我々の文明の最も基本的な規範に基づいたものだから。

ちなみに、欧米の犯罪立証の根拠をみてみよう。被疑者というのは、犯罪の有無を経験によって知っている人である。しかし裁判官も検事も弁護士も事実を経験では知ることができない人である。そこで、「言葉で語られた事実（証拠）」で被疑者の経験に迫っていく方法をとる。「経験した事実」と「言葉で語られた事実」は、限りなく近づくことはあっても完全に一致しない。要するに、「言葉で語られた事実（証拠）」からの「推認」であるということ。

これは極端に言うと、犯人だろう犯人ではなかろう、ということで決まる。推認とはそういう意味である。犯人だろうということで犯人にされたのではたまったものではない。何故たまったものではないと思うのか。我々は、もっと確実な方法をもっているからである。それは、犯行の有無を経験によって知っている被疑者がその経験を語ってくれれば一目瞭然、これほど明快なものはない。即ち自白してくれれば一件落着である。

欧米の場合は、「言葉で語られた事実（証拠）」で事実を解明しようとする。しかし被疑者が「経験した事実」と「言葉で語られた事実（証拠）」は限りなく近づくことはあっても完全に一致しない。それでも「推認の事実」でよしとする。一方我々は、被疑者が経験した事実を知ろうとする。「言葉で語られた事実（証拠）」も被疑者が経験した事実を語る（自白）ためのに使われるにすぎない。

この彼我の違いは文明そのものの違いからきている。言語知に基づく文明である故に、「言葉」で語られた事実を追求していき真実に迫ろうとする。その結果、「推認」の事実でよしとするということである。言語を信じるということは、「推認の事実」でよしとせざるをえないのである。一方我々は、経験知に基づく文明である故に、被疑者の経験を語ってもらうことにより真実に迫ろうとする。

私は、起こった事実を経験した人がその経験を語ってくれるほうが正確であり優れていると考える。しかし正確である故の負の面である自白の強要ということがある。やめるべきは自白の強要であり、自白そのものではない。

また彼等の方法でも当然、冤罪その正反対の、のうのうと逃げ遂せる場合があるはずである。いわば自白の強要のような症状がないために冤罪も分からないだけである。言語を信じるということは、「推認の事実」でよしとせざるをえず、冤罪を確認する方法を持たなくてもよしとせざるをえない。言語を徹底的に信じる恐ろしい一面を感じる。

我々日本人の基本的な規範

内面化された神、「本心」、「心」が現実にどのように活用されているかをみたが、ここで歴史上から、本心・心、神、大自然を明らかにしてみよう。

一五九一年、秀吉がスペイン領マニラ総督にだした次のような文がある。

「其れ我が朝は神国なり。神は心なり。森羅万象一として心をいでず。……神にあらざればその魂生ぜず、神にあらざればその道ならず。増劫のときもその神増さず、減劫のときもその神滅せず。陰陽図られざる。これを神という。ゆえに神を以て万物の根源となす」。

一六一二年、家康がスペイン領メキシコ総督にだした文書。

「そもそも吾が国は神国なり。……みな誓うに神をもって信の證となす」。

秀吉も家康も、まず我が国を「神国」、即ち「大自然」に育まれた「国」と言った。「神は心」、「森羅万象一として心」、「心」でとらえられた二つのもの、即ち「神」と「森羅万象（大自然）」は同じものとなる。ここに、我々の神は大自然ととらえられている。「神は心なり」、そして神が内面化されて心、本心となる。「神にあらざれば……」、本心がなければ魂も生まれず規範ももてない。「増劫のとき……」、大自然は増えも減りもしない。「陰陽図られざる……万物の根源となす」、天地、大自然は人の図りごとの外にある。大自然を神と言う。故に大自然は万物の根源である。

「神を以て万物の根源となす」、この神を本心・心とすれば、本心もって総ての規範とする、となる。これを証明しているのが、家康の「みな誓うに神をもって信の證となす」という言葉である。アメリカの大統領は聖書に手を置いて誓う。我々の宗教は言語化されず意識としてもっているだけだから、内面の神である心、本心に誓う。我々はお互いの「心」、「本心」をもって「信頼」の「証」としているのである。我が国では、本心を明かしてくれれば、大体のことは決着がつく。内面の神である心、本心が我々の最も基本的な規範と考える。

秀吉と家康のこの文書は、総督を通してスペイン国王、フィリップ二世に宛てられた国書である。当時のスペインは無敵艦隊をもつ世界最大の強国であった。その国王に、大自然を神とみる神道という自然観にたつ我が国の国柄と規範を述べたものである。何と、堂々たるものではないか。

概念を使う思考形態と現実をみる思考形態

欧米人の思考は、神を想定してその神に還元して考えていく過程で生まれる思考であり、これら総て言語知の知の領域のなかで生まれてくるものである。脳の部位で言うと、大脳皮質である。大脳皮質には「新しい皮質」と「古い皮質」があり、人特有の高度な精神活動を受け持っているのが「新しい皮質」と言われている。

一方我々は、内面化された神、即ち「じねん」、「本心」からの判断は、論理をもった思考ではないと考える。必ずしも自白の場合でなくとも、何か深く考える場合、即ち内なる神である「じねん」、「本心」と対峙しなければならないような場合、そこから導きだされる解答は、論理をもった思考ではなく直感であると考える。直感が生まれるのは暗黙知の知の領域である。一万分の一ミリを指先で感じる職人だけが暗黙知の知の領域を使っているわけではない。我々はおしなべてそれを使っている。一万分の一ミリを感じるのは、論理をもった思考の判断ではない。直感というものであろう。脳の部位で言うと、大脳皮質の「古い皮質」以下の部位である。

欧米人の神は、言語知の知の領域で想定された神であり、その領域のなかで生まれる思考である。一方我々の神は暗黙知の知の領域のなかに内面化されていて、そこから生まれるのは直感である。我々の文明は、言語化、概念化されていない部分がある。それは、暗黙知という知の領域を使っていることが多々あり、そこは暗黙知というように言語化しにくいことがあるからである。

我々は考えるとき、論理をもった思考と直感で行なっている。言語知の思考は理をもって道筋をたてて考えるから分かりやすい。暗黙知のなかの認識は、「直感」とか「ひらめき」と言うしか、それ以上の表現ができない。しかし人は、論理をもった思考と直感を織り交ぜながら考えていると思う。それらを担っているのは大脳皮質の「新しい皮質」と「古い皮質」以下の部位である。「新しい皮質」だけでは生きていけない。「古い皮質」だけでは人でなくなる。両者に優劣というようなものはない。

このようにみてくると、欧米人の場合、神の内面化による言語知の知の領域で思考が生まれる。一方我々は、神の内面化による暗黙知の知の領域で直感が生まれる。我々には直感はあるが思考がでてこない。やはり我々はダメだったのである。

欧米の文明が、言語を精緻に精緻に分析していくことから生まれた言語知による文明であることを多少詳しく述べた。我々の文明は、大自然を精緻に精緻にみることから生まれた経験知による文明である。「みる」ことによって文明が生まれるのか、という肝心なことを述べてこなかった。

私はこの論の始めのほうで、大自然を精緻に精緻に「観察」すると述べた。以降より日常語である「みる」を使ってきた。「観」も「察」も共に「みる」という意味である。またこれらの言葉は共に「考える」という意味をもっている。即ち、「みる」ことは「思考」することでもある。思考をもてば、喋っている言葉の論理に従った論理をもてる。論理をもてれば理論が形成できる。

「百聞は一見にしかず」という諺の根拠はここにある。みることは思考することであり、「新しい皮質」のなかでの作業である。聞くことは、情動に強く結びついている。ものを理解するのは、情動ではなく論理に基づき明晰に考えられる思考によってである。みることは思考であるということは、重要なことであり、我々の文明の根幹をなしていることなので、証言をしてもらおう。

ドイツのゲーテ氏の言葉をあげる。「熟視は観察へ、観察は思考へ、思考は統合へとかならずや移行するものであって、だから世界を注意深く眺めているだけで、われわれはすでに理論化をおこなっていると言うことができる」。ゲーテ氏は私が言ったこととほとんど同じようなことを言っている。精緻な観察が理論化へ結びつく、その間の表現に多少の違いがあるだけである。「思考は統合へとかならずや移行する」のは、思考があれば言葉に従った論理をもてるから統合、即ち「正」と「反」を統合して「合」を導きだすような論理をもてるということである。

このように我々の思考が「みる」という経験世界のなかからでてくる思考であることが分かる。だから我々の文明は経験知に基づいた具象の世界になる。一方彼らの文明は、言語知に基づいた抽象概念の世界である。では暗黙知というのは何処に位置するのか。生の現実の世界に経験知があり、その上位に言語知の知の領域があり、経験知の下位に暗黙知の知の領域があると考える。そしてここは、直感に結びついている。これを上位から言うと、抽象、具象、直感ということになる。

これで、我々も思考をもっていることが分かった。我々はそれほどダメではなかったのだ。もう少し我々の思考をみていこう。

縄文時代一万年という長い経験知の世界にいた我々の祖先の人達は、それ故に、下位の暗黙知の知の領域に向かったと想像する。神の内面化も暗黙知の知の領域で行なわれたと考える。この領域は言語知の対極にあるので、言語でとらえにくいために、我々自身も表現できないことが多い。

縄文時代の我々の祖先の人達は一万年の間、大自然を精緻にみることによる膨大な思考の蓄積をもったのである。我々は長い間文字をもたなかった。前に、文字を写真に言葉をフィルムにたとえた。ということは、縄文時代の先人達は膨大なフィルムをもっていたのである。

大陸の言語文明に出会った先人達は、ただ文字を知らなかっただけで、文字を知らなかったことはそれほど問題ではなかったと想像する。それよりその文字を使い哲学、思想、宗教、法というものが作れることを知った感動の方が大きかった。当時の人達は、今までに蓄えられた膨大な思考の蓄積をもってすれば、我々にもそれらのことが可能だと知ったとき、血沸き肉踊るような感動を受けたと想像する。

大陸の言語文明に出会って以来、聖徳太子、空海等、我々はなかなかの人物を生み出してきた。それらの人物が現われたのはやはり一万年というたとえようもない時間に蓄えられた膨大な思考の蓄積、それなしにはこれらの人物も生まれてこなかったろう。この膨大な思考の蓄積が、経験知と暗黙知という知の領域に蓄えられて現在にいたっているのである。だから現代に、棟方志功氏、岡本太郎氏、湯川秀樹氏を生み出してきたように、学芸の分野、即ち学者、詩人、音楽家、小説家等のなかに、この膨大な蓄積が現われる場合があると考える。

近代西欧の理性と我々の理性の違い――古代ギリシャの理性

縄文時代の我々の祖先の人達が経験技術文明を築いた。思考を考えれば、祖先の人達が文明を築くことが可能であったと言っていいだろう。しかし私は、思考は必要条件であり十分条件ではないと考える。十分条件を考えれば、やはり理性であろう。

我々は理性と言うと、十八世紀の西欧のいわゆる啓蒙思想家が理性、理性と大安売りをした理性を思い浮べる。理性という言葉は、明治の先人が翻訳した欧米の概念である。我々は江戸時代までの長い歴史のなかに、理性という言葉をもたなかった。ここでまず、明治以来の欧米の概念を使う場合の我々の間違いを述べる。

一つは、言葉がないことは、言葉に対応する現象、行為等がないと思ってしまったこと。我々は江戸時代までは理性をもっていなかった。我々は理性的でなかったということである。これは笑い話ではないのである。我々の歴史の何処を探しても、理性という言葉はでてこない。そこへ明治になって、理性、理性という強烈な文明に出会った。ひょとしたら、我々は理性をもたなかったと思ってしまっても不思議ではないと思う。現に一部のメディアに、このような発想が基礎になって、だから日本はダメなんだというものを感じる。

もう一つは、明治以来の欧米の概念で、その概念のない我々の歴史をとらえてしまうこと。「支配」という言葉も欧米の概念である。我々は「統治」という言葉を使ってきた。我々は統治という言葉を使うとき、世の中を「統」べる、「治」めることであり、「世の中」が前提になっている。一方支配は、「民」を支配することが前提になっていると考える。我が国の歴史には、世の中を統治した歴史はあるが、民を支配した歴史はない。民を支配するから、どうしても民を「搾取」したくなるのである。苛斂誅求《かれんちゅうきゅう》という言葉は古い言葉であろう。我が国の民は、苛斂誅求に苦しんだことはあっても、「搾取」されたことはない。民を搾取するから、どうしても「階級」闘争がしたくなるのである。我が国には、ヨーロッパの伝統がもっている階級というものは、歴史上存在しない。存在しないもので闘争はできない。

軍事政権が民生を行なったのが外国の歴史であり、武家政権が文治を行なったのが我が国の歴史である。

理性に戻ろう。我々の歴史のなかに理性という言葉はない。欧米には大安売りした理性があるから、我々には理性がないという欧米の価値観で我々の文明をみてみよう。「わけの分からないドロドロしたもの」。この見方は、我々の文明を見事なほど精確に表している。我が国は「豊葦原瑞穂の国」と言ってきた。葦が生えるような沼沢地で水稲耕作を行なってきた。縄文時代を基礎に、弥生時代の水稲耕作を行なうドロドロしたところで育んできた文明である。理性がないから「わけの分からない」、まさに「ドロドロ」した文明である。

紀元一世紀のローマにセネカという人がいた。有名な皇帝ネロの先生でもあった。まずその言葉をあげる。「われわれは自然を指導者として用いねばならないのである。理性は自然を尊重し、自然から助言を求める」。このセネカ氏の考えは、古代ギリシャから引き継がれた考えであり、その考えのうえにたって述べられた言葉である。

我々の文明は、大自然を精緻にみることから生まれた経験知による文明である。私は前に、このようにも述べた。「祖先の人達は、大自然に働きかけていく過程で、尽きることのない知恵を授かった。大自然という媒体があっての叡知であった。大自然との相互作用のなかでの経験知から生まれた叡知であった」。大自然両者を対比してみると、我々は大自然を指導者としてきたどころではない。畏敬の対象としてきた。当然、大自然は我々の指導者であった。尊重したことも言うまでもない。我々は畏敬の対象として尊重し、精緻に精緻にみてきた。だからこそ、大自然からの助言である知恵を授かった。

セネカ氏の言葉は、我々の文明を多少表現を変えて言っているようなものである。我々はセネカ氏の言った通りのことを実践してきたのである。その文の主語は理性である。その理性の命ずるところに従って作り上げた文明である。我々の文明はセネカ氏の言う、ギリシャ以来の理性のうえにたっている。そこで、ギリシャ以来の我々の理性がどのようなものであるか、詳しくみてみよう。

明鏡止水。明鏡とはくもりのない鏡。止水とは静かな水で、凪いだ湖面を思えばいいだろう。同じようなものを二つ並べて、邪心なく静かに澄んだ心境を言う。セネカ氏の言うギリシャ以来の理性は、まさに明鏡止水のような理性。また自然を尊重し、自然から助言を求めるような謙虚さと慎みをもった理性でもある。前に、我々の謙虚さと慎みは我々の伝統が生み出したものと言った。謙虚さと慎みは、その理性の賜物なのである。我々のなかにでるべくしてでてきたのである。

鏡、止水はあるがままにして、外界のあらゆるものを写し取る。我々の文明が外部から多くのものを取り入れてきた。鏡がものを写すのは、鏡の内に像を結んでいることを我々は知っている。鏡に写るということは外界のものを取り入れることでもある。我々が外来のものを取り入れてきたのは、謙虚さと慎みをもったこの理性である。しかし拒絶するものは断固として拒絶してきた。鏡は外界のあらゆるものを写しこそすれ拒絶はしない。では、我々の拒絶と受容、受容したものの綜合は、どのように行なわれているのだろうか。

我々が外来のものを受容する場合、三つの型がある。

一つは完全なる拒絶。古代においては科挙、宦官。現代ではキリスト教。

二つめが、受容するが伝統に反するものは排出してしまう。律令制度は我々独自のものであったが、公地公民制、即ち土地と民の国有化は我々の伝統に合っていなかったようである。律令制に基づく古代国家が、八世紀初頭に出来上がると間もなく逃散という現象が現われ、これを追認するかのように約二十年後には三世一身の法、我々の歴史のサイクルである約五十年後には墾田永代私有法によって、律令の根幹である公地公民制が骨抜きになってしまう。

三つ目が、外来のものを対置して置いておき、さらに伝統と外来のものを綜合して新たなるものを生み出す。仏教を例にとれば分かりやすい。宗教というようなものが入ってくると、一般的にはその宗教に呑み込まれてしまうと考える。東南アジアには、いわゆる小乗仏教が伝わった。すると仏教がその国の宗教になる。ところが我々は、我々の宗教を保持したまま仏教を対置して置いておく。それどころか、我々独自の鎌倉仏教を生む。また仏教徒にならずに、我々の哲学的思索、思想表現に活用してしまう。

この対置と綜合が我々の文明の大きな特徴であろう。外国の学者で、縄文時代にまで深い洞察を示した人物は少ないが、その少ない学者の一人にフランスの人類学者のレヴィ・ストロース氏がいる。「借用と綜合、シンクレティズム（混合）とオリジナリティ（独創）のこの反復交替が、世界における日本文化の位置と役割を規定するのにもっともふさわしいものと私は考えます」。レヴィ・ストロース氏のこの洞察は、外来のものへの三つ目の対応のしかたを精確に表している。

我々の自我、即ち位置付けは時間と空間によってなされている。詳しいことは後で述べる。一方欧米人の位置付けは前に述べたように、絶対神を想定することによる空間的な位置付けである。ただここには位置付けの違いがあるだけである。

外来のものを拒絶するのは自我である。いったん受容したものを排出するのも自我である。対置して置いておく、即ち相対化は自我によってなされることは前に述べた。そして相対化したところから綜合するのは、セネカ氏の言うギリシャ以来の我々の理性である。このように、外来のものを拒絶したり、受容、綜合を行なうのは我々の自我と理性である。

ここで自我における彼我の違いを述べておく。我々が自我意識が弱いと感じるのは、あまり自己主張をしないことであろう。だからといってわれわれの自我が弱いわけではない。彼らの文明は力と力の社会を作ってきた。そのような社会では、強い自己主張は必須なものである。一方我々の文明は、共生共存の相互信頼社会を作ってきた。そのような社会では、強い自己主張は害にこそなれ益するものはない。我々の自我が現われるのは、外来のものと接触したときに顕著に現われる。

外来のものを拒絶するのはかなり普遍的なことと考えるが、いったん受け入れるが、ある期間すぎると排出してしまうのは、かなり強い自我でなければできないだろう。相対化しておく自我は、欧米人と変らない自我である。我々の自我が弱いわけではない。現われ方が違う。

自我における彼我の違いは、位置付けが違うのと現われ方が違うだけである。我々の自我は、強い自己主張の形では現われない。外来のものとの関係において現われる。「外人」、主に欧米人が国籍をとって日本人になっても、相変わらず「外人」である。これも我々の強い自我の現われ方の一つの形である。我々も欧米人と変らない強い自我をもっているのである。

縄文時代の我々の祖先の人達が一万年という長い時間のなかで、みることによる膨大な思考の蓄積と謙虚さと慎みをもった我々の理性により、経験知による経験技術文明を築き上げた。我々の祖先の人達が思考と理性をもっていたことが分かったので、我々の文明、即ち我々の価値観から彼等の文明をみてみよう。

セネカ氏の言うギリシャ以来の理性からみると、彼らの理性は異質のようにみえる。我々の理性は明鏡止水、謙虚さと慎みをもった静的な理性であるのに対して、何か荒々しい動的積極的な理性にみえる。セネカ氏が十八世紀に現われ、彼らが理性、理性と言うのをみたら、驚きあきれて頭を抱え込んでしまったのではないか。また彼等はもともと砂漠の民と言われる。砂漠のカサカサした乾燥地帯で育んできた文明である。我々の理性からみたら、「わけの分からない」、まさに「カサカサ」の文明である。ドロドロにカサカサ、どっちもどっちである。このようなことを言っても意味のないことは既に述べた。では、理性に種類と等級があるのだろうか。

その前に、我々の理性をギリシャに求めるのは、何か唐突に思うかもしれないが、決して唐突なことではないことを述べる。近代西欧が古代ギリシャ・ローマに光明を見出したことも、唐突と言えば唐突なのである。古代ギリシャとの共通点はほとんどない。民族的にも共通していない。強いて共通のものを求めれば、広い意味での人種的なコーカソイドという共通点があり、地理的に近かったということくらいだろう。一方我々は、地理的には離れているが、古代地中海世界とは共通点をもっている。

我々は古代ギリシャと言うと、アリストテレスのような哲学者を思いうかべる。ギリシャの人達は、みなアリストテレスのような哲学者で、難しいことばかり考えていたとは思わないだろうが、どのような生活をしていたかということはあまり知られていない。

・多神教
・死者を埋葬し祖先にお供えをする。お墓を大事にする。
・祖先のお墓を大事にして、家族が断絶するのを恐れたが、それは子孫が断絶すると祖先の霊を祭ることができなくなるからであり、お灯明をあげ、竈《かまど》の火も大事にし、お墓にお供えをしてきちんと祭らないと、亡霊がでてきて崇ると考える。
・埋葬されない魂は安らぎの場所をもたず、亡霊となってさ迷い出る。

これは現在の我々の意識、慣習の一面と言ってもいいだろう。我々は最近まで、竈の神、厠《かわや》の神ももっていた。

これは我々のものではなく、古代ギリシャの人達の慣習をあげたものである。アリストテレスの時代の人達もこのような慣習をもっていたのである。現在の我々の慣習と言ってもいいようなものである。私は学者ではないから分からないが、現在のギリシャ人は古代の人達と人種的にも違うのではないか。しかし何処か奥深いところに、古代の人達がもっていたものを留めているのかもしれない。前に述べたようにケルト人も我々と同じような自然観をもっていた。トインビー氏もマルロー氏も、そのケルト的なものから伊勢神宮、那智大社からの印象を語ったように。そしてケルト的なものを受け継いでいるのがアイルランドの人達である。アイルランドと日本にも共通なものがある。我々が子供の頃、日本の歌と思っていたものがアイルランド民謡であることを知った。共に五音階を使っている。いわゆるクラシックの七音階のファとシがないものである。

このように時空を越えた共通性、この生き証人のような人物が明治の日本に現われた。それはラフカディオ・ハーン氏である。ハーン氏はギリシャ人とアイルランド人の両親の間に生まれた人である。どちらがどっちであったかは忘れた。ハーン氏のギリシャ的なものとアイルランド的なものが、現在も我々がもっているものと共鳴した。

この時空を越えた共通性を考えれば、私が理性を古代ギリシャに求めても決して唐突ではないのである。

さらにここで、ギリシャに現われた理性をみてみよう。ギリシャにおいて、ソクラテス、プラトンのような人物が現われたのは紀元前四、五世紀である。我が国の時代区分で言うと、縄文時代晩期である。その時期に、四つの地域で同時並行的に言語文明が生まれた。ギリシャにおける理性は、アリストテレス以前からみられる理性であり、それがローマに引き継がれセネカ氏にみたものである。自然観も現在の我々がもっている、即ち「じねん」とみる自然観もあった。理性も自然観もアリストテレス以降、言語知を先鋭化していくことにより変わっていく。しかしギリシャにアリストテレス以前の考えが残されていたことが重要なのである。

四つの地域で言語文明が生まれた時期、即ち縄文時代晩期に、我々の祖先の人達はその始まりから一万年ほどたっているから、すでに経験技術文明を作り上げていたと考える。しかし我々は、文字をもたなかったために縄文時代を知る手掛かりがない。これは西欧も同じである。彼等はギリシャ・ローマと直接的なつながりはない。また彼等自身の過去にも輝かしいものは見当らない。メソポタミアでは古すぎる。近代を照らすものを残しているギリシャ・ローマにしか手掛かりを求められない。我々も西欧も、この点は同じである。

我々は経験技術文明を築いた縄文時代一万年というものをもっている。しかし記録がない。我々の理性も、ギリシャ・ローマから照らしだすことによってしか見つけることができない。みえてきたものから考えると、明鏡止水、謙虚さと慎みをもった理性は、ユーラシア大陸の両端に同時並行的に現われたものと考える。我々のギリシャ以来の理性は、より正確には、縄文時代以来の我々の理性と言えるのである。

では、理性には種類と等級があるのかということである。まず理性とは何か。そこで理性というかなり抽象的な概念を定義しておく必要がある。しかし私には手に負えない。立っているものは親でも使えと言う。学者の知恵を借りることにする。木田元氏のものを引用する。「理性というと、われわれは人間のもつ知的な能力の一つといったふうに考えがちであるが、近代西欧の哲学者たちが理性という概念のもとに考えていたものは、決してそれにつきるものではない。ことに、近代哲学の基礎を築いた十七世紀の哲学者たちのもとでは、理性（ratio）とはまず何よりも神のロゴスであり、次いでその神によって創造された自然を貫く理性的法則（摂理）であり、そして人間も、神の似姿たるかぎりでその理性を分有しているのである。理性とは、したがって永遠の真理、絶対的真理の領域だと言ってもよいであろう」。

まず理性とは「知的な能力」であり、それ以降のものは哲学の領域のものである。この論は形而下の世界に関わるものなので、哲学の領域のものは対象外である。そこで理性とは知的能力という意味で使う。知的能力と言ってもまだ抽象的である。そこで知的能力を考える力、思考する力としておこう。

セネカ氏の言うギリシャ以来の理性と近代西欧の人達が使った理性を対比してみよう。セネカ氏の理性は、明鏡止水、くもりない鏡の如く、また止水の如く動ぜずに、謙虚さと慎みをもって外界のものを写し取り入れる。一方西欧の理性は、概念を分析するという動的で積極的な理性である。では何故西欧の理性は、このようになってしまったのか。

近代西欧は理性を再定義したのである。謙虚さと慎みをもった静的な理性から、概念を分析するという動的で積極的な理性に再定義したのである。私の知っているかぎり、近代西欧は二つのものを再定義した。理性と富である。それまでは富とは、自然から産するものであった。ところが近代西欧は、富は人が作り出したものを富とした。彼らは、理性と富を再定義することによって近代を開いた。すると、概念を再定義することが未来を切り開く一つの方法でもあることが導きだせる。

両文明の概略的な違い

思考のメカニズムと思考の生まれ方における彼我の違いをみてきたのであるが、文明そのものの違いを概略的にみてみよう。

言語技術文明は絶対神を含む言語知の上に築かれている。言語知の知の領域で、言語を分析していわゆる科学を生み出し、一方にはキリスト教という宗教を作り出した。これを別の面でみると、科学を生み出した合理と宗教という非合理な面でとらえられる。またさらに別の面でとらえると、科学を生み出した明るい部分と、新旧の宗教による凄惨な殺し合いを行なってきたような闇の部分がある。科学とキリスト教、合理と非合理、明と暗、このように明快にみえるものをもっている。

一方我々の文明は、科学を生み出した合理の面もみえてこない。キリスト教のような言語体系化された宗教ももっていない。それどころか我々は無宗教とさえ思っている。まして、我々の経験技術文明の基礎に大自然を神とみる経験知、即ち神道があることに目がむかなければ、我々は何もみえてこない。このようなところからも、我々は自分自身でさえわけの分からないものと思い、その中心には何かドロドロしたものがあるのではないか、と考えても不思議ではないのである。

しかし、そのような考えにいたるのは、単に我々が何者であるかを深くみつめていないためである。わけの分からないドロドロしたものでダメと言ってしまったら、そこで思考が停止したと考える。思考があれば、ドロドロしたものは何か。何故ダメなのか。科学とは何か。何故我々は科学を生み出し得なかったのか、我々の合理と非合理は何か、我々も明と暗をもっているのだろうか等、諸々のことを考えるはずである。考えに考えたすえ、やはりダメだったということもあるだろう。またそれほどダメでないかもしれない。あるいはダメなところもあるがダメでないところもみえてくるかもしれない。

今まで我々の宗教、思考、理性等をみてきたが、ここで彼らの科学、宗教、合理、非合理というものをみてみよう。

科学というのも明治以来の欧米の概念である。確かに日常語になっている。しかし、何かにつけて「科学的でない」と言って否定するわりには、我々は科学という言葉の意味を知らないと言うか、間違っているのではないかと思う。それはちょうど「民主主義の世の中だから」と言うわりには、民主主義とは何かと問われたら、答えられる人は少ないように。ここにも欧米の概念の正確な意味を知らないと言うか、我々が共通の定義をもっていないための混乱があると考える。

科学とは何か。朝永振一郎氏によると、「科学とは、世界の奥の奥で統べているものは何かと問い、その秘密を知りたいという人間の持って生まれた知的欲求のあらわれ。技術とは、人間存在に好都合であるように自然を改変しようとするもの」。科学とは、世界の奥を統べているものを問う人が生まれ付き持っている「探求心」と考える。「科学する」という表現が使われるようになったが、それは「探求する」ということである。

今一般論として、ある目的をもった場合、いくつかの方法が考えられる。言語知に基づく探求の方法は、それが鋭利な知であるため宇宙にまで行けるようになった。そこで、それほどの鋭利さをもった方法は他にないので、探求する方法が言語知による探求ということになったのである。即ち、科学とは「言語

使う。

明と言うのがより精確と考える。「科学」、即ち「探求（心）」は「言語知による探求（心）」という意味で

技術文明と言うことであり、「科学」は彼らの自称なのである。言語知に基づいているから、言語技術文

知による探求」ということになっているのである。だから「科学」技術文明は、「言語知による探求する」

科学には限界がある、あるいは科学は万能でないということを聞くことがある。それは、言語知による探求には限界があり、万能ではないということである。今、何か悲しみに会ったとする。それを言葉で表すと、私は表現能力が豊かでないので、「深い悲しみ」、「大きな悲しみ」くらいしか表現できない。その「悲しみ」を言語化した「深い悲しみ」、「大きな悲しみ」を探求していくことが言語知による探求である。悲しみには言葉で表せないものがある。言語知による探求は、言語化されない部分には関与できないのである。言語知は鋭利な知であるから、ビックバンにも、私にはよく分からない微細なものにも到達できた。しかし悲しみの全体を知ることはできない。科学は万能でもなく限界があるということである。

私は科学に文句をつけているわけではない。それどころか、我々は科学を生み出さなかった非西欧諸国のなかでも最もその恩恵を受けているし、またその先端部門をもっている。科学を否定したら我々の生活自体を否定するようなものである。これほど愚かなことはない。我々は絶対神をもたない故に、ものごとを絶対視しがちである。特に外来のものを。科学も民主主義も絶対なものだろうか。我々には一万二千年、少なくとも千三百年の伝統の知恵がある。その知恵と外来のものを対置して、その伝統から科学、民主主義を照らし、また科学、民主主義から我々の伝統を照らす必要があるのではないか。また人が作ったもので完璧なものはない。必ず長短の両面がある。その長所が短所にもなることもあるのである。

次に宗教。宗教は非合理なものである。「非合理ゆえに我信じる」。この言葉はキリスト教世界のかなり地位の高い人が言った言葉という記憶あるが、誰であったかは覚えていない。では合理とは何か。科学的認識に合っているという意味も当然あるが、もともと「理屈に合っている」、「理に適っている」という意味である。

非合理な宗教を言語という合理な材料で体系化していく。彼らは言語化されないものは存在していないと考える人達である。だから当然、彼らの宗教であるキリスト教は言語体系化されている。ここにみられる合理というのは、言語知のなかの論「理」に基づく合理ということになる。

一方我々は、非合理な宗教を合理の材料である言語で語ってこなかった。ここにみられる合理は、経験知のなかの道「理」に基づく合理である。我々日本人もけっこう合理的な面をもっている。我々の合理である道理に基づく合理は、突き詰めていくと便理性に行きつく。我が国では、建物のドアーのほとんどが自動ドアーになっている。ここまではそう珍しくはない。しかしタクシーのドアーを自動にしてしまえという発想は、我々の合理の一つの現われかたである。欧米人の言語知のなかの論理に適った合理とタクシーの自動ドアーは結びつかないのである。

彼らの言語知のなかの論理に基づく合理は当然、科学的認識に合致する合理である。科学は言語知による探求であるから、科学的認識とは「言語知による探求の結果の認識」ということになる。言語知による探求の結果の認識という表現は、何か複雑であり、また何か理屈っぽいことを言っているような気もする。そこでこれを概念的認識と言う。ほぼ同じ意味である。なお、今まで使ってきた概念という言葉は、言語と同じような意味で使っている。それ以上の意味はない。今、私は一つの証明をしているように思える。それは私が性格的に理屈っぽくないという。性格的に理屈っぽくなくても、言葉というものを精確に使おうとすると、どうしても理屈っぽくみえてしまうのである。

彼等の合理が概念的認識に合致する合理であるならば、我々の合理は経験的、直観的認識に合致する合理と言うことができる。

概念的認識に合致する合理からみると、言語化されていない宗教は存在しないということであり、宗教ではないということになる。百歩譲って宗教と認めても、現世利益を専らとするような宗教は低俗な宗教と彼らはみる。カラス何故鳴くのカラスの勝手でしょうと言う。低俗とみるのは彼らの勝手である。我が子が重い病にある、回復を願い祈る親の気持ちは時空を越えている。また愛するものが無実の罪で捕えられる、その無実を信じて祈る心性も同じである。このように何らかの現世における利益を願い、祈り、感謝する心性は時空を越えたかなり普遍的なものである。その普遍的な人の心性を低俗と決め付けるのは特殊なみかたと考える。

欧米人もこのような何らかの現世利益を願い祈っている。しかし表向きは低俗であるとして抑圧されているから、のびのびとできない。欧米の社会では、病んでいる人が我々より遥かに多く、そのため精神分析医の数も多いと言われる。私はこれを言語知からの抑圧と考える。確かに言語知は鋭利な知である。しかし鋭利さ故の負の面ももっていると考える。

また、子供に対する見方も言語知からの抑圧と考える。彼らは子供を未完成のものとみる。未完成というのは、まだ人になっていないという意識でもある。人になっていなければ何なのか、私には分からない。我々は子供をそのような見方をしてこなかった。我々はむしろ子供の方が神に近いものとしてみてきた。世間の垢にまみれていない純真な人とみてきたのである。我々の子供の見方は、大人ではない人というとらえ方である。だから江戸時代、世界でも類をみないような子供の遊び道具を生み出した。このように子供への抑圧的な見方がない伝統から多様な玩具、それが現在のマンガ、アニメへとつながっているのである。

これを証するかのように、フロイトという人物が現われ無意識というものを言った。これは抑圧された意識であると言う。私は心理学についても門外漢であるから、フロイト氏が何から抑圧されていると言ったのか知らないが、私には言語知からの抑圧に思える。言語知は鋭利な知である。その鋭利さがまた、彼等を抑圧する力となって覆っているように思える。

では次に、我々の道理に合致する合理から彼らの宗教をみてみよう。本来非合理な宗教を合理の材料である言語で体系化することに基本的に矛盾を感じる。明治以来我々は、言語技術文明の科学を生み出した明るい面である合理的なものをみてきた。一方の非合理・信仰の面に目を向けてこなかったように思える。果たしてそうなのだろうか。というのは、キリスト教徒の数がいっこうに増えない。拒絶している。拒絶しているということは、拒絶の対象と拒絶している主体があるはずである。

拒絶の対象は、非合理な宗教を合理の材料である言語によって体系化することの非合理性、我々の経験知のなかでの道理から見えてくる非合理性である。主体は我々の自我である。これを別の言葉でとらえると、我々の内面化された神である「じねん」、「本心」が彼等の内面化された神と衝突している。そして、「非合理」という欧米の概念を「直感」により「不自然」ととらえているのである。直観的認識に合致した合理からの判断と言える。明治以来我々は、言語技術文明の科学を生み出した合理な面を肉眼でとらえ、宗教という非合理の面を心眼でとらえてきたとも言える。

近代を生み出したものの一つに、いわゆるプロテスタンティズムの合理主義的精神と言われるものがある。我々は十六世紀にキリスト教に出会っている。司馬遼太郎氏の著書のなかに、この時期のおもしろい話がある。ザビエル等の宣教師たちが日本人が発見されたと言ったのだろう。この発想は新大陸アメリカの発見と同じである。我々もアメリカ大陸と同じように発見されたのだ。一人の信徒が宣教師に尋ねた。記憶を頼りに私なりに述べる。「デウス様は全知全能でいらっしゃる。だから原始のときから日本人をお知りになっていたはず。それなのに何故、今になって発見されたのか」と。この質問に対する宣教師の答えは記憶にない。私はここに、我々の合理的精神の萌芽をみる。しかしこのとき、キリスト教は燎原の火のごとく広まった。我々の合理的精神が確立するのは江戸時代まで待たなければならなかった。

国家の作り方の違い ①

次に、より具体的な国家の作り方における彼我の違いについて。前に約束した、民としてのスポンジケーキの上に、権力としてのデコレーションが乗った形である国家。まず、この形の理論的根拠であるイギリスのホッブス氏の考えを述べておく。ホッブス氏は、言語知のなかで自然状態というものを想定した。自然状態のもとでは、人は限りなく殺しあいを行なう。強者も何時かは殺される。そこで、このような無秩序をなくすために権力というものを上に置いた。私なりに力学的に言うと、人が限りなく殺しあいを行なうという横にはたらく力を権力という上からの力をかけることによって解消しようとしたものである。これが秩序としての国家であり、近代西欧の国家の基礎となった考えである。これをホッブス理論としよう。

我が国が八世紀に作った国家も近代西欧が千年ほど後に作った国家も、民というスポンジケーキの上に権力としてのデコレーションがある形は同じである。ただし我が国は、権力の部分が分割されていて、権力と権威が並立しているもので、上にある飾り付けが多少違うだけで、スポンジケーキの上にデコレーションが乗っている形には変わりはない。そこでまず、我々のデコレーションケーキの出来方からみていこう。

縄文時代が民の時代であることを既に述べた。我々は国家が作られる何千年も前に経験技術文明を築いた。縄文時代以来の民というスポンジケーキの上に、八世紀初頭に権威と権力を乗せた。実際のデコレーションケーキの作り方と同じで、土台のスポンジケーキが先にあり、その上にデコレーションを施した。この作り方自体、独特と言うか独自性がある。と言うのは、歴史をみれば権力の方が先にできる場合が多いようである。その典型である中国をみてみよう。

中国の歴史は、絶対権力をもった皇帝一人の歴史と言っても過言ではない。当然皇帝以外の様々なことが書かれているが、その絶対権力者が、如何に正当性をもっているかを証すために書かれているということ。民という意識はほとんどない。大陸においては、早い時期に文字が発明された。しかし文字は、皇帝と科挙で選ばれた人達の所有物のようなものであり、民には無縁のものであった。無縁と言うより、民を支配する道具でさえあった。では中国では何時、民が意識されるようになったか。二十世紀になってのことである。それは漢字の簡略化である。国というものは民によって支えられている。文字という一つの支配の道具を民に解放した。このことにより民が意識されるようになったと考えるゆえんである。もっとも、私がみたこれが唯一つの証しであり、真に意識されているがどうかは分からない。このように中国においては、近代になるまで民への意識がなかった。

一方ヨーロッパでも同じである。まず宗教的権威と政治的権力をもったローマ教会があった。ヨーロッパでは、キリスト教世界という大きな括りがあったにすぎない。十六世紀にイエズス会のザビエル等の宣教師が来たときがそうであった。まだフランス、ドイツ等という国家はなかった。権威と権力が合体したローマ教会の絶対権力の下にあった。後にできる国民国家を支える民の意識がまだなかった。その証しが民がほとんど文盲であったということ。だから宣教師達は日本にきて、女子供まで読み書きができると驚いたのである。十八世紀になっても、まだ八割以上が文盲であった。十八世紀の我が国では、全国に約五万の寺子屋があり自発的な初等教育が行なわれていた。このようにヨーロッパにおいても、まず教会の絶対権力があり、遥か後になってからしか民への意識がでてこないということ。

我が国は、まず縄文時代からの民があり、その上にデコレーションを施したのであるが、民を意識していたという点をみてみよう。その証しが『万葉集』である。『万葉集』に集められている歌は大王、天皇、豪族たちのものが多いが三分の一以上が名もない民のものである。今から千年以上も前に民が意識されていたのである。少なくとも中国やヨーロッパとは違っていた。『万葉集』に対比されるようなものをヨーロッパでみるならば、十三世紀のボッカチオの『デカメロン』であろう。それにしても五百年も後のことである。

さらに当時、民のことを「百姓」と言った。現在我々は百姓というと農民を思い浮かべるが、当時は農民という意味ではなかった。「百」は多いという意味であり、多くの姓をもった人という意味で「民」を意味していた。そして「百姓」を「おおみたから」と読んでいたのである。この時期に民を宝とみていたことは世界でも類のないことと考える。確かに「青人草《あおひとぐさ》」、「民草《たみくさ》」と言って多少軽蔑的な一面もないではないが、宝とみていた面はなかなかなものであり、民の意識があったと考える。現在で言えば、人材と言ってもいいかもしれない。我が国の企業が、資本家である株主より従業員である社員を大切にするのは、このような伝統と決して無縁ではないと考える。

また谷沢永一氏の洞察のように、我が国の時代変化が底辺から起こってくること、その底辺を担う民の教育が、江戸時代に自発的に行なわれていたことも、早い時代から民への意識があったことと無縁ではないと考える。要するに我々の文明は、経験知に基づく故に、経験世界の生の現実を担う民に向かったと考える。そして経験知を先鋭化することによって暗黙知という知の領域に到達したと言うか、その領域で作業をするようになったと考える。一方西欧は、言語知に基づく故に、言語知を先鋭化することによって極端なまでの抽象概念世界を構築していった。

我が国のデコレーションケーキが実際にケーキを作るように、土台のスポンジケーキから作られ、八世紀になってデコレーションをのせた。そしてこの形が、現在まで千三百年の間変わっていない。できたてのデコレーションケーキである。崩れてしまっても不思議はなかった。しかし崩れずに現在まで続いてきた。では、どのようにして我々の国家であるデコレーションケーキが固まっていったかをみていこう。これから述べることは、主に渡辺京二氏の著書による。私の理解した範囲で使わせてもらう。

まずデコレーションの部分からみていく。権威は一貫して天皇にあるので、権力の推移をみていく。八世紀初頭に古代国家ができたとき、権力は藤原氏にあった。貴族政権である故の弱さもあった。当然まだ国民軍のようなものはない。警察権のようなのものはあったが強力なものではなかった。だから平安京に野盗、盗賊が横行し治安が悪かったことが知られている。ホッブス理論は、自然状態という人の極限状態を想定して作られているが、これを原理としてみると、上からの権力が弱いときに、横の力の抗争が起こりやすいことになる。

藤原氏による貴族政権の次に平家による政権、これは擬似貴族あるいは擬似武家政権であり、源氏と平家による政権の争奪の争乱の時代であった。源氏が勝利し、鎌倉幕府が誕生した。ここに貴族政権から武家政権への政権の交替があった。ところがこの鎌倉幕府というのは、できたての武家政権で、後の徳川幕府のような強力なものではなかった。その次の室町幕府、この足利幕府は弱体な幕府として知られている。そして最終的には、足利氏の権力が消滅に向かうと同時に、その権力をめぐる戦国の時代が始まる。信長によって戦国時代に終止符をうち信長の権力が確定した。権力は秀吉に引き継がれ、その基礎のうえに家康による徳川幕府二百六十年の世が始まる。徳川の平和の到来であり、我々の近代でもあった。

このようにデコレーション部分の権力の推移をみてきたのであるが、もともと権威により分割されているために、即ち絶対権力を作らなかったために弱い。その弱い権力が弱体であったことが分かる。その結果ホッブス原理から、土台になっているスポンジケーキに大きな変化が起こってくる。

できたてのデコレーションケーキ、その土台のスポンジケーキが沸騰しながらも壊れもせずに次第に固まりはじめるのである。しかし容易には固まらなかった。鎌倉時代前後から大きな変化が始まる。八世紀から約五百年ほどたっての変化である。我々の歴史のサイクルは約半世紀五十年が基礎にあり、そのうえの歴史のサイクルは四、五百年で回ると考える。

鎌倉時代前後から全国に惣村《そうむら》というものが生まれる。現在の村であるが、伝統の概念であるので惣村を使う。現在の合併前の市町村が約三千あったので、数千の惣村が全国に生まれたとしよう。スポンジケーキ内を構造的にとらえると、できてから四、五百年、柔らかい状態であったスポンジケーキの中に数千の小さな核ができてきたということであり、わずかではあるがスポンジケーキが固まり始める。

惣村の性格は、自衛権、交戦権、裁判権をもっていたこと。裁判権に関しては、伝統の概念で自断権と言っているが、自衛権、交戦権と共に欧米の概念で裁判権を使う。私はこの自衛権、交戦権、裁判権をもっていた惣村を、そのような権利をもっていたことにおいて、西欧が数百年後に作る国民国家に概ね相当するものと考える。

惣村は自衛権、交戦権、裁判権をもっていた。では何のために、このような物騒なものをもっていたのか。それは入会山、灌漑水の確保のためであった。基本的に権力が弱体であったため、国権としての裁判権が確定していなかった。そのため惣村は村の生存を賭けて武力抗争をせざるを得なかった。それぞれの惣村が武力を保有し、山林、河川の独占的使用権を主張して武力による闘争を展開したのである。惣村は、武力による自力救済権をもっていたということである。そしてその闘争は、鎌や斧によるのではなく、後の戦国大名のような弓矢による戦いをしていた。そして、そのような惣村間の武力による合戦、女子供さえ容赦なく殺しあう凄惨な殺し合いが罪にならない、まさに乱世であったのだ。

さらに次ぎなる変化が起こる。それは複数の惣村を抱え込む形で、戦国領国が守護領国に取って代わって生まれてくる。後の戦国大名を生む領国である。この戦国領国が確立していくのと平行するかのように足利氏の権力が消滅に向かう。そして誰が足利氏に代わって権力を握るかの領国間の争い、即ち戦国時代に入っていく。この戦国領国の性格は惣村を拡大したもので、自衛権、交戦権、裁判権をもっていた。むしろ戦国大名の交戦から惣村をみた方が惣村の性格が分かりやすいだろう。山林、河川の権利を争って、戦国大名と同じような合戦をしていたのである。

私は、律令制の崩壊後から織豊政権の確立までの間を「乱世」ととらえる。戦国時代はその後半に現われた乱世の一つの形と考える。我が国は「古代」があり、「乱世」を経て我々の「近代」、即ち徳川の平和の世を迎える。そして我が国の乱世はヨーロッパの中世にあたる。ヨーロッパの中世もまた乱世であり、これは前に述べた同時並行現象の一つである。

ヨーロッパの乱世をフェーデ（暴力による自力救済権に基づく私戦）と言う。共に人はみな自力、即ち自己の責任と能力によって生きなければならなかった。人は個では生きられない。ましてそのような状態のもとでは、人はみな集団に属することによってしか生きることができなかった。

この戦国領国をスポンジケーキ内の構造面からみてみよう。江戸時代の藩の数が約三百ほどあったので、数百の戦国領国という大きな核がスポンジケーキの中にできてきたことにしよう。構造的にはスポンジケーキがさらに固まりかけてきたのである。しかし惣村にしても戦国領国にしても、武力による抗争をしているのであるから、スポンジケーキ内は沸騰していた。

周知のように、足利氏に代わって織田信長の権力が確定し天下が統一される。天下が統一されたということは、戦国領国がもっていた交戦権を取り上げたということである。統一された権力によって、領国がもっていた交戦権が回収された。スポンジケーキ内の大きな核である戦国領国の武力による抗争が納まり、沸騰がとまったのである。しかし領国内の惣村は相変わらず交戦権をもったまま、山林、河川の権利を主張して武力による闘争を続けていた。

武力による大きな抗争が終息しても、小国家まがいの惣村がことある毎に武力抗争をしていたのでは完全な統治とは言えない。そして惣村の交戦権を取り上げたのが、秀吉による「刀狩令」であった。信長によって戦国領国の交戦権が回収され、秀吉によって惣村の交戦権が回収された。これでスポンジケーキの中の沸騰が完全に止まり安定したのである。この安定のうえに徳川の平和が築かれた。そして現在にいたっている。

秀吉は惣村の交戦権を取り上げはしたが、惣村の自治権は取り上げなかった。それまでは、惣村が山林、河川の争いで相手の村民を殺しても罪に問われなかった。ここに惣村が交戦権をもった主権団体であり、その争いで人を殺しても罪にならない乱世であった。秀吉はあくまで暴力による解決を禁じたのであり、山林、河川の村の自治権を含む広範囲な自治権を残したのである。あくまで武力衝突による凄惨な殺しあいを禁じた。またそこから次第に、たとえ生きるための山林、河川の争いであっても、人を殺せば罪になるという近代意識が生まれてくるのである。

惣村の自治は徳川の世になっても維持された。維持されたというより、むしろ幕府は村落内外の紛争を惣村間の交渉や近郷の村々の扱いによって自律的に解決するよう求めた。現実には、幕府は惣村内外の争いにいちいち干渉するような意志も能力もなかった。しかし暴力による解決だけは徹底的に否定した。だから、いわゆる「越後屋」と結託した悪代官と村民の暴力沙汰を防ぐために、直訴と言われる「越訴」さえ認めていたのである。

信長と秀吉による安定のもとに築かれた徳川の平和。これを私なりに述べると、幕府はいわば間接統治を行っていたのであり、村や町は広範囲な自治権をもって統治されていたのである。統一された権力と村や町の自治、現在の表現で中央と地方のまことにうまいバランスのうえに成り立っていた。政治、行政上の中央と地方の見事なバランスに加えて、環境的には完璧なリサイクル社会。そのうえに、元禄、文化文政文化に代表される大輪の文化の華を咲かせた。徳川幕府の強権によって民が「支配」されていたならば二百六十年にもおよぶ、このような社会はとうてい不可能であったろう。

ここで、国家の作り方における彼我の違いをみてみよう。ホッブス氏が国家なるものを想定したのは、言語知の中でのことということである。現実にはまだできていない。概念としてたてられたということ。一方我々は国家という概念は作らなかったけれども、ある時間をかけて経験知により、具象物としての惣村というものを作ってしまう。前に述べたように、彼らは既存のものを考えるとき、まず抽象概念がでてきて、具体的なものと擦り合わせる。新たな何ものかを作るとき、言語知によって行なう。それを理論化してから具体的なものを世の中に作る。一方我々は抽象概念を使わずに、経験知による具象物を作ってしまう。

国家を作る背景の相似

このように作り方において違っていても、その背景と出来上がったものはかなり相似していたことをみてみよう。

我が国は鎌倉時代に法治国家になった。惣村にしても領国にしても、自力救済権に基づく当事者の交戦権によって事態を解決しなければならない乱世であった。言うならば、声が大きく腕力のあるものが勝つという世界である。これがどうして法治と言えようか。確かに現在のような法治ではない。しかし人はおしなべて法を持ち出すようになった。

幕府は貞永式目を制定した。しかし我々が教科書で知るほど、当時の人達には知られていなかった。さらに長い歴史のうちで、多くの慣習法が出来上がっていた。この時代になると、人はまず法を持ち出した。自力救済権を法のもとに主張したのである。人はみな自分の有利な法を持ち出した。何時、誰が作ったのか分からないような法を持ち出した。その背景には、まだ現在のような法が整備されていなかったことがあり、判例の観念もまだ成立していなかった。だから矛盾した法がたくさんできていた。また調停機関である裁判所は真実を追求する考えも力もなかった。人はみなそれぞれ自分の有利な法を持ち出した。では裁判ではどうなったのか。

乱世における我が国の裁判が、ヨーロッパと同時並行現象で相似していたので、この場合ヨーロッパのほうが分かりやすい。決闘で決めさせた。これほど明瞭なものはない。要するに当事者の暴力で決着させた。だから乱世と言うのである。我が国は決闘こそしなかったが、実質的には決闘と同じようなものであった。法に基づいて大きな声で主張し腕力があるものが勝ったのである。だから乱世であったが無法の時代ではなかった。鎌倉時代になると、人はみな法を意識するようになった。法を意識せずに生きることができなかったと言える。このように乱世において法意識が芽生え、国法が定まれば、それに従うという法治国家になっていくのである。またヨーロッパの中世と我が国の乱世が、共に自力救済権に基づく徹底した当事者主義の時代でもあった。

現在、我が国の女子高生が援助交際という売春をして言う。「相手も楽しい私も楽しい、しかもお金ももらえる。誰に迷惑をかけているわけではない」。何と、堂々たる論理ではないか。この論の私の論理より遥かに明晰であり、論理自体に間違いはない。何故、現在の女子高生の話にいたるのか。それは、歴史上の乱世と共通点があるからである。共に徹底した当事者主義である。

惣村は山林、河川の権利を主張して当事者の交戦権により、領国は政治的、経済的利害が対立すれば当事者の交戦権により、即ち合戦によって決着をつけなければならなかった。債権、債務に関して法廷に持ち込めば、当事者の力によって決着をつけなければならなかった。当事者主義により世は乱れていた。また宣教師達の証言によると、山野、田畑も荒廃しきっていたと言う。幕末に訪れた欧米人がみた、見事に植林された山、手入れの行き届いた田畑、見事に刈り込まれた家々の庭、まるで箱庭のような景観。打ち続く合戦により、このような景観はみるべくもなかった。あらゆる意味で国土は荒廃していた。

現在の平和な時代における女子高生の徹底した当事者主義は心の荒廃から生まれたものであり、荒廃を生んでいる。乱世を終息させたのは、ホッブス理論による信長と秀吉による権力の確定であった。すると、心の荒廃をなくすためには、我々共通の倫理道徳の規範ということになる。我々は今までそのような倫理道徳の規範をもっていた。我々は過去を封建的、古くさい、ダメだということで否定してきた。そのため我々の倫理道徳の規範がみえなくなってしまった。もともと基盤を否定してきたために、我々自身が不安定になり、みえるものも見えなくなってしまった。

また、時代の大きな変わり目にさしかかってきた。今までの規範では対処できなくなってきていることもあるかもしれない。今までの規範を革新して新しい器としての規範を作らなければならない時が来ているのかもしれない。そうであればこそなお一層、我々の伝統に目を向ける時ではないだろうか。

何れにしても我々は現在、我々の倫理、道徳規範がみえにくくなっている。そのお陰で我が国の女子高生も、このような堂々たる論理が言えるようになったのである。

乱世惣村と近代国民国家の相似――思想家ルソーの考えとの相似

背景の相似と共に、惣村が近代西欧が作った国民国家と相似していたことを詳しくみいこう。惣村が自衛権、交戦権、裁判権をもった主権団体であったことにおいて、国民国家と概ね相当すると考えるが、さらに本質的な相似を。

惣村は、「村のために死ななければならない」という強い共同体的性格をもった主権団体であった。

惣村は惣村間の合戦で生き延びなければならなかった。そこでは当然、村としての強い結束が必要になった。惣村では、近代国民国家が他国との戦争における国民の働きを賞罰し、戦没者に対して補償するのと概ね相当することが行なわれていた。即ち、合戦における戦功への褒美、合戦忌避者の処罰、負傷者・戦死者遺族への補償。

乱世は、自力救済権に基づく当事者の暴力によって生きなければならなかった。惣村、領国の合戦において、女子供が殺されるのは当たり前のような時代であり、そのことが罪にならない残酷な時代でもあった。そこで乱世に生きる人はみな生きるために、生と死をみつめなければならなかった。人はみな心の奥底をみつめざるをえなかった。その心の奥底の残酷さ罪深さに対峙しなければならなかった。人は個では生きられない。何らかの共同体の中でしか生きられない。まして残酷な乱世である。生きるために死も見つめたとき、生きるために死ななければならない存在としての惣村が浮かび上がってきたのではないか。乱世五百年の残酷な世を生きた人々が、生と死に対峙して、生きるためには死ななければならないという意識をもつようになった。その拠り所、基盤が惣村であったと考える。

十八世紀のいわゆる啓蒙思想家のなかでルソーという人は、日本人にとっても何かとなじみ深い人物である。教育の面でも取り上げられ、近代小説の祖とも言われ、また「むすんでひらいて」という歌はルソーの作曲とも言われる。単なる社会思想家としてではなく、多様な面をもっていた故に親しまれる人物かもしれない。その思想も、自由と平等をかかげてフランス革命の原動力にもなり、絶対王政を転覆させたものであった。これは確かにルソー氏の一面であるが、もう一面では「市民は国のために死ななければならない」と言った思想家でもあった。

ルソー氏の考えの根拠は、「彼らが国家にささげた生命そのものも、国家によってたえず保護される。

そして、彼らが国家を守るために生命をかける場合、彼らは、国家からもらったものを国家にかえすにすぎない」という論理である。よって、「すべての人は、必要とあれば祖国のために戦わなければならない」。さらにルソー氏は言う。「他人の犠牲において自分の生命を保存しようとする人は、必要な場合には、また他人のためにその生命を投げ出さなければならない。さて、市民は、法によって危険に身をさらすことを求められたとき、その危険についてもはや云々することはできない。そして統治者が市民に向かって「お前の死ぬことが国家に役立つのだ」というとき、市民は死なければならない。なぜなら、その条件によってのみ彼は今日まで安全に生きてきたのであり、また彼の生命はたんに自然の恵みだけではもはやなく、国家からの条件つきの贈り物なのだから」。

ホッブス氏が権力装置としての国家を理論化した。その権力は民にある、即ち契約という概念によって主権在民を理論化したのがルソー氏である。ルソー氏は主権在民、民主主義の元祖と言ってもいい人物である。そのルソー氏が、主権在民、民主主義に基づく国民国家における国家と民の関係の本質をこのように述べているのである。

「他人の犠牲において……生命を投げださなければならない」という個所は、一般論というか道理として述べている。それ以降はルソー氏の論理に基づいて、市民は国のために死ななければならないとなるのであるが、その理由はルソー氏の論理を知らなくても、道理としても理解できるはずである。即ち、我々が平成の平和で豊かな我が国に暮らせるのは、たんに自然の恵みだけでなく、多くの祖先の人が作ってくれた伝統の基礎のうえにたった諸々の社会制度をもった日本という国に生まれたからである。

国のために死ななければならないと言うと、現在の我が国では、軍国主義ということになってしまうのではないか。するとルソー氏は民主主義ではなく軍国主義の元祖になってしまう。これは明治以来、我々は彼らの文明を強壮剤として取り入れ、真の栄養素としてこなかった証しと考える。彼らの文明がどのような文明であるのか、国家とは何で、どのようにして作ってきたか、諸々の概念の真の意味を知ろうとしてこなかった証しと。また洋才だけをみて洋魂をみてこなかったとも言える。近代国民国家は、いわゆる軍国主義的な性格を多分にもっている。だから、民間あるいは個人レベルの交流が、近代国家の性格を補償するものとして必要になってくるのである。個人と国家はレベルが違うのであって、同じ次元で考えるものではない。

フランス革命がルソー氏の思想の体現であるとも言われる。流血と殺戮の革命の後にナポレオンが現われ国民軍を組織して破竹の勢いをもった。ここにに国民軍というものが歴史上初めて作られた。今までは兵隊は傭兵であった。傭兵というのは金で雇われる兵隊であり、その一面は後から銃を突き付けていなければ逃げてしまう兵隊である。それに反してナポレオンの軍隊は、国民軍を構成する市民に祖国フランスと自由・平等・博愛のために死ぬことを要求したのである。即ち、革命によって生まれたフランスという国家の市民の愛国心に支えられた軍隊であった。だから強かった。

博愛というのはフランス固有の価値と考えるが、自由と平等がおしなべて欧米諸国の価値になったのである。ここにいたって、フランス人を含めた欧米人が猿でなかったという証明が成立するのである。即ち、国家と自由、平等、博愛を命に代えても守らなければならない価値としてかかげたからである。

我々はルソー氏を生みださなかったけれど、乱世五百年の惣村において経験的に、「村のために死ななければならない」という愛郷精神を培ってきた。この愛郷精神が領国に嵩上げされ、統一後は日本という国に崇上げされ、多くの人の意識の内に流れているのである。これを証すものをあげる。

宮崎滔天《とうてん》氏は、孫文などの中国の近代化をすすめていた人達を援助したことで知られている。日清戦争のとき、滔天氏と兄が国民兵にとられてはかなわないから外国に逃げようかと冗談を言っていたら、母親は激怒し身を慄わせて、このように言って泣き伏した。「今から出て行け、見下げ果てた我が子！　百姓の子さへ名誉の戦争に行きたいと云ふてをるではないか。それに何ぞや戦争を見懸けて逃げる？　もう此家に置く事は出来ぬ。出て行かねば己れが死ぬ」。

滔天氏の母親は、幕末から明治初めに生きた一婦人にすぎず、明治愛国主義の信奉者だったのではない。乱世五百年の惣村において培われた愛郷精神が国に崇上げされているのである。言語知というのは、ある強さをもっている。ものを対象化することにおいて強さをもっている。一方経験知も別の意味の強さをもっている。長い年月によって培われたものは血肉となって脈々と流れ続けるという強さ。

愛国心も明治以来の欧米の概念である。我々は、これに概ね相当するものを愛郷精神、愛郷心として培ってきた。即ち、故郷を愛する心情である。これを欧米の概念で愛国心と言うだけのことである。この故郷を思う心性とその強さは、現在にいたっても何ら変わっていないと考える。この点において、我が国が国民国家を作ることに関して、欧米よりも容易だったと考える。ちなみに、欧米は愛国心を涵養するのに主に教育、即ち義務、強制化によって行なったのである。

教育基本法改定で愛国心という言葉を使うか、問題になったようである。私は、あえて愛国心という言葉を入れる必要はないと考える。その理由は、我々はどの国より強い欧米の概念の愛国心、即ち愛郷精神をもっていると考えるから。それは上から強制されたものではなく、乱世五百年に培われたものであり、一見表立ってみえないようであるが、我々のなかに脈々と流れているから。また少なくとも私は、愛国心という欧米の概念に、武家政権を軍事政権と言ったときに感じる違和感を感じる。違和感を感じるということは、それが逆に脈々と流れている証しかもしれない。

では何故、あえて愛国心という言葉を使おうとする風潮が生まれるのか。それは、一方では国旗が血塗られているからと言って、国旗、国歌さえ否定する風潮があるからである。国旗が血塗られているという見方自体には問題はない。問題なのは、前に述べた我々の犯しやすい間違いである絶対視することにある。国旗が血塗られているとみるならば、自国の国旗と諸外国の国旗の血塗られ具合を相対化してとらえる必要がある。ところが相対化されずに、日の丸だけが血塗られていることが絶対なのである。絶対視することは、思考停止であると前に述べた。もうそれ以外何も考えられなくなってしまう。頭の中の空洞化はそう長くは続かない。

乱世の価値観としての主従の絆――忠臣蔵

乱世は残酷な時代であった。我々の歴史の闇の部分とも言える。しかし、その闇が光を内包していたと言うか、その闇を克服して我々の近代を作り上げた。このような歴史をもったのは西欧と我が国だけである。だからこそ両地域が近代化した。乱世において、近代西欧と出会っても食われない我々の近代の基礎が作られたと言える。西欧が作った国民国家に概ね相当する国民国家。法治国家に必要な法意識。司馬遼太郎氏等が言うように現在の生活様式が確立したのも乱世であった。もう一つ、乱世に生まれたものが鎌倉仏教という我々独自の仏教であった。

ここで鎌倉仏教について述べるつもりはない。ただ、その背景の乱世がいかに苛酷な世の中であったかと思うだけである。鎌倉仏教は、まさにそのような乱世が生み出した仏教あった。祖師達自身が乱世の申し子であった。終戦後、都会に戦災孤児があふれていた。動乱のときには孤児が生まれる。法然も道元も日蓮も孤児であったとも言われる。そのような祖師達が仏教を通して我々の思想、哲学を作った時代でもあった。

親鸞は「罪悪深重」と言った。アメリカのルース・ベネディクト女史は、日本は罪の文化ではなく恥の文化と言った。確かに我々は、我々の宗教の中心に罪というものを据えていない。しかし乱世に生きた人達はおしなべてみな、乱世故に心の奥底をみつめざるをえなかった。そして残酷な世に生きて、罪悪深重という思いを日々の生活のなかで実感して生きていたと考える。宣教師達の証言によると、日本人はキリストの受難の話を聞きたがり、涙を流して聞いたと言う。罪を一身に引き受けて十字架に懸けられた受難の話は、現在の我々より遥かに実感をもってとらえられたのだろう。私は、親鸞一身の思いとは別に、乱世を生きた多くの人達の罪悪深重の思いをみたい。

信長も秀吉も乱世を生き抜いた人物である。罪悪深重の思いは共通していたと考える。何故このような乱世が生じたのか。もともと統一的な権力が弱体で、社会の安定に必要な諸々の装置がまだ機能していなかったからであろう。その権力を掌中におさめた信長、秀吉であればこそ、何としてでもこの乱世は終息させなければならないという思いがあったと考える。

丸山眞男氏は、それぞれの時代にはそれぞれの価値があって、その価値を中心にいろいろなものが動いている、と言う。我々はその価値をみなくなってしまったために、過去の人達がその価値のなかで悪戦苦闘してきたこともみえなくなり、歴史がおもしろくなくなり、またそのために、今の歴史教育の欠点になっているのではないか、と。

そこで、乱世戦国時代に培われ、おしなべて江戸時代の人達の価値となったものを述べる。結論から言うと、それは主従の絆であった。忠臣蔵に代表される歌舞伎の主要な一つの主題が主従の絆であり、それが人々に熱狂的に支持されていた。現在の我々も、その主題の一つが主従の信愛の情にあることは、日本人であれば大方の人は納得がいくだろう。

司馬遼太郎氏の『功名が辻』がＮＨＫのテレビドラマになった。まさに残酷な乱世の物語である。良妻の鏡とされている「山内一豊の妻」千代さんを通して、一豊が一国一城の主になるまでの物語である。確かに一国一城の主になるのは一豊であるが、しかし一国一城の主になることは、主従共通の夢であり生き甲斐であった。一豊一人の夢ではなく、従者にとっても夢であり生き甲斐であった。乱世も戦国時代になると、戦国大名は近隣に覇を唱え、さらには天下を望もうとした。その拠り所が主従の絆であった。主は従者を頼み、従者は主を頼まなければ乱世を生きてゆくことができなかった。

ある合戦において、大将が負傷している従者をみつけ、馬からおりてその従者を馬に乗せようとした。その従者は、このように言って大将を諌めるのである。今まで自分たちが戦ったきたのは、お前さんを大将に立てて共に望みを遂げるためであって、そのお前さんが命を捨てようとするのは無責任である、大将が命を大事にするのは、従者に対する責任であり義務であると言っているのである、と。

戦国時代になると、このような意識が定着していたとみていいだろう。当時の人達のこのような意識をみないと、主従の絆の意味が分からなくなる。一般には、主従の関係を奉仕と御恩、献身と保護と言われているが、従者の側からすれば、奉仕と献身であるが、このような紋切型の表現を越える思いというか、それだけでは言い表せない思いが感じられる。要するに、奉仕と献身が従者の尊厳の拠り所であったのだ。イギリスにおいてさえ、二十世紀になっても、主人への奉仕と献身が従者の尊厳の根拠であった。

主人が慈悲と情けをかけてくれるからこそ仕えるのだ。従者はそこに自尊の拠り所をみていた。信長の傲慢と思われる言動は、自分こそが仕え甲斐のある主であることを示す自信の現われでもあり、傲慢さのなかにそのことを示した唯一つの戦国大名であったと思うのである。秀吉がこれにこたえたからこそ天下をとれた。主従の絆が歴史を動かしたと言えるかもしれない。一豊も父親が織田方に殺されたにもかかわらず信長に仕えた。また残酷で苛酷な乱世にもかかわらず、一豊主従にはどことなく生き生きとしたものが感じられる。

乱世戦国時代が生んだ価値、主従の絆。これは武士、侍だけの価値だったわけではない。もともと惣村において、統治者であった名主と平百姓、下人が主従関係にあった。地侍であった名主層が戦国大名の家臣団になっていく。だから戦国大名は天下を望むにしても、惣村の統治如何にかかっていた。領主である戦国大名とその家臣団になった名主層が主従関係にある。俗の世界だけでなく聖の世界も同様であった。即ち、本山、大寺院、末寺が主従の関係にあった。だから本願寺宗主は「大谷殿様」、「上様」であったのだ。

このように乱世は、人の関係がすべて上から下まで金魚の糞のごとく主従関係によって貫かれていた。

そして主は支え甲斐のある主たらんとし、支え甲斐のある主をもった従者はそこに誇りと尊厳をみいだした。乱世が生んだ主従の絆という価値。我々はそこに戻れないし、また戻る必要もない一つの時代の価値であった。

そこで忠臣蔵をみてみよう。これは復讐劇の一面をもっている。復讐劇というのはかなり普遍的な物語の型と言えるだろう。しかし忠臣蔵は四十七士の復讐心ではなく、主従の絆が主題であろう。即ち、主、内匠頭の死を慮ったその死への無念さ、切々たる哀惜の情が全体を貫いているのである。この物語は、事実に基づいた話であるが、なかなかうまく構成されている。と言うのは、主従の絆が主題になっているにもかかわらず、主従関係のうちの「主」がいなくなった部分が物語の大部分をしめている。我々は何か大切なものを失ったときに初めて、その価値が分かるという感覚であり、そこをうまく突いているのである。主との生前における絆の強さを示す具体的な話が一切語られていないにもかかわらず、その絆が如何に強かったかがひしひしと伝わってくるのである。絆の強さへの感動。そこに、時代の価値を共有していた江戸時代の人達の熱狂的な支持があったのである。

では、その価値をもたない現在の我々を引き付けるのは何故か。我々はもうその価値をもたないけれど、乱世という歴史とそれが生みだした伝統の延長線上にいるからであり、さらにそこには、人の尊厳が現れているからである。

四十七士は幕府から切腹を命ぜられたから死んだのではない。当初から死を覚悟していた。だからこの物語は四十七士の死を前提にした話である。死を前提にした人達の行動が、生き生きとしておもしろいのである。死を前提にしている人が生き生きとしている。何か矛盾があるように思えるが矛盾はない。生と死の間に価値があった。その価値から生と死をとらえると、生と死が相対化される。生と死が等しいものとしてとらえられるのであろう。四十七士は、己れ一身の命より主従の絆という価値を選んだ。忠臣蔵は時代の価値に生きた人達の物語である。人は何のために生き死んでゆくのか。これは宗教の根源的な問いでもある。忠臣蔵はかなり普遍的なものを現しているのである。

国家の作り方の違い　②ネイションステート

さて次に、別の面から国家というものをとらえてみよう。近代の国民国家をネイションステートと言う。これを明治の先人が国民国家と訳した。ネイションを国民、ステートを国家と訳したと考え、ネイションとステートが何であるかを考えてみた。

ネイションは国民共同体としての国家である。それは共通の歴史、伝統、文化をもった共同体としての国家。これを時間軸でみると、過去から現在そして未来へと続く共同体。空間軸では家族、地域社会等、何らかの絆をともなった共同体。

ステートは二つの意味がある。一つは安定装置としての国家。ホッブス氏が自然状態を解決するものとした秩序としての安定装置。と同時に権力装置。即ち安定装置および権力装置としての国家の一面。もう一つはネイションとしての国民共同体を守る防衛装置としての国家。

国家の作り方における彼我の違いをみてきたが、ここでもう一度、ネイションとステートという観点から作り方における彼我の違いをみてみよう。

西欧は国家をステートから作った。ホッブス、ルソー、モンテスキュー等の人物が現れ、論理をもちいて理論を構成し思想として現した。谷沢永一氏が言っているように、まず理論なり思想が書物等によって現される。それから現実に国家というものを作る。そしてそれは、秩序としての安定装置であると同時に権力装置であるステートとしての国家であった。それから次にネイションとしての国民共同体を作っていった。その国民共同体を作ることを教育によって行なったのである。

前に、欧米は愛国心を涵養するのにこれを教育によって行なったと述べた。その意味するところは、ネイションとしての国民共同体を作るのに教育を用いたということである。即ち、自国の歴史、伝統、文化を教えることにより、国民共同体を強固にしていったのである。だから愛国心涵養の意味内容は、自国の歴史、伝統、文化を教えることであると言っても過言ではないと考える。あるいは愛国心という概念は、国民共同体を作るのに必要な一つの概念にすぎないとも言える。

一方、我々は国家をネイションとしての国民共同体から作った。八世紀初頭に国家としての外郭だけは作っていた。その国家が、どのようにして固まっていったかは既に述べた。そしてそれがネイションである国民共同体としての国家であった。我々は、それを乱世五百年の経験知によって作っていった。欧米がステートとしての権力装置を言語知によって作り、その後と言おうか同時にと言ったらいいのか、教育によって国民共同体を作ったのと対照的である。

我々は長い間の経験知によって国民共同体を作ってきたのであるが、ステートを作らなければならなかった。我々はどのようにしてステートを作ったか。明治国家を作るときに、経験知によって作ってきた国民共同体をステートとしてとらえ直した。それが可能だったのは、すでに強固な国民共同体ができあがっていたからであり、八世紀以降の同時並行的な変遷があり、文明としての共通点ももっていたからであった。しかしここに問題があった。我々は欧米がやったように自ら論理を用いてステートを作ったのではなく、出来上がったものでとらえ直しただけであった。則ち、欧米の概念でとらえ直したにすぎなかった。だから言うならば、国家を含めた権利、義務、自由、平等などの概念が消化不良に陥ってしまったと言っていいだろう。ここに現在の混乱の原因があると考える。

そこで、言語知の論理を用いてステートとしての国家を作ることと、経験知を用いてネイションである国民共同体としての国家を作ることとの違い、即ち言語知と経験知を用いる違い。これを、市民は国のために死ななければならないというルソー氏の言葉からみてみよう。

我々は、生命等が国によって守られていることが自明のようになっている。要するに、我々にとっては国家が空気のような存在になっている。だから、国のために死ぬ根拠が何であるかを問われたら、我々は答えられない。そこで、いわゆる軍国主義に結びつけても致し方ないところがある。しかし私には、結びつく論理が分からない。一方、欧米は論理に基づき理論としてかかげられるから明快にみえる。ルソー氏の論理をみてみよう。「市民が国に捧げた生命そのものも、国家から保護されている」という論理に基づく根拠があり、だから時と場合によっては、国のために命を捧げることは、国からもらったものを国に返すこと。そこで、市民は国のために死ななければならないということになる。このルソー氏の論理が絶対とは思わないけれど、少なくともその理を追っていけば理解はできる。

一方、我々は五百年におよぶ乱世において、村のために死ななければならないという愛郷精神を培ってきた。それが国に嵩上げされて、現在の我々のなかに脈々と流れていると考える。我々は、欧米のように言語知のなかの論理によって愛郷精神を学んできたのではないので、国のために死ぬ理論的根拠がないのである。これは何を意味しているのか。

我々は、五百年の乱世における経験知のなかの道理によって、村のために死ななければならないことを培ってきた。要するに、国家からの強制ではなく、五百年にわたる歴史そのものの重みによって、一人一人が村のために死ぬことを意識するようになった。それは、経験的、直観的根拠と言うことになる。一方欧米は、ルソー氏のような啓蒙思想家達が言語知のなかの論理によって理論を作ってきた。それを一般の人々に周知させるために、必然的に教育というものがでてくるのである。

欧米は国民共同体を教育によって作ってきた。義務教育と言われるように、義務、強制化することによって行なってきた。我々は、共同体意識を歴史そのものの重みによって一人一人が体得してきたので、教育の必要がなかったとも言える。将来的に教育の必要がないと言っているのではない。国防、防衛、安全保障と共に教育は国の柱である。国家、ネイションとしての国民共同体の作り方における彼我の違いから、我々の正体を明らかにするために述べているのである。

国のために死ななければならないということをルソー氏の論理でみてきたが、この考えは古代ギリシャから引き継がれたものであろう。即ち、国または共同体のために武器を持って立ち上がり、国または共同体のために命を捧げるというギリシャの考え。では現今、二十一世紀の欧米諸国の考えはどのようなものであろうか。スイスという国をみれば最も分かりやすい。スイスが国民皆兵ということを知っている人も多いだろう。皆兵というのは徴兵よりもはるかに厳しいものだ。スイスが危機に臨んだ時、総ての国民は武器を持って立ち上がり、国に命を捧げなければならないのである。皆兵制をとっていない欧米諸国も、自国が危機に臨んだとき、武器を持って立ち上がり国のために命を捧げることが、市民の基本的な義務なのである。

国のために死ぬことは軍国主義と思っている人がいるようである。国のために死ぬことが軍国主義ならば、現在の欧米諸国は軍国主義国家ということになってしまう。常識的に考えても、欧米諸国を軍国主義とは言わないだろう。これは我々が、如何に洋魂を学んでこなかったという証しでもある。

確かに軍国主義というものはあったが、歴史年表に軍国主義時代という区分があったにすぎないのである。そして現在はその軍国主義時代が終わって、ゆうに八十年はたっているのである。今だに軍国主義という言葉が安易にでてくる。私は我が国が世界の中でそれほど遅れていると思っていないが、軍国主義という言葉が安易にでてくることにおいて、遅れているとしか言いようがない。そしてそのために世界から取り残されて孤立してしまっている。

このようになったのは洋魂を学んでこなかったことにつきるが、加えて敗戦のショックが如何に大きかったということであろう。頭の中の空洞化はかなり治りかけているが、まだ空洞化した部分が強固に残っている人たちがいるということでもある。その人たちの頭の中では、平和という言葉と同じように軍国主義という言葉が空洞化した中でカラカラ、カラカラ音をたてて回っているのであろう。

明日に向かって一歩を踏み出すためには、我々の立っている基盤とその位置と正体を知る必要があると考える。

基盤が不安定であることは、次のようなことから明らかであろう。大きな地震のとき路上にいたら、その場に立ちすくまなければならない。まともに歩けない。位置が分からないときは、進む方向が分からない。自分の正体が分からないことは、記憶喪失のような状態と考える。記憶を失ったら、すべての意識が自分が何者であるかに向かうと考える。とても意識は明日へは向かわない。

我々は欧米のように言語知による論理ではなく、経験知による道理により国を作ってきたところがあるので、欧米の論理、価値観でとらえると、我々自身の説明がつかないところがある。それ故に、我々の正体を知るためには何物にもとらわれずに、我々を作ってきた歴史と伝統そのものをみつめる必要があると考える。

また、我々は言語文明に出会って千年以上、言語技術文明に出会って百年以上たっている。だから言語知もかなり使っている。その結果多くの思想も生み出してきた。聖徳太子、空海、最澄、鎌倉時代の祖師達、鴨長明、世阿弥、江戸時代の思想家達。そこには、哲学的思想から社会思想にいたるまでの様々な思想がある。

歴史と伝統、それが作りだしてきた思想からも我々の正体を知る手がかりが得られると考える。我々の正体は、我々の内にしかない。外部にはない。右顧左眄していても見つからない。外部のものが多少役に立つことがあるとすれば「反」としてであり、それは、我々の正体である「正」を照らしだすものである。照らしだされるべきものは、我々の内部のものである。

国家の機能のさせ方の違い

次に、国家の機能のさせ方における彼我の違いについて。国家を機能させると言っても、それほど大がかりなことを述べるわけではない。あくまでも本質的なことを原理的に述べるだけである。また、私なりに力学的に述べる。

前に、国家をデコレーションケーキにたとえた。さらに、デコレーションケーキを四角の上に三角をのせた簡略な家の形に置き換えて述べる。デコレーション部分が三角屋根、スポンジケーキが四角。そして三角屋根が権力、四角の躯体部分が民。

まず、権力の辞書的な定義を述べる。他人を支配し服従させる力。支配者が被支配者に加える強制力。権力は強制力であるから、三角屋根の重みが民にかかっていると考える。上からストレスがかかっているようなもので、権力があまりいいものではないことが分かる。人の場合であれば、強度のストレスは病気を引き起こし死にいたることもある。このような下降力はないほうがいい。この下降力をどのように相殺したか。

彼らは、義務と権利というものを想定し、国家への義務を上昇力と考えると、この上昇力によって下降力を相殺したのである。実際には、国家への義務を果たせば、諸々の権利を認めるというかたちで、権力という下降力を相殺した。

我々にはこの力学が機能していない。権利、権利、権利の主張があるだけである。義務はほとんど念頭にない。その割には集団的自衛権という権利には謙虚である。権利という欧米の概念に関して言えば、権利をもっていれば必要なときに行使できるものと考える。集団的自衛権をもっているが行使できない。選挙権をもっているが行使できない、と言っているのと何ら変らない。最近の投票率が低い。ひっとしたら、選挙権はもっているが行使できないという空気が蔓延しているからかもしれない。要するに、我々にはこの力学が機能していないから、権力という下降力がかかりっぱなしということである。そこで、我が国の場合を考えてみよう。

今述べた三角屋根の家の形は、近代西欧が作った原型であって、この原型を具現したのがアメリカ、フランスである。我々はこの形ではない。我々の屋根は、三角が権威によって分割されている。権威と権力という二つの三角が併存している。両者の違いは権威の有無である。では、権威とは何かということである。

権威の辞書的な定義。優れた者として他人を威圧して自分に従わせる威力。万人が認めて従わなければならない価値の力。

我が国の儀礼ではないが戴冠式という儀式がある。万民が王を王と認める儀式。「戴」というのは、頭の上にのせるという意味であるが、あがめ尊ぶという意味をもっている。権威としての王に冠を戴くことは、権威は万民が自分たちの価値を認めて高くかかげて、万民がそれに従おうという価値の力である。民の発意がもとになっている。そこで、権威というのは民の方からの上昇力と考える。

我々は、権力という下降力を権威という上昇力で相殺している。また、我々は権威としての天皇だけでなく、「お神輿」という意識があり、企業のトップ等を押し上げる力が強い。高名な歌舞伎役者さんが、私はお神輿だから皆様にかつがれている、と言うのを聞いたことがある。我々は何らかの価値を認めると、それを下から押し上げる傾向が強い。義務と権利の力学が働かなくても、我が国が安定しているのは、権力の下降力と権威を押し上げる上昇力でうまくバランスをとっているのである。これが統治の並立構造の意味、あるいは機能ということになる。

近代西欧が作った国民国家の原型である国家においては、義務と権利の力学で社会の安定を得ている。権威をもった我が国では、権威と権力でバランスをとって安定を得ている。もう一つのかたちとして、イギリスのような西欧の論理のなかにありながら王を戴いている国を考えてみよう。

イギリスの場合、権威としての王を戴いていることにおいて、形は我が国と同じである。イギリスは近代国家の先端をきった国である。まず国民国家を作った。国民国家を作る歴史のなかで、国王が殺されたことはあっても、フランスのような流血と殺戮という華々しさはなかった。言語知というアクセルを踏むと同時に経験知というブレーキをかけじっくりと時間をかけながら作ってきた。そして産業革命によって、近代の産業化、工業化社会を最初に作った国である。

イギリスは、理論的には権威をもたなくても、アメリカやフランスのように十分機能する国である。では何故イギリスは、権威をもち続けているのだろうか。

竹内久美子氏の言葉をあげる。「君主制と階級制（順位制）がなぜ優れているのか。その一番大きな理由は、これらのシステムが動物の社会進化の歴史の中で自然発生したということ。さらには長い淘汰の試練を受けつつも未だに残っているということである。それ以外の国家の形態——たとえば、社会主義や共和制——は、人間の頭の中から出て来た思想の産物である」。

階級制についてはひとまずおいておいて、これを私なりに述べる。王の存在というものは、長い経験知の淘汰をへて生き残ってきた経験知の産物である。一方権力装置としての国家は、今から三百年ほど前に、近代西欧が言語知の限りをつくして考えだした言語知の産物である。

君主制は王を戴く王政であり、皇帝も王の存在と本質的には同じものと考える。王の存在は古い。メソポタミアのギルガメシュ、エジプトのクレオパトラ、ローマ帝国の皇帝、ローマ帝国崩壊後の大陸では、カロリング、カペー、ブルボン朝等の王、神聖ローマ帝国の皇帝。イギリスにおいても、チューダー、ハーノバー朝等の王。これらはみな王を戴いた君主制であり、紀元前数千年前から現在にいたるまで続いてきた経験知の知恵の結晶のようなものと考える。

では王の存在を成立させているものは何か。まず仰ぎみられる存在であること。人は何か仰ぎみるような存在を欲しているものだと考える。と同時に、統治者として力をもっていること。権威が権威と思えと言ったら権威ではなくなる。即ち仰ぎみろと言われても、仰ぎみるものがなければそうはいかない。また外部から入ってきたものが突然仰ぎみろと言ってもそれは無理だろう。我々が仰ぎみることが可能なのは、即ち権威とは、我々が長い時間をかけて作り上げてきた価値の体現であるから、我々はその価値を仰ぎみることが可能なのである。

また、人は荒野のなかの一匹狼として生きていくことができない。中にはそのような生き方をしている人もあるかもしれないが、万人がそれぞれ一匹狼として生きていくことはできない。一匹狼のような生き方をしている人も秩序があって初めて可能なのである。万人が一匹狼ということは、限りない無秩序を意味する。即ち、人は何らかの秩序のなかでしか生きられない。その秩序を維持していく力が必要になってくる。即ち権力が必要になってくる。

人は何らかの価値を作らなければ気が済まない、また何らかの秩序のなかでしか生きられない動物である。そのような人類が、長い歴史のなかの経験知の淘汰をへてもち続けてきたのが君主制。以上のことが、君主制が優れているとする竹内久美子氏の言葉の根拠であると考える。

今から三百年ほど前、西欧が理論化された権力装置としての国家を考えだした。この時に、今まで一人の王のなかにあった権威と権力を分離したと考える。即ち、権力を政治機構の政府というようなものに移し、権威を王に残した。彼等は何事も言語化しないと気が済まない人達である。これを立憲君主制、王を元首と言語化した。我々は彼等と違って言語化することがあまり得意ではない。近代西欧と出会ったとき、我々が古くからもち続けてきた統治の並立構造を言語化しなかった。あるいは言語化している余裕がなかったのかもしれない。

そこで我々は明治国家を作るときに、立憲君主制と元首を援用したと考える。そして現在もその延長線上にあり、わが国を立憲君主国、天皇を元首と考えていると思う。元首というのは、政治的な力を制限された王として権力の上におかれている。我国の歴史をみても、後鳥羽上皇、後醍醐天皇のようなかたがいらっしゃたのであるから、これは妥当なことと考える。権力を権威の上におくということは、権力は強制力でありあまり好ましくないものであるから、国家の最高位におくことは危険であろう。やはり我々が価値として持ち上げたものを上位におく方が妥当でありふさわしいと考える。

我々は我々の合理主義から、立憲君主制と元首を援用してきたと考える。即ち、使えるものは使おうという。現在我々は余裕をもてるようになった。統治の並立構造を我々の独自の概念で言語化することも考えられるが、それは暇な人に任せることにして、援用していても何の差し障りもないと考える。

国民国家を作るときに、フランスは経験知の知恵の淘汰をへてきた王政を捨てて、共和制にした。一方イギリスは、経験知の知恵としてもってきた王政に新たに作られた権力装置を合体させた。人間がもち得た二つの知である言語知と経験知、それらの結晶ともいうべきものが合体しているのが権威と権力が併存している形である。だからイギリスは権威を経験知の知恵としてもっているということである。二つの知恵をあわせたものだから、時には一たす一が三にも四にもなる。

我が国は八世紀初頭に古代国家を作った。この時に統治の並立構造が確立された。我々はヨーロッパより千年も前に、権威と権力が分離された統治の並立構造を作った。そして統治の並立構造そのものが経験知の知恵として生み出されたということ。そこで、さらなるイギリスとの対比をしてみよう。

イギリスと日本は形のうえでは同じである。イギリスは義務と権利の力学が働いている国であるから、理論的には権威が存在しなくても機能する国である。まさに経験知の知恵としてもち続けてきた。一方我が国はその力学が働いていないから、権威の存在が必須であるということ。権威が存在しないと機能しない、成り立たないということである。

私が統治の並立「構造」として、並立「制」としなかったのはそれなりに意味がある。言葉のうえからとらえると、制度は装置と考える。装置は取り替えもきくし、要らなくなったら取り外すこともできる。しかし構造は屋台骨である。しかも二本の柱でバランスをとっている屋台骨である。その一本がなくなれば、国自体が成り立たない。

前に、我が国のかたちを色の三元素としてとらえた。即ち技術、通商、農漁業。この三元素の平面に上に権威と権力という二本の柱を立てたのが我が国のかたちである。我が国の構造は単純そのもの。我が国の権力は権威により分割されていることもあって、諸外国のそれと比べると弱かった。しかし権威により不動のものとなり、権威は権力の存在により権威でありえた。この並立構造は、暗黙知の知の領域に支えられた経験知の強さをもっていると考える。欧米の言語知の鋭利さに対比されるような。

その強さの一つの証しが我が国の近代化であろう。我が国が非欧米諸国のなかで、欧米に食われずに近代化できたのは、この構造をもっていたことが大きな要因であったと考える。ある意味では何が来てもビクともしないものがある。私が、何度も「長い歴史と伝統のお陰」と言ってきた一つの根拠もここにある。そして近代西欧との出会いの結果であるアジア太平洋戦争の終末において、当時の為政者が、国体の護持と言った統治の並立構造を何としてでも守ろうとした。

我々は近代文明を生み出した欧米主要国と大戦争をした。海外では玉砕につぐ玉砕。広島、長崎への原爆。東京を初めとする都市への無差別殺戮。無念さをかみしめて戦争終決の決断をしなければならなかった。そして三百万人の同胞を失い敵の軍隊が進駐してくることになった。我が国の長い歴史のなかで、一度も経験したことのないことが起こった。　私は表現能力が豊かではないので未曾有の出来事と言うことでしか表現できない。要するに、今までの経験則でははかれないことが起こったということである。だから当時の多くの日本人は、この先どうなるかが分からなかった。そのような苦渋のなかにあって、唯一つでてきたのが、この統治の並立構造だけは何としてでも守ろうということであった。当時の為政者のこの発想の根拠は、論理に基づいた思考の結果ではないと考える。直観的なものであったと考える。前に、暗黙知の知の領域から発せられたと言った根拠はここにある。

タキトゥス氏は、人の真価は逆境の時ではなく、成功した時に分かると言った。しかし、逆境の時に真価が分かるのもまた真なのである。

欧米の概念の個性について

さて、我が国においては義務と権利の力学が働いていないのであるが、私はそれを働かせろと言っているのではない。すでに日常語となっている権利、義務、自由、平等、人権等の欧米の概念の真の意味を知ることと、それらを使って機能させることとはまったく別のことである。そこでまず機能させることから述べるが、実際には我々は機能させられないことを述べなければならない。今述べてきたように義務と権利の基本的な力学が働いていないのであるが、その他の面でも機能させることが難しいことをまず述べて、何故我々は機能させられないのかということを述べていく。

今まで欧米とか欧米人という言葉を使ってきたが、欧米人という人はいないということ。いるのは具体的なイギリス人、アメリカ人等の人がいるのであって、欧米人という人はいない。だから欧米人というのは、ヨーロッパ、アメリカにいる個々の人を抽象した概念である。

欧米人のような抽象概念は、イギリス人、アメリカ人という特定される具象物としての人がいるからそれほど問題はない。欧米人も含めたすべての人をさらに抽象して「個」あるいは「個人」としてとらえると、抽象概念の個人が不特定多数の個々の人を抽象した概念であることが分からなくなり、個人という具象物があると思ってしまうというか、個人を具象的にとらえてしまう。即ち、個人が実在しているように。欧米の概念を使うことによる我々の混乱の大きな要因は、抽象概念を具象的にとらえてしまうことにあると考える。そのもとには我々の文明は経験知に基づいていて、言語知を使っているけれども、基礎になっている経験知の特徴である具象が絶えず顔をだすから。

具象物としての人を「拓哉」、「恭子」に置き換えて、抽象概念の個を「個性」に置き換えて個性について述べる。「卓哉の個性」と言うと、我々は卓哉が個性という特別な具象物をもっているかのように思ってしまう。そこで個性を伸ばそうという発想のもとに、「ゆとり」に行き着いたのであろう。ゆとりまでは的外れではなかった。個性とゆとりは結びつかないわけではない。しかしこの時に、ゆとりについてもう少し考えてほしかった。ゆとりには二種類ある。即ち時間的ゆとりと精神的なゆとり。時間的ゆとりだけを考え、授業時間の短縮、内容的にはとりあえず円周率を三として教える。かなり方向が違ってきてしまったのではないか。ちなみに、精神的ゆとりとは「考える」ことである。考えることは時間とは無縁に可能である。また時間的ゆとりがあると、いいことがない場合が多い。小人閑居して不善をなすと言う。

では何故、違う方向へいってしまったのか。やはりもともと共通の認識にいたる個性の明確な定義を我々が共有していないこと。そうであれば、個性とは何かを考える必要があった。個性とは、一人として同じ人はいない人の性質、本質を抽象した概念である。

我が国の概念で欧米の個性に相当する概念がある。「らしさ」という言葉である。拓哉らしい、恭子らしい、子供らしい、学者らしい、アメリカ人らしい、フランス人らしいウイット、イギリス人らしいユーモア。人間らしい振る舞い。「らしさ」とは、具象物としての人の性質、本質を抽象した概念である。「拓哉の個性」と「拓哉らしさ」は同じと言っていい。伝統の概念で考えたほうが考えやすいし、また確実に考えられる。我々が使っている欧米の概念は翻訳語であり、我々が作り出したものではないから、それを使う場合は、よほどその意味を考えないとあらぬ方向へいってしまう。

欧米人は、現実を抽象して現実を概念でとらえ、言語知の知の領域のなかでその概念を用いて思考する。時には理論なり思想を作りだし、再び現実の世界に下ろしてくる。我々はこのような方法があまり得意ではない。また個性を含めた欧米の概念そのものが、言語知の知の領域で考えるような性質をもっている。

「拓哉らしさ」。「らしさ」も抽象概念であるが拓哉と密着している。我々の思考は経験世界のなかで出てくる思考であるから、「らしさ」を「拓哉」と切り離して、言語知のなかに取り込まなくてもよく、現実世界の具象の拓哉と密着させて考えればいい。また我々の伝統の概念は、経験世界で考えるような性質をもっている。

欧米は「個性」（らしさ）という概念を追求する。それを言語知のなかで徹底的に追求してから再び生身の「卓哉」をみる。思考のメカニズムのところで述べたように一度概念でとらえるということ。我々は「らしさ」という概念を用いて、最初から生身の「拓哉」を徹底的にみることにより追求してきた。彼等は一度言語知のなかに取り組んでから生身の「卓哉」を追求する。彼等は「卓哉」を追求するために概念を用いるだけで、生身の「卓哉」を追求することは同じである。両者の方法に優劣はない。我々は、彼等が概念を用いて思考することによって生身の「卓哉」を追求することが分かりにくく、また言語知のなかでの追求が不徹底なところがある。

「拓哉らしさ」の追求は、ゆとりのなかでもできる。勉強のなかでも遊びのなかでも、スポーツ、音楽、絵など様々な場面で追求できる。最も「拓哉らしさ」を発揮した「らしさ」を伸ばしてあげれば、拓哉君は何か偉大な人物になるかもしれない。これが、「個性を伸ばす」という表現の意味内容であろう。個性は伸びない。伸びるのは拓哉君自身である。拓哉君の個性は拓哉君そのものであり、個性という概念にあるわけではない。個性という概念は思考の材料にすぎない。

欧米人と我々日本人のＯＳの違い

では何故我々は、欧米の概念を使ってうまく機能させられないのであろうか。前に明治維新について述べたところで、コンピューターの基本ＯＳのたとえを用いた。結論から言うと、ＯＳが違うからである。人のＯＳというのは、基底部においては共通しているが、ＯＳを動かしているのは言語と考えるので、言語が違えばＯＳも違う。アメリカ人のＯＳとイギリス人のＯＳは違う。イギリス人とフランス人のＯＳは違う。フランス人とドイツ人のＯＳも当然違う。

最近では日本人のなかにも、我々は様々な面で欧米式の生活をするようになったので、「自分は欧米人になっている」と思っている人がいるのではないか。もしそう思っている人がいたら、よく考え直したほうがいい。欧米人になることは不可能とは思わないが、なかなか難しい。欧米人になることは、ＯＳを欧米のＯＳに変えることである。欧米人のＯＳはかなり共通した部分をもっているが、欧米というのは抽象概念であるから、概念としての欧米のＯＳはあるが、欧米のＯＳそのものはない。あるのはイギリスのＯＳであり、アメリカのＯＳである。そこでアメリカ人になる、即ちＯＳをアメリカのＯＳに変える場合を考えてみよう。不可能ではないが難しい。

アメリカに移住する。キリスト教に改宗する。日本語を喋らない。そして三代、即ち孫の代になると、孫のＯＳはまあ何とか変わるだろう。しかし、ではメイフラワー号で来た人達の直系と言われるワスプの人達のＯＳと同じになるかと言われたら、まったく同じにはならないだろう。それほどＯＳを切り替えることは難しい。

現在我々は椅子の生活になっている。畳のない家もあるだろう。「住」だけでなく、「食」についても、肉類を食べるのは当たり前のようになっている。「衣」については言うまでもない。和服を着ることはあっても稀であろう。表面上の生活がどんなに欧米式になっても、日本語を喋り日本の習慣のなかで生活していたらＯＳは変わらない。また我々は、家を土足であがる家にはしないだろう。このように我々はあるところへくると、絶対と言っていいくらい変えないものをもっている。我々の正体の一つとして知っておく必要があるだろう。我々の自我の強さの現れとも言える。

欧米の概念を使うとうまく機能しないのはＯＳが違うからである。欧米の概念は我々のＯＳでは動きにくいということである。うまく機能させられないものを機能させる必要はない。欧米の概念で機能させようとすることによって、かえって混乱を起こしている。義務と権利の力学が機能していなくても、国家を機能させる根源を、我々は権威と権力の並立構造という長い経験知の知恵から生まれた力学で機能させている。また我々は、欧米のＯＳに切り替えることによって近代に到達したのではない。我々の伝統のＯＳ

で我々の近代に到達した。即ち北ルートで。そして、我々がもち得なかった多くの欧米式のアプリケーションを我々のＯＳで動くように作り替えることによって、鋭利な欧米の近代にリフォームしたのである。知ることとそれを使いこなすことは別である。使いこなせないための混乱。権利、権利の主張はあるが、国への義務と言おうものなら保守反動、軍国主義。自由と言えば、女子高生は売春の自由もあると堂々と言う。平等と言えば、運動会で一等、二等のような等級をつけないことであり、看護婦を看護士と言うのが平等である。頭の中が空洞化していると、混乱が混乱と分からないのかもしれない。我々は現在このような諸々の混乱のなかにいるけれど、我々の社会はどこの国より安定していて、うまくいっている。

現在、世界には約二百の国がある。先進国と言われるのは、その内の二割くらいで、約八割の国がいわゆる途上国である。国の体をなしていない国も多い。欧米先進国のなかでも、我が国よりも遥かに深刻な問題を抱えている国が多い。我が国も様々な問題があるが、世界を相対化してとらえれば、最もうまくいっている国の一つであろう。それは我々のＯＳと統治の並立構造がしっかりしているためであると考える。そして現在我が国は、この構造に、民主主義、自由主義、資本主義という装置を据えて動かしている。

欧米の概念をうまく使いこなせず、様々な混乱のなかにいても、世界で一番うまく運営されている国家と言っても過言ではない。では、欧米の概念を正確に知ることの意味は何か。

五里霧中という言葉がある。「五里霧」の「中」にいる。即ち、五里四方の霧のなかにいるという意味である。実際に濃霧を経験した人なら分かるが、何も見えないために動きがとれなくなる。現在の我々は霧のなかにいるような状態であると考える。頭の中の空洞化をさらにたとえると、頭の中も霧がかかっているような状態である。頭の中も外も霧に覆われている。どうにもすっきりしない。頭の中の空洞化は、伝統の復元力というべき歴史のサイクルによって治りかけている。頭の外の霧を晴らすことができる一つの大きな要因が、欧米の概念の意味を正確に知ることであると考える。

民主主義について

そこで次に、欧米の概念そのものを取り上げて考えてみよう。民主主義とは何か。

我々は民主主義という言葉をよく使う。何かにつけて、民主主義だからと言う。何かにつけて民主主義を持ち出すのは、その意味が分かっていないからである。意味が分かっていたら、むやみやたらに使えないはずだ。また我々にとって、民主主義が黄門様の印籠のような存在になっているところがある。それをかかげられると、かかげられた方も意味が分からないから、ただ平伏すしかない。

民主主義は多数決である、という考えが多いのではないか。私が採点者になってその解答を採点したら、三十点くらいだろう。何故そんなに点が低いのか。

多数決は議決手段の一つであり、古い時代からかなり普遍的に行なわれていた。山本七平氏によると、我が国には仏教と共に入ってきたのではないか、と。「多語毘尼《たごびに》」という原始仏教の多数決による議決方法にその根拠を求められるのではないかと。延暦寺等の寺において、寺全体の意志決定をし、それに基づいて行動を起こすには「満寺集会」という衆徒全員による「大衆僉議《だいしゅうせんぎ》」という多数決による評決を行なった。そこでは全員が布で頭を包み顔をかくして、声を変えて評決する。一種の秘密投票である。社会のなかの一分野で行なわれていることは、他の分野に普及する場合がある。多くの寺で行なわれていた多数決が、広く社会のなかで行なわれるようになった。それが一揆である。百姓一揆というと百姓の暴動を連想するかもしれないが、その行動を起こす前に、賛成、反対を決める多数決による議決があったのである。その結果、我々が連想する騒動が起こったのである。乱世戦国時代から江戸時代に各種の一揆が頻発している。如何に多数決が広く社会のなかに浸透していたかが分かる。

なお山本七平氏は、我が国だけでなくヨーロッパ中世においても、多数決が神意の現れとみていたと述べている。そして現在の多数決が、ただ数の理論になってしまっていることを多少批判的に述べていることを付け加えておこう。

多数決よりも民主主義は、「話し合い」であるという考えのほうが多いかものれない。この解答を採点すると零点である。何故か。

北朝鮮による拉致を解決するのに、話し合いで解決すると言う人達がいる。私は、話し合いによる解決を言っていたのでは、拉致家族の人達は永久に諦めなくてはならないのではないかと考えていた。何故か。自分でもその理由が分からなかった。たとえて言うと、数学の問題の答が直観的にでてきたが、その証明ができなかったのと似ている。そしてその証明は福田恆存《つねあり》氏がだしてくれていた。即ち、話し合いとは「永久の未解決に堪へる為の方法」であると。その根拠は、「親子や夫婦の間で、話合ったところで解決できないと知りながら、それで諦めていられるのは、解決不可能の責任は相互にあるという信頼感が根底にあるからである」。

話し合いと似たような言葉に協議、合議がある。これと対比することによって話し合いが明確になる。「議」というのは成否を決めるという意味を含んでいる。成否を決めるために論じ合う。永久の未解決に堪える為の方法と正反対の意味であることが分かる。今、平均的なサラリーマンが家を新築する場合の「話し合い」と「協議」をみてみよう。平均的なサラリーマンという設定は、大富豪が豪邸を建てるわけではないという意味である。

まず新築するかどうかの協議が行なわれる。この場合、子供は協議に参加する資格がない。主に夫婦の間での協議になる。我が国では、女房殿が財布の紐を握っている場合が多いので、夫婦間の協議はなく、何事も女房殿の一存で決まるという家庭が多いかもしれない。それはともかく、協議の結果、新築することになった。即ち、成否が決まった。次は、間取りに関する「話し合い」が行なわれることになる。子供たちを含めた全員の話し合いが必要になってくる。子供たちは自分の部屋への夢を描く。女房殿は台所、家事室の夢を描く。夫は書斎の夢を描く。ほんのわずかな庭についても、それぞれ夢をもつかもしれない。しかし実際にできあがる家は、みなそれぞれが諦めた家ができるのである。そのために家庭が崩壊するかといえば、家庭は崩壊しない。崩壊するどころか、みなが未解決に耐えながら大いなる諦めを感じつつも、家族全員が我が家をもてた幸福感に浸ることができるのである。そこには家族の信頼関係が成り立っているからである。

拉致を解決するのに話合っていたのでは解決するわけがない。国家犯罪を犯した国と話し合いは成立しない。いくら協議しても成否はつかない。国内において、犯罪者と話し合うという考えをもつ人もいないだろう。司法に任せるだけである。国際社会では、まだ国内と同じような秩序はできていない。国内と国際社会は次元の違う世界である。乱世のような国際社会では、話し合いは成立しない。協議でも決着がつかないことが多い。では、どうすれば解決できるのか。それは、我が国の世界戦略によってである。またそれしかないと言える。世界戦略のなかの一つに、経済制裁があるにすぎないのである。

民主主義だからよく話し合わなければならない。これは我々が比較的によく使う表現であろう。これは、我々が民主主義を理解していない証しであろう。民主主義と話し合いは相容れないものである。また現在のような複雑な社会では、いちいち話し合っていたのでは何事も処理できず社会は大混乱に陥る。「話合ひこそ民主主義の敵である。元来、民主主義とは話合ひによって片の附かぬ対立を処理する方法の一つなのである」。福田恆存氏の著書には、この論より遥かに含蓄のあることが述べられている。これ以上は、福田氏の書に譲る。

では、民主主義とは何か。結論から言うと、民主主義とは民が権力を得たことである。江戸時代には、徳川家の者しか権力の座につけなかった。徳川家に代わって民が権力を得たのである。主権在民が民主主義の意味をよく表している。「主権（権力）」が「民」に「在」る、という意味である。ただそれだけの政治原理にすぎないのである。多少範囲を広げてみても、せいぜい三権分立までの制度までであろう。

今、犯罪を防ごうとする。立法府である国会で法律をつくる。その法律に基づき、行政で取り締まる。司法でその判断をくだす。要するに、話し合いでなく制度で処理しようとするのが民主主義という制度でもある。

欧米人は自分たちが作ったものは何でもいいものであるから、使え使えと言う過度の親切心にあふれた人達である。残念ながら我々は、このような親切心を持ち合わせなかった。民主主義という原理、制度は彼等が作り出したものであるから、人類普遍の原理というような至高な価値としてかかげても、それはそれでいいだろう。しかし我々は、我々が作りだしたものでない故に、まずその正しい姿を見極める必要がある。我々は欧米以上にそれをうまく使っているのであるから、見極めたうえでなら、一つの価値として持つのもいいだろう。正確な意味を知らずに、民主主義、民主主義と言っていると、世の中が混乱するばかりである。

ホッブス氏は、自然状態というものを想定して権力装置としての国家を考えた。ホッブス氏は人への鋭い洞察をもって自然状態を想定した。人の悪の面への洞察。即ち、人は自然状態では限りなく殺しあいを行なうという。人は誰でも限りない善と悪、賢と愚を両端にもっているものである。ホッブス氏の洞察は、人のこの両面への洞察ではなかった。一面である悪への洞察であった。悪をもった人達が、自然状態のもとでは限りない殺しあいを行なう。その横に働く力を権力というものを上におくことにより、防ごうとしたものである。そして主権在民により、民が権力をもてるようになった。悪をもった民がその権力を行使できるようになったのである。この矛盾がみごとに現れたのがヒトラーの出現であった。ヒトラーは選挙で多数をとったナチスという政党の党首にすぎなかった。

このように民主主義は、もともと矛盾をもって生まれた政治原理である。ではまず、我が国において独裁者を生む可能性はあるかどうかを考えてみよう。我が国では過去にも、ヒトラーのような独裁者は生まなかったし、将来においても独裁者を生む可能性はほとんどないと考える。それは、我が国の統治の並立構造が確立しているからである。権威と権力の併存により、絶対権力を生まないような構造ができているからである。

権威と権力を併存させることにより絶対権力を生み出さないのであるが、我々の伝統は、権力は権威により保証されて不動のものとなっているということ。不動のものとなっているが、権威と分割された権力であるから、絶対的な力とはならない。我が国の権力が弱体であったことは既に述べてきたとおりである。それでも権力が不動のものとなっているために、権威は権威であり続けてきた。権威もまた権力により保証されていると言える。権力を保証している権威は、民が長い時間をかけて押し上げた価値である。

一方ヨーロッパは、王のなかの権威と権力の分離が我が国よりも千年ほど遅れて、国民国家を作るときに行なわれた。それ以前、王が権力と権威をもっていた時代が長かった。そしてどちらかと言えば、権力のほうが強かったと考える。その証しが、ベルサイユ宮殿であり、エルミタージュ宮殿である。京都御所をみても分かるように、質素そのものである。権威であり続けたからである。

このようにヨーロッパにおいては、権力の割合が大きかったということもあって、「権力装置」を考え、その権力を民が握るという主権在民の政治原理が生みだされた。即ち民主主義、主権在民という政治原理と三権分立という制度。一方我が国は、民の意識が権威に向かった。これは言語化もされず理論化もされていないが、統治の並立構造のメカニズムをみれば自ずから導きだせる。民が下から押し上げた「権威構造」と言うべき権威が構造のなかに組み込まれた統治の並立構造を作り上げた。

こうしてみてくると近代西欧は、彼等の文明が言語知に基づいているが故に、権力装置としての国家、即ち民主主義という政治原理と資本主義という経済原理に基づくステートである国家を理論、思想によって作り上げた。一方、我々の文明が経験知によっているが故に、理論化されずに権威構造をもったネイションである国民共同体としての国家を作り上げた。

権威と権力が分離された構造はなかなかうまいメカニズムをもっていて、我々はそれを八世紀に確立していたということ。だから我々の長い歴史のなかで、大きな悪を行なう絶対権力を生み出さなかった。せいぜい信長くらいのもので、同胞三千人の虐殺をしたくらいである。他民族を抹殺したり、千万単位の同胞を虐殺するような独裁者を生まなかった。そして民主主義を採用するようになっても、その矛盾から生まれる大きな悪であるヒトラーのような独裁者を生まなかった。将来的にも統治の並立構造が機能しているかぎり、民主主義のもっている大きな悪である独裁者を生む可能性はない。民主主義のもつ矛盾を伝統の知恵で防いでいると言える。

しかし、大きくない悪と言うか、民主主義がもっている矛盾が現われて混乱を起こしているのである。ホッブス氏の洞察にもどってみよう。ホッブス氏は悪への限りない洞察をもって権力装置としての国家を考えた。もともと人がもっている悪が想定されているのである。だから徳川家の者が権力を握ろうが、民が権力を握ろうが、その悪が発揮されることが前提になっている。権力者が発揮する悪、それを制度によって防ごうということでもある。話合いはもとより協議する必要もない。ひたすら法制度、規則で防ごうということである。民主主義は人をバカにしてしまうという根拠はここにある。考えずに、法、規則があれば何でも解決すると思い込んでしまうからである。また、法を犯さなければ何をしてもいいと思い込んでしまうから。

メディアが国家権力と言って国を悪として糾弾する。あるいは大企業等、何らかの強者を糾弾する。これはまさに矛盾を抱えた民主主義から生まれる当然の姿なのである。ところが、こういうことをやっているうちに、悪を糾弾することが善であるかのように思い込んでしまう。悪を糾弾しても、善を行なうことにはならない。本来、善は善として追求するものである。また悪を糾弾していても、如何によく生きるかを追求することにはならない。悪を糾弾することに熱中するあまり、善を行なう、如何によく生きるかを考えることを麻痺させてしまっているのである。

これは日本だけのことではなく、欧米民主主義国の共通の現象である。民主主義を政治原理とした国民国家を作ってから二百年、悪を糾弾することが習い性になって、善の追求、よく生きることへの追求が疎かになってしまった。悪を糾弾する心理においては、意識は他者へ向かう。民主主義が権利、人権という武器をもって他者を攻撃する。さらにフェミニズム、ジェンダーという武器をもって男女間の抗争が始まる。彼等の文明はもともと、力による対立、抗争を生み出す負の面をもっているのである。

主権在民は力による抗争から生み出された。主権在民は民が権力を得たこと。権力という力を得るには、話合いはもとより協議でもだめで、その力を上回る力によってしかできない。フランス革命がその証しである。その時の権力を上回る暴力によってその権力を得たのである。共産革命だけでなく、民主革命と言われるフランス革命もまた暴力という力による革命である。民主主義も共産主義も同じ伝統、言語技術文明から生まれた思想であったから。

再びホッブス氏にもどろう。人には限界というものがある。私の限界など浅いから、ちょっと難しい文章にでも出会ったら、すぐ頭が痛くなり放り出してしまう。私はもともと、理屈っぽいことが苦手である。ホッブス氏も例外ではない。人は善悪、賢愚を両端にもっている。本来なら、人のその両面をみて理論を作る必要があった。しかしホッブス氏は悪の面だけをみて理論を作った。本来、人の善への洞察に基づく道徳原理が必要であったのではないか。民主主義という政治原理が機能するための道徳原理が必要であった。ホッブス氏は、その道徳原理を後世に託したのではないだろうか。

しかし近代西欧は、ホッブス氏の思いが通じなかったのか、彼等は民主主義という政治原理をもった国民国家を作ったことを含めてその文明を誇り、挙げ句の果ては自分たちが優秀なる民族と思い上り、世界を征服していった。既に述べたとおりである。そして二百年ほどして、そのツケが回ってきたのである。そして我々は、回ってきたそのツケを後生大事に絶対視しているのである。我々はおしなべて、欧米が進んでいるという思いが払拭しきれないところがあり、彼等の文明を批判的にとらえることができない。

彼等は、我々のようにはその文明を絶対視してはいない。彼等は、思想面では既に十九世紀に、自分たちの作った文明は間違っているのではないか、という反省が生まれてきている。だからといって否定したりはしない。自信ゆえの反省である。現実の世界においても、チャーチル氏の次のような言葉がある。「民主主義は最悪な政治であるが、かつて存在した他のどの政治よりましな政治である」。我々は最悪な政治制度しか作り出せなかったと、皮肉をこめて言った言葉であろう。

経験知は、現在にいたるまでの経験世界での淘汰をへて生き残った知恵である。一方、言語知は、未来を見通せる知恵と言っていいだろう。未来は未知なる故に不明である。一寸先は闇と言う。だから未来に関して、言語をもって理論構成して述べたものを仮説と言う。民主主義も、生まれたときは仮説であった。それを経験世界のなかに下ろしてきたものである。だから現在、経験世界で実証中のものである。民主主義の後を追うようにして生まれた共産主義も仮説であった。それを経験世界で実証の結果、百年にも満たないうちに決着がついてしまった。ただそれだけのことである。民主主義も一つの仮説として生まれ、現在実証中のものにすぎない。人は完璧なものを作り出せない。二十世紀までに生まれた多くの仮説は色褪せてしまっている。新たなる仮説を作るときがきているのである。

このように民主主義は、もともと矛盾をもった仮説として生まれたものであり、本来ならそれを機能させるための道徳原理が必要な政治原理、制度であり、現在経験世界のなかで実証中のものである。

市民について

次に、市民について。欧米の市民という概念は、古代ギリシャに遡れるものであり、その意味もかなり変遷があったようである。しかし現代まで一貫して変わらない部分は、国のために命を捧げるということである。ギリシャにおける市民の一つの徳、即ち国または共同体のために武器をもって立ち上がり、国または共同体のために命を捧げるということ。これがルソー氏の思想のなかに、市民は国のために死ななければならないと表現され、そして現在の欧米諸国においても、一つの価値となっていると考える。

我が国においては、市民をこのような意味で使っていないように思える。国のために死ぬのは国民であって市民ではない。決して日本人全部がそう思っているわけではないが、国のために死ぬのは国民であって市民ではないと強く信じている人達もいる。私は国民と市民はほとんど重なっている概念であると考える。乳幼児、子供は国民であるが市民ではない、という程度のもの。では、我々は市民の意味を定義して使っているだろうか。

自分は市民であって国民ではないと言う人に、では、市民はどのような意味かを尋ねたら、ほとんどの人は答えられないのではないか。それは、我々は欧米の概念の市民と別の意味で使っているが、その意味を定義していないことにある。意味の分からないということは、その言葉が正体不明であるということである。その正体不明の言葉を名乗るということは、自分自身が正体不明の人になってしまうことでもある。

欧米の人権という概念も難しい言葉である。人権とは何かと問われたら、人の権利だろう、くらいで終わってしまうのではないだろうか。その人の権利とは何かを考えない。即ち、人権の位置というか、国家のなかでの位置とか、民主主義との関係等。市民も定義されていない意味不明な言葉である。人権も市民と同様に、我々にとって意味不明な言葉になっている。だから、「人権派の市民」と名乗ろうものなら、もう自分が何者であるか分からなくなり、正体不明な人になってしまう。

人が未来に力強く踏み出せるのは、自分の基盤がはっきりしていて、自分の位置が分かり、その正体がはっきりしているときである。立っている基盤が分からず位置も分からなければ、当然自分の正体も分からない。そのような状態は、ただ混乱のなかでさ迷っているようなもので、さながら夢遊病者のようなものである。

我々の位置を我が国の歴史上でとらえると、乱世に入りかけている位置にいると考える。乱世は残酷な時代であった故に、人々は心の内を見つめざるを得なかった。そしてみな自分の頭で考えに考え抜いた。それは、己れの内面世界を見つめることであり、精神的探求を深めていった時代でもあった。その結果我々は、前に述べたように我々の固有の文化、価値を作り上げた。それはまた、我々の近代の基礎を作り上げたということでもあった。これを基本〇Sにたとえると、我々の〇Sを近代バージョンにバージョンアップした時代でもあった。

そして今、再びそのような時代に入りかけていると考える。我が国の乱世は終息させたが、地球は小さくなり国際社会は乱世の様相を呈している。国連という調停機関に持ち込めば、結局声が大きく力の強いものが勝つ。まだ国家を超える世界秩序ができていない。単一民族のようにみえる我が国の乱世を終息させるのに五百年もかかった。はたしてこの複雑な国際社会の乱世を終息させるのに五百年ですむだろうか。私に分かるただ一つのことは、人はそのような大きな歴史の流れのなかでの一場面を担当するにすぎない。しかし、人は生命の連続のなかで、未来を切り開き、何とかここまでやってきた、ということくらいである。

そのような乱世を生き抜くために、我々一人ひとりが心の内をみつめ、考えに考え抜くときがきたと考える。その時に、欧米の諸々の概念の衣を着けてしまうと、我々の内面が見えなくなってしまう。内面をみる遮蔽物になっている。

かつて我々は「和魂洋才」と言った。「和魂」をもって「洋才」を使っていこうということであれば、それは我々の〇Sで欧米のアプリケーションを使うことでもあった。我々にはそれが可能であった。しかし我々は明治以来、「洋才」を生み出した「洋魂」をみてこなかった。明治国家を作るときに、ステートである理論化された国家を、ただその概念でとらえ直したにすぎなかった。我々は悪いことに、洋才を構成する欧米の諸々の概念そのものを絶対視してしまう。「洋才」が「洋魂」をみる遮蔽物になっているとも言える。

「和魂洋魂」のときがきたと考える。我々は「和魂洋才」と言いながら、和魂を精緻にみてこなかった。もともと明治政府は、和魂を否定しなければならないところがあった。終戦後、頭の中の空洞化によりその否定にいっそうの拍車がかかってしまった。我々は和魂そのものもみてこなかった。また洋魂もみてこなかった。その結果、「洋才」だけを絶対視して、それを振り回したり使う人が多くなった。ホリエモンもそのような人であったと考える。和魂も洋魂も忘れられ、ただ洋才だけが大手を振って歩き回っている混乱。

和魂とは、我々の文明である経験技術文明であり、我々の正体とも言える。洋魂とは、言語技術文明であり、彼等の正体でもある。和魂と洋魂を相対化してとらえるときであり、そこから両者の真の正体を見極めるときがきたと考える。またこれは、和魂と洋魂の対決でもあり、明治以来我々が疎かにしてきたものである。それが「和魂洋魂」という意味である。

我々の基盤と位置と正体を知ることと、精神面での和魂と洋魂との対決。前者が分かれば後者ができるのか、後者ができれば前者が分かるのか。卵が先か鶏が先かのようなところもある。

また我が国は、敬意をもってみられるような国になるということが言われだした。我が国は近代西欧と出会って以来、食われもせずに非欧米国にもかかわらず五大国の一つになり、戦後経済大国と言われ多くの国に経済援助もしている。しかし我が国は、心底から敬意をもたれないところがある。決して嫌われているわけではない。どちれらかと言えば、好意をもたれているのであるが、どこか小バカにされているところがある。

欧米諸国は学者は別にして、本質的に日本が分からないのだ。彼等の近代文明を生み出したわけでもない日本が、戦前は五大国の一つにもなった。この時、アメリカは五大国に入っていなかった。資源もない小さな島国が経済大国になり、ヨーロッパ数カ国のGDPを一国で成し遂げてしまう。

アメリカにおいて、ビッグスリーの不振と対照的にトヨタ、ホンダ等の日本車がシェアーをのばしている。少し前はひどかった。日本車を叩き壊した。今でこそ、そのようなことがなくなったが本質的には変わっていない。彼等の心の奥底には、やはりどこか得体の知れぬ不気味さがあるのだ。ドイツのクルマがシェアーをのばしても、アメリカ人は驚かないし、日本との間で起こったような貿易摩擦も起こらない。同じ文明内の同質の文化をもった国で正体が分かっているからである。

非欧米諸国も本質的に日本が分からない。非欧米の小さな島国が、百年も前に近代化し彼等に伍して大国になり、その欧米主要国と大戦争をして、こてんこてんにやっつけられたかと思えば、再び経済面で大国と言われるまでになる。世界で一番と言っていいくらい豊かで、共産主義でも達成できないような平等な国を作る。相変わらず不思議の国でもある。外国から見たら我が国は、今でもどこか不思議な面があり、一抹の薄気味悪さをもった正体の分からない国に見えるのだろう。また、脅かせば御尤もですと言うから、特に政治家は世界から舐められてしまっているのである。

外国人がこのような諸々の感情をもつのは、基本的には我々日本人の正体が分からないことにあると考える。ロシアのバレリーナ、プリセツカヤ女史は、絶えず懸命に生きて暮らしを高めていこうとする日本人を次のように表現している。「これはもう、思考の形態であり、精神性といえるでしょう」。外国人は難しい表現をする。我々の正体を発信していくときがきているのである。我々の正体を発信することは、我々の思考の形態、精神性がどのようなものであるかを発信することであり、それは我々の経験技術文明がどのようなものであるかを発信していくことでもあると考える。

市民について述べていたのであるが、市民についてあまり語らずにだいぶ外れてしまった。しかし論旨からは外れていない。我々は、市民をその正確な意味を考えずに使っている。近代西欧が「理性」と「富」を再定義して近代を切り開いてきた。概念を再定義することが未来を切り開く一つの方法であるならば、我々は市民という概念を再定義するときがきているのではないだろうか。新たなる世界秩序を構成する概念としての市民。少なくとも正体不明な市民という衣を脱ぎ捨てるときがきているのである。

ジェンダーについて

最後に、ジェンダーという言葉を考えてみよう。「性差による差別」という意味らしい。「性差による差別」も絶対視されてしまっているから、思考が停止する。だから差別とは何かを考える必要はなくなる。ここにいたる文脈のなかで、絶対視するから思考が停止する、と何度も述べてきたような気がする。同じことを何度も繰り返すと性格的にしつっこいように思うかもしれない。私のようなさっぱりとした性格の者でも、何度も同じことを繰り返せばしつっこい性格と思われてしまうものである。

そこで「差別」とは何かを考えてみた。似たような言葉、「区別」と対比することによって明らかにしてみたい。

まず区別について。言語をもった人は、太古から対象である世界を区別してきた。言葉は分けるのものである。そして理解することは分けることである。水に棲む動物を魚。空を飛んでいる動物を鳥。太古にあっては、対象の見た目の違いによって分けてきた。それらが次第に目に見えない構造とか機能によって分けるようになった。対象化した世界を動物、植物、鉱物に分け、それをさらに細かく分類していった。さらに人をも対象化し精緻に見つめるようになった。人の能力にいたるまで分け、記憶、想像、理性としてとらえた。記憶から歴史、想像から広い意味での文学、理性から哲学を生み出した。このように世界を精緻に分け細分化することによって、世界が明晰に見えるようになった。しかし、木を見て森を見ずと言う。木を細分化してみればみるほど、森が見えなくなるという短所がある。短所をもっているとは言え、区別は言語をもった人が世界を明晰に認識するものである。

では差別とは。差別は、対象ではなく主体の側の何らかの価値観によって対象をみようとするものである。犬と猫は区別である。専門的には、何々目の何々科というように分類される。これを差別をもってみてみよう。主体の側の優劣という価値観でとらえてみる。犬は古くから猟犬、現在では盲導犬、麻薬犬。犬は古くから有用な動物である。そこで犬を優れた動物、猫を劣った動物としてとらえる。主体がある価値観をもつと、対象に対する作用が生まれる。そこで劣っている猫にも、猟猫、盲動猫、麻薬猫を作ろうとする。だいたい猫がニャーニャー鳴くのは劣ったものの鳴き方である。猫もワンワン鳴かなければならない。私のようなペットを飼っていない者は、猫がワンワン鳴きだしたら犬と猫の区別がつかなくなる。しかしこれもおかしい。だいたい犬がワンワン鳴くのは、優者の鳴き方である。そこで犬も猫もワンニャーと鳴かなければならなくなる。

人を犬や猫にたとえるのはよくないかもしれない。そこで戦前まであった人種差別をみてみよう。これは、言語技術文明を生んだ欧米人が自分たちが優秀なる民族とみて、他の人達を劣った民族とみた。主体である欧米人の価値観、即ち優劣で対象である世界の人をとらえた。その作用の結果が植民地であった。戦後、表面的な人種差別がなくなった。人種差別がなくなったということはどういうことか。白と黒を混ぜると灰色になる。そこに黄色を混ぜると、黄みがかった灰色になる。人種差別がなくなったのは、世界の人の肌の色が黄みがかった灰色になったわけではない。主体である欧米人がその価値観をもたなくなったからであろう。対象が変わったのでなく、主体の方の意識が変わったということである。

我々は対象の方を変えようとする傾向がある。人の肌の色を黄みがかった灰色にしたり、犬も猫もワンニャーと鳴くようにしようとする。区別が対象の違いをみて分け、世界を明晰にみえるようにした。差別は、主体の間違った価値観で対象をとらえて、対象を同じようにするものである。区別して明晰にみえるようになった対象を再びもとに戻してしまう。明晰の反対が暗愚とすれば、差別、即ち間違った価値観をもつことによって、人は暗愚になる。愚かになってしまうということである。

なお差別語について一言。右のことから、「差別語」を作る主体の意識に問題があることが分かるだろう。また言葉は強い力をもつ。「差別語」なるものを作ると、それが我々に差別しろ、差別しろと言ってくる。差別をなくそうとするなら、「差別語」という言葉も作ってはいけないし、個々の差別語も差別語としてはいけない。

さらになお、『バカの壁』について前に触れた。私は、バカという言葉も使ってはいけないとは知らなかった。バカという言葉を使わなかったら、ひょっとしたらこの世の中からバカがいなくなるかもしれない。バカがいなくなったら困るだろう。どうやって利口な者を見付けだすのか。またバカについての考察もできなくなる。バカにもいろいろな種類がある。

記憶力の悪いバカ。想像力のないバカ。理解力のないバカ。記憶力も想像力も理解力もないバカ。記憶力も想像力もあるが、世間的な常識がないバカ、等々。私は記憶力の悪いバカ、理論的思考ができないバカ、どんなに言われても、自分でやってみないと納得できないバカ。「バカだなあ、だから言っただろう」と言うもう一人の自分の声を何度も聞いてきた。私は人よりも、少々程度の重いバカなのである。

欧米の概念の個人について

欧米の概念そのものの意味についてはこのくらいにしておく。前に、個人あるいは個という概念を述べながら個性にいってしまった。本来、個人という概念の意味を述べなければならなかったのだ。私の頭の中の理路が整然としていない証しのようなものである。欧米の個人主義、個人の尊厳。特に戦後、個人というものが尊重されるようになった。

個人の尊重として、憲法の十三条に、すべての国民は、個人として尊重される、とある。欧米の概念で我が国の文化、価値をみると日本が分からなくなるということを様々な角度からみてきたのであるが、これを個人という概念を述べて締め括ることにする。

欧米の個人主義、個人の尊重、個人の尊厳。個人を述べるにあたって重要なことは、個人というのは抽象概念であるということ。この世に存在している人は、一人として同じ人はいない。以前は、「花子」に

「太郎」であったのが、現在は「恭子」、「拓哉」。現実の世界には恭子、拓哉等、名前も性格も違った人がいて、この現実の世界を構成している。ものを考える場合、拓哉、恭子という同じでない人を想定して考えると、複雑になって考えがまとまりにくい。思考を明晰にするために、違った部分を切り捨てて、同じものとして考える。これが拓哉、恭子を抽象した個人という概念である。そこで、拓哉も恭子も言語知のなかで個人としてとらえられることになる。

この個人が英語の「Individual」である。我々はこの翻訳語の個人と別の個人をもっている。それは多数のなかの一人という意味の個人。これは具象物としての個人であり、「恭子」、「拓哉」を言い換えただけの個人。

我々は二つの個人を持っている。一つは欧米の個人で、現実には存在せず、言語知のなかだけにあり、「思考の材料」としての個人。一つは、一人として同じでない現実の「恭子」、「拓哉」を言い換えただけの具象物としての個人。また、我々が使う「人」もこの意味である。いまここでは、我々は二つの個人を持っているということに留めて先に進めることにする。

ではまず、個人のとらえ方における彼我の違いから述べる。我々は共同体に対して個というとらえ方をした。我々が個人というとらえ方をするようになったのは乱世であるから、もともとは惣村においてなされたと考える。共同体というような所与の全体のなかでの個というとらえ方。一方欧米は絶対神に対する個というとらえ方。この両者のとらえ方に優劣はない。共に長所と短所をもっているだけである。

我々は全体のなかの個というとらえ方をするから、その全体のなかでの調和というものをたえず考える。我々が共生共存の相互信頼社会を作り得たのも、この個のとらえ方に負うところが大きい。これは我々の長所である。では短所は何か。全体を越えるものを考えにくいということ。所与の全体を越える秩序のようなものを考えることが得意ではない。

一方、彼等は神に対する個というとらえ方であるから、我々のような全体というものがない。あるのは神だけである。だから、我々のように全体の調和を考えにくい。では長所は何か。彼等は神の秩序というものを考えて、所与の全体というものがないから、我々の全体を越える秩序を考えることが可能である。時には破壊してでも、新たなる秩序を作り得る。これは彼等の長所であろう。

このように個のとらえ方に違いはあっても、個をとらえたということは、個あるいは個人の確立がなされたのである。

ところが我々は、共同体のなかに個人が埋没していると思い込んでしまった。では何故そう思い込んだのか。そうなったのはまず、我々の正体を見極めようとしなかったこと。そこへ、欧米の個人主義というものが入ってきた。ところが欧米の個人主義が何であるかを考えなかったために、それが分からない。欧米の個人というものが確立されていないのではないか。我々の正体も分からない。共同体のなかの個人ということは分かっている。そこで、これはきっと共同体のなかに個人が埋没していたのだろう。我々は個人が確立されていない。だから日本人はダメで遅れている。さらに、当然共同体はよくないものである。

私は個人が共同体のなかに埋没しているというのは、単なる思い込みにすぎないと考える。我々の個人の確立は乱世においてなされた。強固な共同体であった惣村において。その一つの証しは仏教においてみられる。それまでの仏教は鎮護国家の仏教であった。

乱世の厳しい現実のなかで、人はみな内面世界に目を向け、精神面での探求を続けた。女子供さえ容赦なく殺される現実から、生と死を見つめざるを得なかった。生死、生まれ来て死に去る。この世に生まれてあの世に去っていく。そういう時間の流れのなかの現在ただ今の残酷な乱世。我々の基底部には生命の連続としての強い時間意識が流れている。それが我々の宗教でもあり、それへの信仰は強い。それ故に残酷な乱世にあって、自分を貫いて流れる時間を鮮明にとらえられるようになったと想像する。道元は生まれるべくして生まれてきたのだろう。

また、当時の社会の基礎単位であった一族郎党の強い結束が必要であった。その強い絆なしには生きてゆけなかった。自分を流れる時間と一族のなかでの強い絆。この世に生まれてあの世に去ってゆく現在の時間軸上の自分が強い絆で結ばれている。ここに、時間と空間による位置付けがなされ、時空による位置付けである自我が確立したと考える。さらに惣村との対峙があったと考える。当時の人達にとって、惣村は世界であったのではないか。山林、河川の使用権をめぐって熾烈な殺しあいが行なわれていた。時には命を捧げなければならない惣村であった。命を捧げなければならない惣村。その命を通して惣村と対峙しなければならなかった。ここに個人の確立がなされたと考える。

ヨーロッパにおいてプロテスタントが起こり、いわゆる問屋である教会を外して、人は神と直接対峙するようになった。ここに個人の確立がなされた。絶対神という神を想定してそれに対峙したことと、根源的な命を通して惣村という世界に対峙したことは、何ら変わらない。共に近代を担う個人が確立されたと考える。そしてこのことは、同時並行現象の一つでもある。即ち、我が国の乱世とヨーロッパの中世においてなされた。

しかし決定的な違いがある。それは、我々の位置付けと個人の確立が経験世界のなかで行なわれたこと。即ち、大自然のなかでの空間軸と大自然のなかの自分を貫いている実存的な時間軸での位置付けであり、現実の惣村に対峙することによって個人の確立がなされた。ここにおける個人は具象物としての個人であり、残酷な乱世を生々しく生きてきた「花子」、「太郎」、の確立である。経験世界での「太郎」、「花子」の確立。

一方、彼等の位置付けと個人の確立が言語知の知の領域でなされた。即ち言語知の知の領域で、全知全能で絶対なる神を想定し、その神に対峙することによって個人の確立がなされた。だから当然個人の確立も言語知のなかでの確立である。すると我々のような時空による位置付けがないことになる。あるいは神との対峙よって、言語知のなかで空間的な位置付けと個人の確立が同時になされているのかもしれない。要するに次元の違うところでの位置付けがなされていることが分かる。位置付けについては、男女別姓のところでさらに詳しく述べる。

乱世において、近代を担う個人の確立がなされた。我々には生命の連続への強い信仰が流れている。一族郎党の強い絆、一族郎党と主との主従の絆。人を支える信仰と絆。これだけでは、乱世を生きた人達には不足があった。さらにすがるものが必要であった。それほど乱世は苛酷な時代であったのだろう。このような時代背景のもとに祖師達が現われて、確立した個人の救済を説いたのである。もう鎮護国家の宗教は必要でなくなっていた。個人の救済を説いた祖師達が現われたことが、乱世において個人の確立がなされた一つの証しとみたい。

そこで我々の近代の自我と個人が確立されたことによって、我々がどのようなものを生み出したかみてみよう。

まず祖師達が現われたこと。我が国の伝統を正としインド伝来の仏教を反として、合としての我が国独自の仏教を生み出した。そしてインド伝来の仏教のうえに我が国独自の仏教を生み出すことにより、それがその後の我々の哲学的思想と思想表現の基礎となった。また、鴨長明、西行、世阿弥、利休、等々。内藤湖南氏が応仁の乱以降をみれば日本が分かると言っているように、乱世において日本的なるものが開花した。それは、まさに我々のOSを近代バージョンにバージョンアップした時代でもあり、それにより江戸徳川二百六十年の平和を築いた。それは我々の近代でもあり、我々の一万二千年の歴史の集大成でもあった。

そして近代西欧と出会い、非欧米諸国のなかで唯一つ食われもせずに五大国の一つになった。第一次大戦の後遺症でヨーロッパ諸国は疲弊した。そこに新興国アメリカが頭角を現してきた。当時、あれだけの軍備ができた国は日本とアメリカしかなかった。アメリカは余裕があった。日本はかなり無理をした。ヨーロッパのどの国も、無理をしてもあれだけの軍備はもうできなかった。日本とアメリカは当時、東西の近代化した両雄であった。両雄並び立たず。ぶつからざるを得なかった。

敗戦。終戦時の東京をはじめとする大都市の破壊は、アフガニスタン、イラクの比ではなかった。その復興ぶりは奇跡の復興とまで言われた。経済の復興に奇跡など起こるわけがない。そして三十年もたつと経済大国と言われるまでの国になる。近代の自我、個人が確立していない人というのは、私にはどのような人か想像もつかない。個人が確立していない人達に、このような歴史を作り出すことは不可能としか思えないだけである。

欧米の概念で日本の文化、価値をみると日本が分からなくなるということを述べてきて、ここにいたってしまった。その最後にすでに述べたメディアについて、私なりの結論を述べておこう。谷沢永一氏は、現在の言論界は、我が国の中でいちばん遅れたところ、と言った。その言論界のなかにメディア、時代の流れに乗る人達を含めて言論人とする。言論界はいちばん遅れている。一番と最上級で言ったが、どのような位置にいて遅れているのかを言わなかった。そこで、私なりにその位置付けをしてみよう。

銀座通りを欧米人が走っている。その後を言論人が走っている。欧米人は、民主主義、基本的人権、自由、平等、博愛、フェミニズム、ジェンダー等、諸々の言葉を撒き散らしながら走っている。言論人は、欧米人が撒き散らすそれらの言葉を信奉し絶対視する。言論人は欧米人の後を追っているのであるから、欧米人よりも遅れているのであるが、不思議なことに遅れているとは考えない人達である。そして後を振り返ってみても民の姿はみえない。ここにいたって、言論人は自分たちが誰よりも進んでいると思い込んでしまう。

では、民はどの辺りを走っているのであろうか。実は、民は銀座通りを走っていないのである。どこを走っているのか。隣の昭和通りを走っている。しかも欧米人と同じくらいの位置にいる。銀座通りを南ルートとすると、欧米人は自らのルートを鋭利な走り方で走っている。一方我々は、北ルートの昭和通りを縄文時代以来の強靭な走り方で走っている。抜きつ抜かれつすることも可能である。事実、抜きつ抜かれつしてきた。しかし言論人は、欧米人の撒き散らす諸々の言葉を信奉し絶対視する。絶えず欧米人の後について、欧米人の撒き散らす言葉を絶対視していないと存在できない人達である。欧米を追い掛けている以上、永久に欧米を追い越せない。欧米よりも遅れている。昭和通りを走っている多くの民よりも遅れていることになるのである。

第六章　社会党の消滅

社会主義国の実態

戦後の約半世紀における現代の問題。まず、社会党は何故消滅したのか。社会党は、自民党と数のうえで拮抗していた政党であった。まさに二大政党の時代の一方の政党であった。ところが、影も形もなくなってしまったと言いたいところだが、影はあるようであるが形はなくなってしまった。現在我が国に社会党という党は存在しないので、社会党の消滅としてとらえる。二大政党の一方を担っていた政党が消滅したことは、戦後の一つの大きな社会現象ととらえることができる。そして、社会党の消滅が我々の正体と何らかの関係があるのではないか。そこで、何故社会党は消滅したのかを考えてみた。

社会党は自らを革新政党と言ってきた。前に述べたように、革新とは既存のものを改めることである。既存のものとは伝統である。社会というか世の中というのは、伝統のうえに成り立っている。これは日本だけではなく、どの国もその国が培ってきた伝統、即ち日常の生活はもとより政治、経済の諸制度とその運用も、その伝統のうえに成り立っている。社会党は伝統を改めて新しくするというより、どちらかと言うと我々の過去、伝統を否定し外来のものを取り入れてきた。伝統を否定してしまったら革新はできない。だから革新政党ではなく、外来のものを輸入しそれに代替させようとしていたので、代替政党と言うのが正しかったと考える。

共産主義と社会主義は、学問的にというか正確には違うようである。しかしここでは、同じようなものとして使う。それは、旧ソ連を共産主義国家とも社会主義国家ととらえていたような意味で。

またここで、共産主義についての私のある思いを述べておく。それは、何故日本が共産主義国家にならなかったかということ。戦後、共産主義思想というか社会主義思想が大流行した。メディア、学者、言論人、これらを含めて言論界と言うならば、言論界はそれ一色になった観があった。私は一庶民として思想的にも実務的にも関わりをもたなかったが、そのような世の中の動きは感じていた。旧ソ連が最も力を入れたのが我が国の共産化であり、言論界をあげてその思想に染まったのであるから、旧ソ連に次いで我が国が共産主義国家になっても何の不思議もなかった。しかし日本は共産主義国家にならなかった。

日本は共産主義国家にならなかった。何故、日本は共産主義国家にならなかったのか。このことが、私が日本、日本人が何であるかを考え、またこの論を書く一つの要因でもあったということを述べておく。では、共産主義とは何か。森田正馬《せいま》という明治生まれの医者がいた。森田療法というノイローゼの治療法を世界で初めて確立した人でもある。森田正馬氏の言葉を引用する。「共産主義者の理想は、ちょうど植林した山のように、切りそろえたような社会をつくることであるかもしれない。しかし植林に間引といって勢いの弱い木を切り捨て、勢いのよい木だけを残さねばならないように、共産主義の社会も選りすぐった人間だけで構成するのでなければ、なかなか共産主義者の理想どおりの社会は実現しないであろう。すなわち、理想的な共産主義社会を実現するには、植林の場合の間引のように、規格に合わぬ人間を片っ端から抹殺することが必要であり、それを遂行するために独裁者の存在を必要とするのである」。

マルクス氏の思想がどうであれ、現実にできた共産主義国家は森田正馬氏の言う通りのものであったろう。現実には、独裁的な権力が秘密警察と強制収容所をもって、規格に合わぬ人間を片っ端から粛正という間引によって抹殺していった。ソ連、中国を初めとして共産主義国家になっていった国々は、どれも似たり寄ったりであったろう。そして、スターリン、毛沢東による一千万単位の粛正、カンボジアのポルポトによる百万単位の間引があったのである。森田正馬氏は明治一桁生まれの人で、当時の知識人と言っていいだろう。戦後の知識人と違い、現実にできた共産主義国家の一面を鋭く洞察していた。

我が国のメディアは、このような共産主義社会の実態を正確に伝えてこなかった。特に中国やソ連のような大国の実態を伝えないというか、むしろ隠してしまう傾向がある。メディアというのは媒体という意味であるが、早い話が報道機関であろう。報道機関の使命は、いち早く世界で起こっていることをありのままに国民に知らせること。それが報道の第一の使命であり、第二第三はなくてもいいようなものであり、また第一のものだけで十分なのである。

報道とは判断の材料を国民に報せることであると考える。判断の材料とは、世界で起こっている様々な出来事である。我々は世界で起こっている様々な出来事をみることによって判断する。みることは思考である。正確でありのままの事実をみれば、それほど間違った判断はでてこない。我々は判断の材料がそろっていれば、かなり正確な判断ができる。報道機関の使命は判断の材料を国民に知らせることであり、報道機関の判断を報せることではない。

では国民は、このような共産主義国の実態を知らなかっただろうか。メディアが判断の材料を知らせるのに謙虚であっても国民は薄々感じていた。では何故、メディアが積極的に知らせないものを知るのであろうか。それは暗黙知の知の領域にある。我々は暗黙知の知の領域でとらえているのである。暗黙知の知の領域は一種独特のアンテナをもっていて、それにより敏感に察知する。「肌で感じる」という言葉がある。「肌で感じる」という表現は、暗黙知の知の領域でのとらえ方を辛うじて言語化したものと考える。

欧米人は言語化されないものは存在しないと考える。だから、できるだけ世界を言語化してとらえようとする。一方我々は、言葉では語れないものがあると思っている。その結果、我々は言葉で語れないものをとらえるようになった。それが「肌で感じる」というものである。「肌で感じる」というのは暗黙知の知の領域で知ることである。そこは直感の世界である。だから、それは直感でとらえて知るということである。職人が指先で感じるのは、指先の肌で感じて対象である物を知り理解する。職人が指先の肌で物をとらえるように、我々は肌で現象をもとらえるようになった。

伝統から乖離していた社会党

では社会党は、我が国における社会主義国家の姿をどのような姿として思い描いていたのだろうか。

まず、背景の社会主義国家は我々の伝統とはあまりにも違っていたこと。即ち独裁者が、秘密警察、強制収容所をもって規格に合わない人間を片っ端から抹殺していった。我々からみたら、恐ろしいと言っていいような体制であった。社会党の人達も日本人であるから、このような体制を作る考えはなかったと思う。たとえそのような体制を作ろうとしても、伝統は許さなかったであろう。社会党は、背景としてできた社会主義国家と我が国の伝統の狭間にあって、我が国における社会主義国家の姿を描ききれなかった。

少なくとも私には、社会党が我が国における社会主義国家の姿を国民に語ったとは思えなかった。

では、社会党を支持していた人達。それは決して労働組合だけではなかったと思う。労働組合と言っても範囲は広い。労働組合に属している人達のなかにも自民党に投票していた人もいたと思う。また労働組合に属していない人達も社会党に票を投じていた。社会主義思想というものにまったく無縁な多くの人達が社会党を支持していた。では、そのような社会党を支持していた人達は、社会党が描ききれず、また国民に語り得なかった社会主義国家の姿を自ら思い描いて、社会党に投票していたのであろうか。そうではなかったと思う。要するに、社会党を支持していた多くの人は、我が国における社会主義の実現を願って、社会党に投票していたのではなかったということ。では、何によって社会党は支えられていたのだろうか。

それは伝統である。社会党は伝統によって支えられていた。その伝統とは何か。それは、絶対的なものを嫌うという伝統である。我が国は千年以上も前から国家の統治において、絶対的な権力を作らず、権力と権威が併存する統治の並立構造を作ってきた。政党でも、中国のような共産党による一党独裁は伝統が嫌う。要するに我々は、絶対的なものがうえにあると居ごこちが悪いのである。そのような伝統によって、社会党は支えられていた。これを相撲にたとえてみよう。

自民党は伝統という土俵に両足をつけていた。一方、社会党は伝統という土俵に足がついていなかった。即ち、社会党は伝統という土俵から離れて、土俵上の高いところの空中にいたのである。社会党は何故、土俵の上空にしかいられなかったのか。それは、国民が背景としてできた社会主義国家が、我々の伝統とかけ離れた恐ろしい体制の国であることを肌で感じて知っていたこと。また社会党は、我々の伝統、過去を否定してきた政党であったからである。

社会党は伝統という土俵に下りてこようとしなかったこと。一方、土俵の方も、伝統を否定する社会党を寄せつけなかった。ちょうど磁石のS極どうし、N極どうしが反発するようなものである。本来なら社会党は伝統という土俵に反発して、土俵から飛び上がり土俵の外に転げ落ちてもおかしくなかった。しかし社会党が土俵の外に転げ落ちずに、土俵の上空に留まっていられたのは、絶対的なものを嫌うという伝統が懸命に社会党を土俵の上空で支えていたのである。

そして大きな背景が崩れていったとき、伝統は社会党を支える必要はなくなったとみたのである。よって、社会党は伝統によって支えられ、伝統に見捨てられたのである。

また社会党の消滅を次のようにとらえることも可能であろう。我々には外来のものを取り入れて自家薬籠中のものにしたり、伝統に反しているが故に排出してしまう、約半世紀の歴史のサイクルがある。社会党は伝統に反しているが故に排出されてしまった。その命脈はまさに歴史のサイクルである半世紀であった。これを証すような西尾幹二氏の次のような言葉がある。「一番左側の社会民主党は、日本の社会党と異なり、一九五九年に早くもマルクス・レーニン主義と手を切って、責任ある国民政党になったので、後にブラント、シュミットという二人の首相を生み、現在のシュレーダー政権も社会民主党の政権です」。

ドイツにとっても、マルクス・レーニン主義は、すでにドイツの伝統と異なったものとなっていたのだろう。そこで社会民主党は伝統に戻った。だからこそ責任政党として政権を担いえた。一方社会党は、我が国の伝統と異なるマルクス・レーニン主義を最後の最後まですてなかった。よって社会党は、歴史のサイクルである半世紀で排出されてしまった。

さらにまた、次のように言うこともできる。社会党は時代の流れに乗っていた。その流れが消滅したときに、その流れと共に消滅してしまった。私は政治評論家ではないので、政党のことを詳しく知っているわけではない。しかし少なくとも、昭和二十八年の国会における社会党の堤ツルヨ氏の発言をみるかぎり、社会党は責任ある国民政党だったのではないか。「(戦犯として刑死、獄死した者について)その英霊は靖国神社の中にさえも入れてもらえないということを今日の遺族は非常に嘆いておられます」と発言し、「遺族援護法」が全会一致で可決された。このときの社会党は、正としての我々の伝統に根ざしていたと思うのである。ところがどういうわけだか分からないが、次第に伝統から離れ時代の流れに身を預けてしまった。故に、時代の流れと共に消滅してしまった。

なお、何故日本が共産主義国家にならなかったのか、という問いに対して私が考えるにいたった結論は次のようなものであった。

マルクス思想、あるいはマルクス・レーニン主義は、言論人と違って多くの普通の人達にとって無縁のものであった。だから日本は共産主義国家にならなかった。即ち、言論人は銀座通りを走っていた。一方多くの民は昭和通りを走っていたので、言論人が撒き散らすマルクス主義とかマルクス・レーニン主義とは無縁でありえた。よって、日本は共産主義国家にならなかったのである。

社会党の消滅から必然的に導きだされたことは伝統ということであった。社会党を支えていたのも伝統、見捨てたのも伝統。これは当たり前のことである。どこの国でも、その国に存在するものは総てその伝統のうえに成立しているのである。しかし現在、当たり前のことが当たり前でなくなっている。それほど混乱している。そこで、イギリスをみてみよう。

イギリスの労働党は労働者階級を中心にした層で支えられている。ヨーロッパはイギリスを含めて階級社会である。我が国にはヨーロッパの階級というものは歴史上存在しない。存在しないものは、なかなか説明しにくい。インドのカーストもヨーロッパのそれと基本的には同じであるが、カーストとして言語化され細分化されていることもあって、短期間滞在していても、その存在が分かるようである。一方ヨーロッパの階級社会はインドほど明快に見えないためになお分かりにくい。私には、次のようなことでしか説明できない。

オックスフォードだかケンブリッジに留学している日本人が、服を買うためにロンドン行った。ある店で気に入った服を見付けた。紺と茶の二色の色があった。その人物は、紺が好きだったので紺色のものを注文した。すると店の主人が言った。「紺はあなたの着る色ではない、紺は労働者の着る色です」。余計なお世話だと言いたくなる。色がある観念と共に意識のなかに強固にすり込まれている。これが階級社会と言うものであろう。我が国にも、ブルーカラー、ホワイトカラーという言葉はある。しかしそれはヨーロッパの伝統から生まれた言葉で、取り入れた言葉であり、我々の伝統が生み出した言葉ではない。

また、我が国の労働組合の幹部の人のなかで、自分は労働者階級の出身という意識をもっている人は皆無だろう。それは、我が国には労働者階級というものが存在しないからである。

イギリスの伝統があり、それが生み出した労働者階級という階級がある。その階級が労働組合を支えている。我が国にも労働組合がある。しかしそれは、明治以来取り入れられた欧米の概念と組織である。我々の伝統から生まれたものではない。伝統が生み出した階級に支えられた組合と、階級が存在しないためにその支えがない組合は似て非なるものと考えたほうがいい。

イギリスと日本を対比してみよう。共に基礎には伝統がある。イギリスは、その伝統が階級を生み、その階級が組合を作り、組合とその階級の考え方に同調する多くの人達によって労働党は支えられている。

一方、我が国は、社会党について述べたように、社会党は直接伝統によって支えられていた。伝統が生み出した階級がないから、組合は間接的に支えていたにすぎないのである。労働組合が消滅したために、社会党が消滅したのなら話は分かる。しかし現在も労働組合は健在である。社会党だけが消滅してしまった。社会党は最終的には労働組合からも支えられなかった。このことは、組合による支持が間接的な支持であったことの証しになるだろう。

アメリカは伝統のない国と言われる。確かにこれは一面においては正しい。アメリカは新しい土地に、ヨーロッパが生み出した思想、即ち言語知によって純粋培養的に作られた国である。だからヨーロッパが長い時間をかけて作ってきた伝統はない。しかし、建国以来二百年に培われた伝統がある。アメリカの社会に存在しているものはすべて、その二百年の伝統のうえにたっているのである。

アメリカン・ドリームという言葉がある。アメリカン・ドリームというのは、二百年の伝統が生み出した現象であり、それを現す言葉である。政党も然り。民主党、共和党も伝統のうえにたっている。アメリカの二大政党とイギリスの労働党、保守党の性格は違う。それは基盤の伝統が違うからである。その国の責任ある国民政党であるためには、その国の伝統にたっていなければならない。当たり前すぎるほど当たり前のことである。そしてその一つの証は、西尾幹二氏が我が国の社会党と対比して、ドイツの社会民主党について言っているものである。

民意について

ここで民意というものにふれておこう。民意というものはなかなかとらえにくいものである。世論調査をしても、民意がでてこない場合がある。そこで、メディアが世論調査しても民意をとらえられなかったり、世論調査自体できにくいことがあるので、そのあたりをみてみよう。

一つは、我々は本音と建前を使い分けること。これは、外国人にもよく知られている。会社の会議では建前、その議題について飲み屋で本音。たして二で割るとちょうどいい、と外国人は思うようである。税金とか年金に関しては本音がでやすい。税金は安いほうがいいし、年金は多いほうがいい。みな本音を言う。しかし、命のような根源的な価値について何らかを問われた場合、本音がでるだろうか。

小説家の阿川弘之氏が次のようなことを書いていた。阿川弘之氏が若い人達と飲みにいった。話題が戦争の話に及んで、日本が危急存亡のときに特攻をするかということになった。若い人はみな、俺も特攻する、俺も特攻すると言った、と。わたしは、これは本音であると思う。それは飲み屋での発言であることと、我々は生命の連続への思いという信仰は、どの国の人達よりも強いから。

では、その若い人達が街頭でマイクを向けられ、我が国が危機のときに、あなたは特攻をするかと聞かれた場合、中には本音を言う人もいると思うが、大方の人は建前を言うのではないか。もし私がその立場にいたら、このように考えるだろう。現在我が国自体、平和な状態である。危機のときとの乖離がある。そのようなときに、重大なことをむきになって答えることもない。またうっかり特攻すると言って、軍国主義者と思われるのも嫌だ。私は日本人であるから、けっこう世間体を気にする。そしてこのように言うだろう。命は大切ですからね、と。メディアが多くの人が命の大切さを言っています、と言えば、正反対なことがでてくる。命を捨ててもいいと思っている気持ちがとらえられない。

民意をとらえられない原因の一つに、暗黙知の知の領域で感じたものは言語化されにくいことがある。肌で感じたものには、言うに言われぬものがある。「序」で遺伝子レベルの理解と言ったものは、暗黙知の知の領域での理解と言っていい。ここで理解されたものは暗黙の了解が成り立ってしまう。だから議論の対象にもならない。

その例をあげれば、我々にとって、自衛隊は戦力であるという暗黙の了解が成り立っていると考える。陸海空のあれだけの装備を戦力とみない人はまあいないだろう。だから、自衛隊は戦力ではないという真面目な発言がでてくるのである。戦力であるという前提がどこかにあるから、戦力でないという言葉がでてくる。誰がみてもお粗末な軍隊であれば、あえて戦力でないと言う必要はない。

我々が暗黙知の知の領域で理解したものは、暗黙の了解を作ってしまうから、かえってとらえることが難しいし、当然議論にもならない。メディアも日本人であるから、その了解を共有しているからとらえられない。よって肌で感じているものは、世論調査しにくいということである。

もう一つは、頭の中が空洞化したためとしか言いようがないのであるが、たぶん世論調査ができないと思われるものがある。それは我が国が核武装をする必要があるかないかの世論調査である。たぶんと言ったのは、メディアが核武装するという言論を封殺しているように思えるから、当然そのような調査もできないと思うのである。

では何故、核武装の必要に関する世論調査ができないのか。世論調査をしたら、核武装の必要ありという意見が何割りかはあると思う。核武装が必要という意見をもっている人が一定量いても、それはそれでおかしなことではないと思う。ところが、そのような意見をもつことだけでも恐ろしくてたまらない人がいるのだ。どういう人かと言うと、自信のない人である。自信とは自分を信じるという意味である。自分が核武装するという意見をもっただけで、自分を信じられないから、核をもった自分が何をするか分からない、その自分が恐ろしくなるのである。自分が信じられない人は他人はなお信じられない。その他人が核をもつという意見を聞いただけで恐ろしくなり、その意見を止めにかかってくる。

良識をもっていれば、次のようなことは容易に考えつくだろう。核をもつという意見と我が国が核をもつことの間にはいくつもの判断が必要でなり、現実に核をもつ判断にいたる可能性は限りなく少ない。また、我が国が核をもつと言ったら、核をもっている大国は賛成するわけがない。猛烈な経済制裁を加えてくるかもしれない。我が国の経済は立ち行かなくなる可能性もある。国民に何らかの耐乏を強いることになるかもしれない。そこまでして核をもつ必要があるだろうか。思考が働いていれば、核をもつという意見をもった人が一定量いても、恐ろしいことにならないはずである。

国家権力が言論を封殺するなら筋が通っている。しかし、言論の府であるメディアが言論を封じたのでは筋が通らないではないか。

マニフェストについて

ここで、マニフェストについても簡単に触れておこう。マニフェストは言語知による判断規準であるということ。ではその他に、どんな判断規準があるか。

まず経験知による判断規準がある。選挙のときの経験知による判断規準とは何か。国民は日々の生活のなかで、政党とそれに属する政治家がどのような言動をとるか、したたかにみているのである。税金や年金はもちろん、北朝鮮による拉致と核開発。北方の海でのロシアの警備艇による漁民の銃殺と拿捕。南の海での中国の潜水艦の領海侵犯。靖国参拝、国旗、国歌等についての問題。民はそれらについて、政党、政治家がどのような言動をとるかをみているのである。これが経験知による判断規準である。

もう一つは、暗黙知の知の領域における判断である。肌で感じるという判断の仕方。これは直感であり、かなり本質的なものをとらえてしまうものである。これを侮ってはいけない。私が肌で感じた判断の仕方と感じるものがある。社会党は単独では政権をとれなかった。自民党の議席にかなりせまっていた。しかし「微妙な差」で政権をとれなかった。その微妙な差は、職人が指先で感じる「千分の一ミリ」に相当するものと考える。要するに、暗黙知の知の領域の関与がかなりあったと思うのである。

このようにマニフェストは、三つの判断規準の内の一つであるということ。また、マニフェストは政党が有権者に示す判断規準にすぎない。一方経験知による判断規準は、日々の生活のなかで起こる諸々の現象が判断の規準になっている。それらの現象によって、個々の政治家、政党を判断しているのである。だから、選挙の争点にしたくないために、マニフェストで曖昧にしておくとか掲げなくとも、国民の方は判断の規準をもっているということである。これは、マニフェストに掲げられていないことも判断の規準になっているということであり、またマニフェスト自体も、経験知と暗黙知の知の領域で判断されているということである。そこで、言語知による判断規準であるマニフェストと経験知による判断規準にギャップがある場合、国民はそこに何ものかを肌で感じてしまうのである。

第七章　民主主義と天皇の存在

主権在民と天皇の存在が矛盾するかどうか

現在の問題の二つ目が、主権在民と天皇の存在が矛盾すると言われるが、矛盾するかどうかということ。天皇の存在については、統治の並立構造ということでとらえてきて、この問題のおおかたは解決していると思うが、ここでは「矛盾」ということが問題になっているので、矛盾というところからみていこう。また、ここで天皇の存在について、考えるにいたったことをまとめて述べることにする。

この場合、矛盾の語源から考えると分かりやすい。市場で、盾と矛を売っている商人がいた。矛というのは槍と思えばいいだろう。盾を売っている商人は、この盾はどんな矛も防げると言って盾を売っていた。矛を売っている商人は、どんな盾をも貫ける矛であると。では、その盾と矛を使ったらどうなるのかということになった。ふたつの物の関係が辻褄が合わないという意味である。だから、一つの物のうちで辻褄が合わないことを自己矛盾とか自家撞着と言う。一人の人の言動などに辻褄が合わないときに使われる。

主権在民というのは、民が権力を得たことである。「主権（権力）」が「民」に「在」るという意味である。徳川家とかルイ王朝にかわって民が権力を得たのであるが、これで終わりにはならなかった。ホッブス氏が自然状態というものを想定して、横に働く力を防ぐために縦にしてみたけれど、完全に解消できなかった。その権力が強制力となって上から民にかかるようになった。ここに矛盾が生じてきた。民と権力が矛盾の関係にある。この矛盾を解消したのが、前に述べた義務と権利の力学である。即ち、国家への義務を果たすことによって、権利を認めるという形で下降力を相殺した。

民と権力が矛盾の関係にあり、理論的には解消されているようであるが、実際には完全に解消されているわけではない。むしろ現在、民主主義のもっている負の面が顕在化してきている。チャーチル氏が皮肉を込めて最悪な政治と言い、我が国のメディアが国家を国家権力と言い何かにつけて糾弾するのをみれば、権力装置があまりいいものでもないことが分かる。何故このようにうまくいかないのか。それは、人ひとりの力には限界があること。その不完全な人が論理を用いて作る仮説には完璧なものはできないということであろう。

一方、民と権威の間には矛盾は存在しない。権威は民が長い時間をかけて作り上げた価値を上に押し上げたものである。一方的な上昇力である。竹内久美子氏が言っているように、権威は経験知の知恵の淘汰を経てきたものであり、一人の人には限界があるが、経験知は数えきれない多くの民が長い時間をかけて、無数の知恵の淘汰を経て残ったものである。このように、民と権威の間には矛盾は存在しない。

民と権力が矛盾の関係にあり、民と権威の間には矛盾は存在しない。今問題になっているのは主権在民と天皇の存在の間の矛盾。主権在民は民が権力を握ったのであるから、権力と権威の間の矛盾ということになる。権力と権威の間には矛盾は存在しない。権力は、言語知によって民が獲得したものであり、権威は民が長い時間をかけて作り上げたものである。言語知と経験知の知恵の産物である権力と権威。二つの知は人が持った同等の知であり、そこには矛盾は存在しない。その知の上に作られたものは当然矛盾はない。

なおここで先に進む前に、主権在民についてもう少し考えてみよう。というのは以前、イギリスでは主権が女王にある、ということが書かれているものを読んだ記憶があるからである。これは主権在女王、女王主権ということである。我々は民主主義というと、主権が民にある、主権在民と思ってきたところがある。

またこれを我が国に当てはめると、天皇に主権がある天皇主権ということである。現在我が国で、天皇主権と言おうものなら、ネット上でい言う、いわゆる炎上というような事態が起こるのではないか。軍国主義の復活、戦前の軍国主義に戻るのではないかと。

我々を含めた世界中の人たちは、女王主権のイギリスが独裁国家、軍国主義国家、戦前の軍国主義に戻るのかと言う人はいないのではないか。では何故、女王主権と同じ天皇主権と言うと、我が国では大騒ぎになるのであろうか。

そこで私なりに、女王に主権があることの意味を考えてみた。結論から言うと、なかなかの知恵だということ。主権という国家意志の根源である大きな権利を女王に残した。女王は所有者、国民は使用者。これは、国家の最高の権利を国民が持つことによって、国民が傲慢にならないための一つの知恵と考える。これを地主と借地人にたとえる。借地人がその土地を常識的な使い方をしていれば、地主は何も文句は言わない。借地人がその土地を常識の範囲内で使用する場合、大体のことは許される。ところが、周りの景観を損ねるような建物を建てようとする時、地主はこれを拒絶できる。要するに、至高の権利を所有権と使用権に分けたということではないだろうか。そしてそれにより、国民が傲慢になり暴走するのを避けた。

言語技術文明を作り出した欧米が将来、その文明を見なおすような時、そのようなことがあるかないか分からないが、もしあった時に、その回帰点としての女王主権ではないか。イギリスは我が国と同じように、経験知の知恵の産物である権威を残してきた。その女王に主権を残している。これは彼等の知恵というか、彼等の文明の知恵としてイギリスの権威のなかに主権を残した。これはなかなかの深い知恵のように思える。

このように主権在民と天皇の存在は矛盾するものではない。矛盾がないことだけを明らかにしても、両者がどのような関係にあるのか明らかになっていない。そこで、民主主義、主権在民と天皇の存在の関係を明らかにすることを含めて、天皇の存在について考えるにいたったことを述べることにする。

儒教の「孝」概念――父系の血の一系を守る

私は前に、今までの人生のなかで考えてきたと述べた。しかし、第一の人生においては、自分一身の身の処し方について考えただけだった。妻子を抱えて、万丈ではないがかなり波乱のあった人生であった。だから、もっぱら一身の身の処し方についてであった。自分を取り巻く社会、さらにその外側の世界に関しては、ほとんど考えなかった。より正確には、その余裕がなかったということである。しかしテレビ、新聞等により、社会の動きや世界の動きを知っていた。またなにがしかの本も読んでいた。だから知識はもっていた。世の中の動きを知り知識をもつことと考えることは別のことである。

そのようなわけで天皇の存在についても、ほとんど考えたことはなかった。正月二日の宮中参賀、皇居に行く労をとらずに横着を決め込んでテレビで眺めて、天皇御一家の元気な姿を拝見し、後は天皇、皇族がたのニュースをテレビ、新聞で知るだけであった。この関係はこれからも変わらないだろう。そのようななかにあって、天皇についてのある知識だけはもっていた。それは、天皇家が我々の本家であり神官であるということ。最近では司馬遼太郎氏が言い、その他の人も、過去においても多くの人が言ったきた。我が家のような庶民の家柄に対して、何故天皇家が本家にあたるのか分からなかった。分からないものは考えなければならなかった。そこで、何故天皇家が我々の本家にあたるのか、ということから述べる。

東北アジア一帯は儒教圏と言われ、現在でも中国や韓国では儒教が日常の生活を律している。我が国は、儒教という錠剤を飲んだようなもので、各部には働いているが、直接儒教が日常生活を律していない。儒教圏で「孝」という概念がある。孝の根本にある考えは「父系の血の一系を強固に守り維持してゆく」ことである。ちなみに我が国では、意味を変えて父母への思い、親孝行という意味にした。我々は孝、即ち「父系の血の一系を強固に守り維持してゆく」と言うと、万世一系を思い浮べる。万世一系と孝は基本的には同じ概念である。

しかし決定的な違いがある。中国や韓国では現在でも、各戸でそれを守っている。しかし我が国は、それを一つに集約して天皇家に預けた。本来各戸で守るべき血の一系を一つにまとめて天皇家で預かってもらった。このことにおいて天皇家が我々の本家になった、と考えるゆえんである。だから万世一系は、必ずしも天皇家のものだけでなく我々のものでもある。そして血の一系は生命の連続でもある。生命の連続への思いは我々の宗教でもある。その宗教を守っているということで神官なのである。天皇家は我々の宗教を司る最高の神官の家柄ということになる。

現在でも、中国や韓国では父系の血の一系を各戸で強固に守っているのに反して、我が国ではすでに八世紀に、万世一系のもとに天皇家に預けてしまった。その結果我々は、各戸において血のつながりに煩わされずに済むようになった。平安末期の保元の乱のように、源為義、義朝親子が互いに敵になって戦い、為義は負けて義朝に斬られてしまう。中国では、父系の血の一系を父子で強固に継いでいくため、父子がこのように争うことは起こらない。また江戸時代に、商家等で跡取りがいないとき養子を迎えた。その場合でも、血のつながりというものをほとんど考えていない。実力のある番頭等のなかから養子を選んでいる。ここに、江戸時代の実力主義の一つの要因が求められるかもしれない。そして現在でもこれは変わらない。中国や韓国では、血のつながっていないものを養子にとるようなことは考えられないらしい。また、血のつながっている者しか信用しないようである。

世界で非血縁による共同体を作りえたのは日本と欧米だけである。アフリカをみれば、部族社会と言われるように、これは血縁共同体である。そこには王的存在、権威と権力をもった部族の長と言われる人がいて、その人のもとに部族を形成している。イラクのサマワだけでも、五十から百の部族があると言われる。イスラム世界も血縁による共同体を作る。中国や韓国では部族といわないが、「孝」の伝統により共同体とは、血のつながった血縁共同体を意味する。機能集団である会社組織においても、どちらかといえば血縁が優先される。韓国の企業においても、中心部は血縁で固められている。我が国では縁故で会社に入ってくる者は、どちらかというとあまり歓迎されない。共同体と言えば、まず血縁による共同体と言っていい世界にあって、むしろ日本と欧米が例外である。そしてそれを我が国は、早い時期に血の一系を守ることを天皇家に預けたことによって可能になったと考える。

では、欧米は何故それが可能になったのか。それはプロテスタントによって可能になった。カトリックは現在でも、教会を中心とした地縁、血縁による共同体を作っている。プロテスタントは、教会を外して直接神と対峙したことにより、地縁、血縁に煩わされずに、信じるものを同じくする多くの信団を作っていった。地縁、血縁に煩わされなくなったことを含めて、いわゆるプロテスタンティズムの合理主義的精神というものによって、非血縁による共同体を作りえた。

そして非血縁による共同体を作りえた欧米と日本が近代化した。血の一系を守ることはかなり重いことであろう。血の一系を各戸で守らずに天皇家に預けたことにより、我々は身軽になっていた。このことが近代化できた一つの要因でもあると考える。また、あらゆる種類の現世利益ができるようになったのも、このお陰と考える。

本家の当主である天皇は、神官としてかなり厳格な多くの神事を行なっているようである。我々の宗教である生命の連続への思いは意識としてもっているだけである。何の儀礼儀式もない。そこで背景にある自然観である神道の儀礼儀式により、大自然への祈りと感謝、生命の連続への祈りと感謝をされているようである。それらの儀式は肉体的にもかなりきついものらしい。本家で厳格な儀式に基づく大自然と生命の連続への祈りを捧げて頂いているお陰もあって、我々は宝くじに当たりますようにと祈ることも可能になったと考える。なお、宝くじに当たりますようにと祈ること自体、祖先の人の子孫の繁栄を願う気持ちに呼応したものであることはすでに述べたとおりである。

ヨーロッパの王と天皇

次に、ヨーロッパの国王と天皇を対比してみてみよう。共に権威であることは共通している。しかし決定的な違いは、天皇は神官でもあるのに対して、ヨーロッパの国王は俗人であること。イギリスの国王は、英国国教というキリスト教の長であるが在家としての長であると言う。私はイギリスのことを詳しく知っているわけではないのでよく分からないが、大僧正と言われるような最高の神官がいるのであろう。国王はあくまで俗人としての在家の長である。この点において、天皇はヨーロッパの国王と対比することはできない。しいて天皇の存在に対比できる存在を求めるならば、それはローマ法王ということになる。ローマ法王は、キリスト教世界の宗教的権威であり最高の神官である。

前に戴冠式について述べた。ヨーロッパの国王の王位継承儀礼が戴冠式である。イギリスの現国王であるエリザベス女王陛下の戴冠式がウエストミンスター寺院で行なわれたとき、天皇陛下が皇太子のときに参列されている。戴冠式というのは、民を代表する者が冠を掲げて王の頭上に載せることによって成立する。戴冠式のこの行為そのものが、民が作り上げた価値である権威を上に持ち上げることをその動作により示している。

我が国の皇位継承儀礼は大嘗祭である。大嘗祭についての知識は、高森明勅《あきのり》氏の著書による。新嘗祭という神事が古くから行なわれていた。これは、もともとその年に採れた新穀《ニイナエ》を用いて行なわれる収穫の祭りであった。天皇は天皇の所有する御田で採れた新穀、豪族はその所有する田で採れた新穀を用いて行なわれていた。新嘗祭は天皇、豪族が、いわばそれぞれ私的に行なっていた神事であった。それに対して大嘗祭は、民の田で採れた新穀が天皇に捧げられ、その地域の役人と民が参加して神事を行なうこによって成立した。皇位継承儀礼としての大嘗祭は持統天皇のときから始まった。この時は、播磨、因幡の国の民の田から採れた新穀が天皇家に捧げられた。

大嘗祭と戴冠式を対比してみよう。まず我が国では何故、戴冠式のような形式をとらなかったのか。それは、我が国では天皇が冠をつける習慣がなかったことにつきると考える。その習慣がなければ、当然それを用いた儀礼も起こらない。この二つの儀礼は、違っているようにみえるが本質的には共通している。

それは、民が価値と認めたものを民から捧げられた者が王位、皇位につくということ。現在残っていて我々が見られる諸外国の王冠は、金銀宝石がちりばめられている。金銀宝石が絶対的な価値と思わないが、一つの大きな価値には違いない。権威は民が作り上げた価値を民が持ち上げたものである。大きな価値である冠を王位の象徴としてとらえて、それを捧げられたものが王位につくということが戴冠式であり、捧げられた者が権威になる。

一方、我が国では冠をつける習慣がなかった。あったとしても続かなかった。そこで我が国では冠に相当するような価値を考えると、それはやはり米であると考える。我々の文明は縄文時代を基礎に弥生時代の水稲耕作に深く根ざしている。古代国家の完成は国土を水稲耕作化することと期を一にしている。現在でも輸入米に何百倍の関税をかけていることを考えれば、我々は古くから米を如何に大切にしているかが分かる。我々の価値としている米、しかも、民の田から採れた新穀を捧げることによって大嘗祭が成立した。

天皇家の御田から採れた新穀を用いることでは大嘗祭は成立しない。これは、王が自らの手で冠を戴くようなもので戴冠式にはならない。冠と米、民のほうから冠を捧げられることと、民の田からの新穀を捧げられること。伝統による習慣が違っても、これらは共通のものを表している。人はそれほど違ったことは考えないということだと思う。

ローマ法王と天皇

次に、天皇は神官でもあるのでローマ法王と対比してみよう。ベネディクト十六世が亡くなられフランシスコが法王様になられた。コンクラーベという法王の選考の仕方が知られるようになった。日本語は表現が豊かなので、根比べと記憶している人もいるだろう。枢機卿による多数決で決まるという。しかしその詳しいことは分からない。私がキリスト教徒ではないから分からないのではない。キリスト教徒でも、その具体的なことは分からない。関係者以外はその詳しいことは分からない。ある程度秘されている。何故秘されるのか。それは聖の属性であるからだろう。聖の領域のものは、ある程度秘されるものと考える。

前に、我が国の寺で行なわれていた「大衆僉議」という多数決による議決にについて述べた。寺全体の意思決定をし、それに基づいて行動を起こすには「満寺集会」という衆徒全員による多数決による議決。

みな袈裟で顔を覆い声を変えて議決する。声を変えるというのは、隣に高僧のような人がいる場合、影響されないためである。これは、もともと仏教のもっていた平等主義の現れであろう。袈裟で顔を覆うことは、それぞれみな暗闇のなかにいるようなものだろう。これから想像すると、コンクラーベは暗闇のなかで行なわれるのではないか。それはともかく、両者は一種の秘密投票ということで共通している。

大嘗祭とコンクラーベを対比すると、共にある程度秘されることにおいて共通している。大嘗祭も我々にはほとんど分からない。関係者以外は分からない。学者はある程度はわかっているようであるが、すべては分からないようである。法王も天皇も聖の領域に属しているからである。人が聖なるものをもっている限り、コンクラーベは将来的にも、公開の場での記名投票の形は絶対にとらないだろう。

聖の領域のものはある程度秘される。ではコンクラーベにおいて、その秘されている意味は何か。それは、法王は神の意志によって定まった。神意によって法王は定まったとみているものと考える。

神意と言うと、我々は迷信、非科学的と言って否定してきたものである。彼等はしたたかである。彼等は合理の面のいわゆる科学において、宇宙に行けるようなものを作り出した。一方非合理な宗教において、現在でも神意というものを残しているのである。我々は十六世紀にキリスト教に出会った。以来、我々は心眼ではみてきたけれど肉眼ではみてこなかった。

しかし、我々もそう捨てたものではない。人はそれほど違ったことを考えないのであろう。特に聖なるものに関しては、同じようなことを考えるのかもしれない。我々は、神意に相当するものを神勅と言っている。神勅というのは、女神アマテラスがニニギノミコトに地上の統治を命じたことを言う。「勅」は命令という意味。神勅、即ち神の命令という意味であり、我々の神は大自然であるから、大自然の命ずるところという意味でもある。文明が生まれる風土によって神が違ったきた。神が定まれば、人はそれほど違ったことを考えないのだろう。神意と神勅、ほとんど同じと考える。

彼等は神の意志とみた。我々の理性は、我々は神の命ずるところとみた。そして、そうとらえたのはそれぞれの理性であると考える。我々の文明は、大自然を精緻にみることによって生まれた文明である。大自然に畏敬の念をもち、それを精緻にみるところから、大自然の命ずるところということがごく自然にでてきたものと考える。一方彼らの理性は、動的積極的な理性である。彼らは神そのものを創造したと言っていいだろう。そのような理性からは意志というものがでてくるのであろう。

また、我々は天皇は神に連らなっているとみてきた。それは大自然に連らなっているということでもある。我々は古代から天皇は人であることが大前提であると、すでに述べた。我々は人も大自然の一部とみている。そして大自然から生まれ大自然に還って行く。天皇は神に連なっている、大自然に連らなっているということは、我々の基本的な人間観も天皇家に預けたと考える。その大自然に連なる生命の連続を万世一系のもとに天皇家に預けた。大自然を神とみる神道という自然観も、大自然から生まれ大自然に還って行くという基本的な人間観も、我々の理性の賜物と考える。

ヴァチカン宮殿において、キリスト教世界の最高の神官としてローマ法王は多くの神事を行なっていると思う。それは、キリスト教世界の多くの民の安寧を願い、キリスト教の神に祈りと感謝を捧げていることであると思う。我々の宗教の最高の家柄である天皇家において、神官としての天皇は多くの神事を行なっている。国民の安寧を願い、我々の神である大自然とそれに連なる生命の連続に祈りと感謝を捧げている。共に、聖なるものの領分のことと考える。

政教一致について

政教一致については、ここで述べるのが最も相応しいと思うので、政教一致、政教分離について述べる。政教一致について重要なことは、それは、ヨーロッパの伝統から生まれたヨーロッパの概念であるということ。では、ヨーロッパの政教一致とは何か。

ローマ教会が宗教的権威と世俗の政治権力を合わせ持ち絶対権力をもっていた。権威と権力が合体していたのであるが、宗教が上にあり宗教が世俗を支配していた、あるいは権威が権力を支配していたとも言える。では、政教分離とは何か。ローマ教会がもっていた政治権力を権力装置としての国民国家を作ることにより、ローマ教会から分離した。

これが歴史上あったヨーロッパの政教一致と政教分離である。これをみれば、我が国の歴史上にこのようなものは存在しない。即ち、教会というか宗教が世俗、政治を支配していたというような体制。このような歴史、伝統がないところに、政教一致、政教分離という言葉が入ってきた。そのために混乱が起きているのである。欧米の概念で我が国の文化、価値をみると我が国が分からなくなり、混乱が起きていることはすでに述べてきた。その典型的なものの一つが、この政教一致と政教分離である。その歴史、伝統を背負っていないところに言葉だけが入ってきた。

だから我が国の政教分離というのは、政治と宗教を「分離」して「一致」させないということである。これはものすごく難しい問題である。これを解決するためには、国家とは何か、宗教とは何か、我々の宗教とは何か、根源的なことを追求しなければ解決できないような難問なのである。ところがそれをしないで、言葉上のことだけで「分離」とか「一致」と言っているから、混乱を起こしてしまうのである。

一方欧米は、彼等の歴史からでてきた言葉であるから、混乱など起きずに明快である。もともとローマ教会（カトリック）と政治は合体していた。その後プロテスタントが起こり、複数の宗派ができた。だからローマ教会とプロテスタントの教会というか特定の宗派、あるいは宗教団体と政治が分離して一致しないことである。

アメリカの大統領が聖書に手を置いて宣誓したり、裁判所の開廷のときに牧師が祈りを捧げたり、国のために死んだ人をキリスト教の儀礼で行なうのも政教一致ではない。我が国の場合を欧米に当てはめると、特に国のために死んだ人を弔うのに、キリスト教という特定の宗教と結びついているから政教一致と言っているのである。大統領の宣誓、開廷のときの祈り、国のために死んだ人を弔うのを彼等の宗教儀礼で行なっても、教会、特定の宗派と結びつかないだろう。まして教会、特定の宗派が政治を支配することにはならない。

人は宗教なしには生きてゆけない。どのようなかたちの宗教であれ、人は宗教をもっているものである。死は宗教と深く結びついている。どのような死であろうと、その宗教儀礼によって行なわれる。欧米はキリスト教、イスラム世界はイスラム教、ユダヤ人はユダヤ教、インドはヒンズー教、ロシアではロシア正教で行なわれているはずである。宗教儀礼で行なわれなかったら魂は浮かばれないだろう。

また無宗教と言えば、それは無神論者と同じことであり、一神教の世界では危険視されるのではないか。それは、我々の歴史上からみても分かる。信長は残酷な方法で比叡山を焼き討ちした。世間は神仏も恐れぬと言って、信長を恐れたのである。神仏を信じない者は、何をしでかすか分からないと恐れられた。多神教の日本でも、神仏を信じない者は恐れられたり危険視されるようなところがある。一神教の世界では、なおその傾向が強いのではないか。多神教のなかにいる私には分からないが、無宗教と言ったら、あるいは悪魔を信じていると思われるのではないか。

この論は、政教一致・分離に関して混乱を起こしている現在の個々の問題を解決するために述べているわけではない。だからそれには触れずに、あくまでも歴史上の政教一致、政教分離について考える。そこで我が国の歴史にそくして考えると、我が国にも欧米の政教一致に近いものがある。それは仏教勢力の政治への容喙《ようかい》・介入である。ヨーロッパの政教一致は、ローマ教会が次第に勢力を強めて、最終的に世俗を支配した段階を言うのであるから、我が国の宗教勢力の政治への容喙・介入は、その途中の段階まであったと考えれば、政教一致と言ってもそれほど的外れではないと考える。

我が国の宗教勢力の政治への容喙は平安時代から始まっていた。白河法皇が意のままにならないものの一つに僧兵をあげている。古くから延暦寺、興福寺等の大きな寺は荘園をもち僧兵を抱えて、ことあるごとに政治に容喙してきた。戦国時代の一向一揆で知られる本願寺教団の政治への容喙。我が国は政教一致はしなかったが、宗教勢力の政治への容喙を我が国の政教一致ととらえる。では政教分離とは何か。それは宗教勢力の政治への容喙を完全に斥けて断ち切ったこと。そして、それは信長個人によってなされた。

信長は、まず比延山を焼き討ちした。我が国では僧の妻帯が許されていたので、比延山は僧の生活の場でもあった。三千人のなかには妻子もいたし使用人のような人達もいた。秀吉は逃げる者は殺さなかった。信長は逃げ惑う女子供も皆殺しであった。日本中を震撼させた。これは何を意味しているのか。それは宗教勢力が政治に容喙すると、このような恐ろしい目にあうぞ、ということを示して歴史に刻印を刻んだのである。一方石山合戦で勝利を収めた信長は、延暦寺にしたことと正反対のことをした。本願寺法王を丁重に京都に送り返し、本願寺の所領を全部返し、本願寺が将来にわたって成り立つような配慮を示した。これは何を意味するのか。それは、宗教勢力は真の信仰に戻れということを示した。信長は、宗教勢力が政治に容喙すると、このような恐ろしい目にあうことを示し、だから宗教勢力は真の信仰に戻れということを示して、政教分離の刻印を歴史に刻んだのである。

欧米の政教分離は国民国家を作ることにより達成された。我が国の政教分離は信長個人によってなされた。これをたとえると、共に文明に政教分離のワクチンが打たれたものと考える。たとえ将来、政教一致が起こるようなことがあっても、ワクチンの作用により大事にいたらないものと考える。

国家による神・宗教の利用

政教一致と間違えやすいものに、国家による宗教の利用というものがある。ヨーロッパにおいて、何故、宗教が世俗あるいは政治を支配することが可能になったのか。文は武より強しと言う。言語は、それが理論化され体系化されると強力な構築物になる。思想を例にとれば明らかであろう。特にマルクス思想は、二十世紀の世界を大きく動かし変えた。それほどの力をもつものである。政教一致のヨーロッパは、キリスト教という理論体系化された構築物で覆われていたと言っていいだろう。そこでは政治さえその下に置いてしまう。これは、言語化されたものの特徴であり、また言語というものに基礎を置いている彼等の文明の必然であったと考える。

その後、いわゆる啓蒙思想家と言われる一握りの人達によって、政治上の理論体系化された国家が作られた。宗教上の構築物と同等の政治上の構築物が作られた。今まで世俗を覆う唯一の構築物しかなかったところに、政治上の強力な構築物が作られた。だからこそ、宗教上の構築物がもっていた権力を政治上の構築物に分離することができたのである。受皿ができたということである。

利用ということからみると、政教一致の場合、現実には宗教・権威が政治・権力をも利用することが可能であったと言っていいだろう。ヨーロッパはローマ教皇庁の配下にあった。ヨーロッパの外に対しては、ローマ教皇庁が、その権力をスペイン、ポルトガルを通して行使して世界を二分しようとした。そしてアフリカ、中南米を次々と植民地にしていた。

政教一致の世界では、政治が宗教を利用したくても利用できなかった。まだ政治は理論化されていなかった。宗教という構築物に対抗できる理論体系化された政治上の構築物ができて、初めて政治が宗教を利用できることが可能になったのである。

キリスト教の素晴らしいところは、修道士、修道女と言うのか名称はよく分からないが、そのような人達が電気も水道もない所に行って、さまざまな奉仕をしていることである。しかし、利用されることにもなってしまったのである。キリスト教は、早くから辺境の地へ宣教師を派遣していた。彼等はこうも考える。宣教師はいずれ現地人に殺されるだろう。そのときには、キリスト教を守るという大義をもって、軍隊を派遣してその土地を分捕ってしまおう。国家・権力がローマ教会から分離されたからこそ、このように国家が宗教を利用することが可能になったのである。

明治の先人達は、国家は時には宗教でさえ利用することも欧米から学んだのである。明治国家は、我々の近代から鋭利な欧米の近代へのリフォームであったが、その手法を、宗教を利用することを含めてすべて欧米から学んだのである。その点で、我が国は優等生であったと言われる。そして、その優等生ぶりは現在も変わらない。現在は、優等生が周りの悪ガキから苛められているようなものである。

近代西欧との対決——宗教による対決

以上のことを踏まえたうえで、近代西欧との出会いを宗教の対決ということでとらえてみよう。

一神教の神、即ち向かうところ敵無しという神が世界を征服して、いよいよ我が国にも迫ってきた。明治の先人は、国家は時には宗教をも利用する欧米にならって、宗教をもって我が国を守ろうとした。しかし、我が国の宗教は利用したくても利用できない宗教である。そこで、我々が神とみた大自然の具象神、即ち八百万の神々を使ったのである。要するに、防衛用に八百万の神々を使った。欧米の宗教の利用に対して、我が国は直接神そのものを使った。国家による神の利用。これが国家神道と言われるものである。あくまで国家、権力、為政者が神を使ったのである。近代西欧と出会ってからアジア太平洋戦争が終決するまで、神道勢力が政治を乗っ取っていたわけではない。我が国の歴史において、神道勢力が政治に容喙したことは一度もなかった。また将来的にも、神道勢力が政治に容喙することはない。それは、神道は言語体系化されていないから使いようがないのである。ここには、ヨーロッパの政教一致に相当するものは何も見当たらない。また我が国の政教一致についてはどうであろうか。我が国では、政治に容喙してきたのは一貫して外来の仏教勢力であった。それは、仏教はキリスト教に勝るとも劣らず言語体系化されているからである。

このように、国家神道は国家、権力、為政者が我々の宗教は利用できないため、防衛用に大自然の八百万の具象神を利用したのであり、政教一致とは別である。

次にいよいよ欧米主要国と戦わねばならなくなってきた。アジア太平洋戦争は当初はともかく、敗戦まで苦戦の連続であった。今まで八百万の神々を防衛用に使っていたが、防ぎきれなくなってきた。そこで、さらなる神の利用が行なわれたのである。それは、曖昧な神概念と天皇を結びつけることにより、曖昧な神概念の神を利用したのである。洪水による堤防の決壊を防ぐために、土嚢を積み上げて決壊を防いでいたが、これも危なくなってきた。そこで後方に、さらにもう一段土嚢を積み上げたようなものである。しかし結局は堤防は決壊してしまった。

終戦と共に、国家に利用されていた神々は大自然のなかに解放された。曖昧な神概念と天皇の結びつきも断ち切られた。現在、伝統に戻っているのである。

さて、このように我が国には歴史上、ヨーロッパの政教一致というようなものはなかった。また我が国の政教一致、信長がそれを断ち切って以来、宗教勢力が政治に容喙することもなかった。国家による二重の神の利用があっただけである。ところが、特に戦争中、政教一致していたとか、さらには天皇制ファシズムがあったと言われてきた。そこで、天皇制ファシズムがあったかどうかをみてみよう。

まず天皇制について。前に制度は装置と考えると述べた。天皇の存在は、装置ではなく構造である。古くから天皇は存在していたが、我々は制度としてもっていたのではなく、権力との並立構造としてもっていたのである。しかし、人が天皇制と言っても、それをいけないというつもりはない。ヨーロッパの王制と言うように、人が天皇制と言っても、それはそれでいいと思っている。

次に、ファシズムについて。ファシズムという言葉は難しい言葉であり、我々は共通の定義をもっていないと思う。ファシズムと言われても、我々は何を意味しているのかよく分からないということである。我々の伝統から生まれた言葉でなく、外来の欧米の言葉。だからこのような言葉を使う人は、自分でもその意味が分からずに使っているか、何らかの意図をもって使っているのかのどちらかなのである。西尾幹二氏が定義に近いことをしているので使わせてもらう。

「国家の中に党という国家を越えた組織が存在していること。さらに（一）秘密警察、（二）強制収容所、（三）独裁者直属の親衛隊、特殊任務部隊をもち、この三要素が国家の政治そのものを自由にした」。

このような体制が歴史上存在したファシズムである。このように定義されれば、我が国の歴史にはこのような体制を一度ももったことがないことが分かる。よって、戦争中といえども天皇制ファシズムというようなものはなかった。このように言葉の意味が明確になれば、その言葉でとらえられた現実がなかったことが明確になる。我々一人ひとりが外来の言葉、特に日常語になっている欧米の言葉の意味を考えるようになれば、我々の外側を覆っている霧の大方が晴れると思うのである。

このように、戦争中といえども政教一致どころか天皇制ファシズムというようなものもなかった。そのなかったものをあったかのようにとらえると、我々が実際に何をしてきたのか、ということが分からなくなる。してきたことが分からないということは、同じ間違いを再び繰り返すということ。政教一致、天皇制ファシズムというようなとらえ方をしていたために、同じ間違いをしようとしたのが皇室典範を改正しようとしたことであった。

皇室典範

そこで、皇室典範について、そこから天皇の存在と民主主義、主権在民の関係を明らかにしてみよう。

国家による二重の神の利用。一段階目の国家による八百万の神々の利用。これは、神道勢力が国家を乗っ取っていたわけではなく、あくまでも国家、権力、為政者が神を利用していたのである。これが、明治から終戦まで続いていた国家神道と言われるものである。一方、二段階目の神の利用。即ち、欧米との関係が悪化していき、厳しい情況になっていったときに、曖昧な神概念と天皇の結びつきと、その神の利用が一段と激しくなったきた。

天皇と神を結びつけたのであるが、それを神の側でとらえると神の利用であるが、天皇の側でとらえると分家による本家の利用ということになる。そこで、二段階目の神の利用を分家による本家の利用ととらえて以下を述べる。

皇室典範というのは本家の家法である。それを分家が本家と本家筋を蔑ろにして改正しようとしていたのである。これほど道理に反しているものはない。だから、本家筋から苦情がでてきたのは当然であった。このようなことが起こる根本の原因は、憲法の二条にある。憲法の二条は、権力側が権威の最高の法を決めてもいいことになっていることにある。

分家が本家の家法である皇室典範を勝手にかえようとした。これは戦争中と何ら変わらない。あるいはそれ以上かもしれない。戦争中は国家、権力、即ち為政者、軍人である分家が本家をいいように利用したのである。神に結びつけて。今回の改正は、本家の家法そのものをかえようというのであるから、本家を如何様にもできるということで、戦争中よりも非道いことをしようとしていたと考える。

このような間違いを犯す一つの原因は憲法二条にあり、それは、アメリカは共和制で権威をもたない国であるから、権威が何であるか分からなかったか、あるいは何らかの意図をもっていたかのどちらかなのである。もう一つの原因は、戦争中に政教一致、天皇制ファシズムがあったというようなとらえ方をして、真に我々がしてきたことを見極めようとしなかったこと。

権威と権力の関係――経験知・言語知という知恵

明治に皇室典範が作られたとき、議会で審議せずとなっていた。私はここに、明治の先人の伝統というか我々の正体への深い洞察を感じる。皇室典範は権威にまつわる最高の法である。前に権威と権力について、辞書的な定義からみてきた。ここでは、それらの歴史的な意味をみてみよう。

王制、権威としての王的存在は、動物の社会進化の歴史の中で自然発生したもので、長い淘汰の試練を受けて残ってきたものである。長い経験知が授けてくれたものである。歴史上確認できる最初の王が、メソポタミアのギルガメッシュであるならば、ゆうに五千年の淘汰の試練を受けて残ってきたものである。経験知の産物であるから、権威は権力と違って理論体系化されていないところがある。特に権威が宗教的権威である場合は、権威にまつわる儀礼儀式があるだけである。

一方、権力装置としての国家は今から三百年ほど前に、一握りの啓蒙思想家と言われる人達が言語知を用いて作った言語知の産物である。そして権力装置としての国家は、民主主義、主権在民という原理（制度）、基本的人権、男女同権、自由、平等などの構成概念をもって、理論構成されて作られたものである。

そこで、言語知と経験知の関係をみてみよう。この関係は、彼等の文明である言語技術文明が明らかにしてくれている。即ち自然科学の仮説は「実験」によって証明される。現在の実験は、以前のように小さな実験室で行なうだけではない。直径数キロもある加速器であったり、スーパーカミオカンデという巨大な実験設備を作って行なわれる。しかし、設備が巨大になっただけで実験であることには変わりはない。一方、社会科学の仮説は「経験」によって証される。民主主義、共産主義というものは、実験では証明できない。そこで生の現実の経験世界に下ろしてくる。

このように言語知に基づいて作られた仮説は、実験と経験によって証される。我々は実験と経験によって、物事の真の姿というものを知る。共に経験世界で明らかにされるということである。言語知の知の領域で作られたものはすべて、経験世界で証明されて初めて明らかになり、有用であったり役に立つことになる。よって、人が持ちえた二つの知である言語知と経験知は対等なものであり、優劣はないということ。

我々がもった二つの知に優劣はないが違いはある。経験知は経験世界での実証が先にある。即ち、過去における長い実証の結果残ったものである。言語知は経験世界での実証が後にくる。まず仮説がたてられる。それを実験であれ経験であれ、経験世界に下ろしてきて、そこから実証が始まる。確かに言語知は鋭利である。だから如何なる仮説も容易にたてられる。しかし、それを実証するのに経験世界での長い時間がかかるのである。

国家、民主主義、基本的人権など、三百年ほど前に西欧の一握りの啓蒙思想家と言われる人達が言語知の限りを尽くして作ったものである。現在世界には、約二百の国がある。そのなかで、国家が安定していて、民主主義がゆきわたり、人権が守られている国がどれほどあるだろうか。それらのものが定着しているのは、その文明を作り出した欧米諸国と、非欧米国では我が国くらいであろう。非欧米国で、形のうえでは民主主義を採用していても、我が国ほどうまく機能していないようである。すると、それらのものが機能している国は二割程度である。八割の国では、国家も安定せず、民主主義も定着せず、人権などおよそ守られていないのである。

世界を見渡せば、近代西欧が作ったシステムは、三百年たった現在でもこのような情況である。ではあと三百年たてば、地球上の総ての国が安定し、民主主義がゆきわたり、人権が守られるようになるのだろうか。あるいは、経験知により残ったものが、千年単位の淘汰の試練をへてきたものであるから、あと

七、八百年かかるのであろうか。あとどのくらいたてば、総ての国が安定し民主主義がゆきわたり人権が守られるようになるか、私には分からない。ただ分かることは、近代西欧が作ったもの、即ち国家、民主主義、基本的人権、自由、平等など、これからも長い歴史というか経験知の淘汰の試練を受けていくということである。

言語知と経験知は対等のものであり優劣はないが、共にある特徴をもっている。それは、言語知がアクセルの役目をもち、経験知がブレーキの役目をもっていることである。言語知は鋭利な知である。だから言語知のうえにたった言語技術文明は鋭利な文明である。宇宙にも飛び出していけるようにもなった。しかしその反面、環境の破壊と絆の破壊をもたらした。

人は三百年このかた、言語知というアクセルを踏み続け暴走してきたようなものである。我が国もその文明を取り入れて以来、暴走してきたと言っていいだろう。その結果、足尾銅山の鉱毒、水俣病、イタイイタイ病、これらは環境破壊による公害病である。我々はそれらを何とか克服してきた。しかしその禍根はいまだ癒えていない。そして二十世紀の後半から人の意識は、その修復に向かい始めた。しかしアフリカはじめ、いたる所で環境破壊は進んでいる。特に中国の環境破壊は凄まじいものらしい。さらにそのうえに、もう一つの破壊である絆の破壊がじわじわ忍び寄ってきている。

我々は、言語技術文明にそろそろブレーキをかけて制御するときがきているのである。我々の文明は経験知に基礎をおいている。鋭利さこそなかったが、ブレーキとしての知恵を多分に含んだ文明である。未来を照準する知恵と言ってもいい。その意味でも、我々の伝統の知恵に目を向けるときであろう。

天皇の存在に戻ることにしよう。権威としての王は長い経験知の淘汰の試練の結果残ったものである。権力は三百年ほど前に言語知により理論化されて作られたものである。そして二つの知恵を並置しているのである。並置しただけでは不安定であるから、上の方に結び目をつけて結んでいる。その結び目が元首である。そして元首である権威を権力の上においている。当然、政治的権力を制限されたものとして権力を上においている。彼等はこれを経験で学んだと考える。即ち、ローマ教会にしろルイ王朝にしろ、権力と権威が合体すると強権を発揮するという歴史上の経験をもっているからである。

我々は、ヨーロッパが長い歴史上の経験から作ったものを、それまでの経験によりすでに八世紀に作ってしまっていた。即ち、権力をもたない権威としての天皇と、国家（ネイション）が作られたときには藤原氏による権力、貴族政権が倒れ武家に政権が移ると、幕府というかたちで権力を担ってきたのである。

元首という結び目で関係づけられているだけで、二つの知恵は並置されている。その関係は、相互不干渉という関係にある。民主主義、基本的人権、男女同権等、これらは三百年ほど前に、国家、権力を理論化するときに同時に生まれたものである。一方権威は、数千年の淘汰の試練をへて残ったものである。言うならば、二つの知恵は原理が違うということである。だから、天皇は基本的人権の一つである選挙権がなく、皇族は健康保険の用も受けないのである。二つのものを一緒にしてしまったら、せっかく人がもちえた二つの知恵を一つにしてしまうようなもので意味がなくなる。

そして権力、俗の部分は情報公開であり、権威、聖の部分はある程度秘されるものである。権力、俗の部分がある程度秘されてはいけない。やはり情報公開であろう。一方、権威、聖の部分は、情報公開してはいけない。だからと言って、あまり秘されていてもいけない。ある程度秘されるものである。以前、開かれた皇室と言われたことがある。あまり開いてもいけない。また完全に閉ざしてもいけない。ある程度秘されるものである。開と閉の中間、両者のバランスの上にあるものと考える。

権威としての天皇の存在は、世界でも最も古く伝統あるものである。だから、権威というものの世界の範になりうる。しかし我々は往々にして、ヨーロッパの王室と対比して、我々の陥りやすい間違いである優劣をつけて、あちらは進んでいて我々は遅れているととらえてしまうところがある。よく考えたほうがいい。また、完全に対比することができない面がある。それはヨーロッパの王は俗人であり、天皇は神官の面をもっているからである。対比するならば同時に、キリスト教世界の最高の神官であるローマ法王とも対比する必要がある。

言語知と経験知は人がもちえた同等の知である。言語知によって理論構成された国家、権力に関する最高の法が憲法である。経験知によってもち続けてきた権威に関する最高の法が皇室典範である。よって、憲法と皇室典範は同等のものである。明治の先人が、皇室典範を議会で審議せずとした根拠でもある。明治の先人は、頭の中の空洞化を起こしていなかった。

第八章　男女別姓・時空による人の位置付け

性──男女の結びつきを強めるもの

現代の問題の三つ目の男女別姓について。別姓について考えることは姓を考えることである。姓を考えるにあたって、まず大きな結論をあげる。姓を考えることは、人類の将来を考えることである。

そこでまず、姓と同音の性とは何かということから考える。これは、動物と対比すると簡単に導きだせる。動物の場合、原因はホルモンであり、目的は種の保存である。人の場合は、原因が脳になり、種の保存の前に一つ別のものを入れた。即ち、社会の基礎単位である対としての男女の結びつきを強めるものにした。これを第一目的とすると、第二目的が種の保存である。第一目的がたっせられると第二目的がたっせられるようになっている。

姓──生命の連続を確認するもの

では次に、姓とは何か。これも結論からあげると、姓とは生命の連続を確認するものである。これには反論があるだろう。また同姓についても反論がある。そこで、それらの反論からみていこう。

まず生命の連続を確認するものと言うと、江戸時代までは、武士は姓をもっていたが庶民は姓をもたなかった。生命の連続は我々の宗教である。そして、それへの思いはどの国の人達よりも強い。その思いを確認する手段である姓をもたなかったことは、その思いの強さを考えたら、大いなる矛盾である。しかし、武満誠氏の著書によると、江戸時代には庶民の七割が実質的には姓をもっていたとある。では、残りの三割の人については、多数決によりよしとするわけにもいかないだろう。

生命の連続を確認する方法には二つある。経験知による確認と言語知による確認。我が国の古代においても、阿部氏、物部氏等の氏族社会を作っていた。これは、血縁集団である。血縁による集団を作っていたということは、生命の連続を確認しやすい。現在でも地方へ行くと、三世代、なかには四世代同居という場合がある。いながらにして三世代、四世代の連続が確認できる。

歴史が武士の時代になると、集団が一族郎党という小さなものになってゆく。一族が血縁で郎党が非血縁。それがいわゆる家となり、明治から現在にいたって核家族というさらに小さなものになってゆく。核家族の場合、祖父母とあまり接触がなければ、同居している場合に比べたら、やはり確認しにくいと言っていいだろう。

古代において血縁による大きな集団を作っていたときは、現在の姓名に当たるものはなかった。これを経験知による確認とし、その割合を十とする。集団が次第に小さくなり確認しづらくなった現在の核家族による確認を二とする。

やはり武満誠氏によると、現在のような姓名をもち始めるのは、武士の勃興と共に始まった。社会の様々な変化により姓名が必要になってきた。その基底には、やはり暗黙知の知の領域の関与があったと思うのである。生命の連続というのは、やはり人にとって根源的な価値であろう。その連続が経験知によってはは確認しにくくなってきた。言語をもった人は、それを言語によってとらえようとした。そこで、現在は言語知による確認を八、経験知による確認が二ということになる。言語知での確認である姓をもっていなくても生命の連続は確認できる。これで、江戸時代の三割の人も救われた。

次に、同姓の反論として中国や韓国の別姓がある。すでに述べたように、中国、韓国では、孝の概念である「父系の血の一系を強固に守り保持していく」ことが各戸で守られている。父系の血の一系を守るということは、姓に関してみれば、父親の姓を強固に守っていくということである。専ら父親の姓を継いでゆくことで、「専姓」と言ってもいいだろう。あるいは「強固な同姓」。しかし別姓なのである。これは、夫婦の関係において別姓ということである。結婚しても女は男の姓を名乗らない。名乗らないというより名乗れない。女なんかに名乗らせないという女性蔑視と言っていいような別姓なのである。しかし親子においては、父の姓を父子で強固に継いでゆく。言わば、横の関係では別姓、縦の関係では強固な同姓である。

孔子の子孫の人がいて、我が国で本を出版している。記憶が正しければ孔健氏だったと思う。孔子以降、それぞれの代にはそれぞれの配偶者がいて、張、李、王というような姓であり、それぞれ別姓を名乗っていただろう。しかし、父の孔姓を現在まで継いできているのである。まさに万世一系である。孝と万世一系は同じである。ちなみに、天皇家は姓がないために、これを男系の「系」という概念で、生命の連続の確認をしているのである。

別姓に対する反対の一つに、子供がどちらの姓を名乗るかということで混乱を起こすというものがある。確かに混乱を起こす。混乱を起こすということは、理に適っていない、即ち生命の連続が確認できなくなるためであり、また混乱は社会の大きなマイナスになる。中国の場合、確かに夫婦の関係では別姓であるが、縦の関係においては強固な同姓主義をとっているから、我が国で適用した場合のように混乱を起こさない。そこには、やはり数千年の伝統の知恵があるからである。その一面だけをみて主張してもあまり意味がない。このことは、彼我の違いを見極めずに、その一面の現象だけをみて取り入れたとしても、今まで述べてきたように結局は伝統によって排出されてしまうということである。

中国や韓国の父姓の同姓主義ともいうべき父姓の継承は、姓が生命の連続の確認であることの一つの大きな証しになると考える。

時空の座標軸と人類の将来

今ここに、一つの座標軸を考える。横に空間軸、縦に時間軸。空間軸に性を当て、時間軸に姓を当てる。交点が現在位置である。人の性は、社会の基礎単位である対としての男女の結びつきを強める、という余計で面倒なものを入れてしまったが、究極は種の保存である。人の生存の根源は性に求められるから空間軸に性を当てる。姓は生命の連続という時間軸上のものである。

人は姓と性によって現在位置を確認している。誰もこれを意識しているわけではないだろう。だから人を定義すれば、「人は性と姓によって現在位置を確認している動物である」。これはまた、「時間と空間によって現在位置を確認している」ということでもある。

私は性格的に楽天的にできているから、人類は未来においても栄えると考えていた。即ち、遥かに遥かに先のことであるが地球は光り輝く。この場合、白く一色になって輝くのではなく、モザイクの輝きを考えていた。白く一色に輝くというのは、地球を一つの色で照らそうというものである。これが今までの普遍。モザイクの輝きは、地球上のそれぞれの地域がその文化、価値で輝く。私は普遍という概念をうまく再定義することはできない。何れにしても、人の繁栄は続くと考えていた。

しかしその後、まったく別の考えも浮かんできた。それは、人は遠い将来に消滅してしまうのではないかという。遺伝子のなかに、人類は消滅することが刷り込まれているのではないかと。その結果を見届けられないのはまことに残念であるが、要するに、相反する二つの将来が考えられる。結果は見届けられないが、将来を想定することによって、現在が規定できる。

人は末長く繁栄する。この場合、時空の座標軸の現在位置の確認を強めることである。空間軸においては、男女の結びつきを強める性による絆を強め、その男女から生まれる家族の絆を強め、地域共同体、職能共同体等、様々な共同体における絆を強めていくことである。時間軸においては、姓による生命の連続の確認を強めていく。中国のように、万世一姓を強固に守る。

人は将来消滅する。この場合、現在位置を解体してゆくことである。空間軸においては、社会の基礎単位である男女の結びつきを強める性の解体。結びつきを強める必要はないということであり、家族の解体であり、結婚制度の解体である。現にヨーロッパにおいて、事実婚という解体の兆候が現われている。結婚制度の解体の究極はフリーセックスである。フリーセックスを時間軸でとらえると、親子の確認ができなくなるということである。近親相姦は禁忌としてきたものである。それさえ防げなくなる。時間軸においては、別姓に向かい究極は姓を必要としなくなり、姓はなくなる。

人が現在位置を失ったら、そこに現われるのは限りない無秩序、混沌である。現在位置を失った人は、姿、形は人であっても、もう今までのように様々な価値を作り出してきた人ではない。人は動物以下になる。私は、地球に複数の核を炸裂させても人類は消滅しないと思う。少数の男女が生き残れば、もう一度やり直しになるが、生存の可能性はあると思う。しかし、現在位置を失ったら人は完全に消滅する。核よりも完璧である。そして人は動物以下になる、即ち消滅。

私は、現在位置の確認を強固にしていきたいと思っている。たとえ消滅するにしても、人としての尊厳をもって消滅していきたいから。

『方丈記』の座標軸――時空による人の位置付け

鴨長明の『方丈記』の有名な書き出し。

ゆく河の流れは絶えずして、しかももとの水にあらず。

山本七平氏がこの部分を取り上げて歴史について論じている。この冒頭の文を読めば、誰でも長明が河の辺にたたずんでその流れをみている情景を思い浮べるだろう。山本七平氏は、河の流れをみている長明を多少批判的に述べている。養老孟司氏は、この部分を論じている山本氏を取り上げて論じている。そして山本氏を多少批判的に述べている。それぞれの批判は両氏の著書に譲る。養老孟司氏は、山本七平氏が言わなかったことを言った。それは、鴨長明がみた河の流れの内容についていろいろな著書の中で論じているように思える。

では、長明がみた河の流れの内容とは何か。それは、今述べてきた時空の座標軸である。まず、この座標軸の時間軸の方向について述べておく。時の経過を表わす表現に、「幾星霜」というものがある。「星」は星、天体が回るという意味合いで、私はインド的な輪廻のようなものを感じる。「霜」は霜が降る、霜が降り積もると表現され、我々の伝統的な時間観念を表している。即ち、時間が霜のように降り積もっていく、下から上に積もっていく重層的な時間である。よって、時間軸の方向は下から上に向かう方向である。

この座標軸の交点、現在位置をAとする。A点からある時間が経過した上方のB点に移ったとする。「ゆく河の流れは絶えずして」。河の流れ、時間は絶えず下から上に流れている。「しかももとの水にあらず」。B点においても、絶えず流れている。しかもB点の水はA点の水ではない。

時間、空間、座標軸という概念は、明治以来の欧米の概念である。江戸時代までの人はそれらの言葉を知らなかった。当然長明も、持ちえた言葉で表現したのである。養老孟司氏が、「当時存在したのは、具象的な表現法のみであり、その表現にだまされて、思考の内容まで、具象的と即断しているだけではないのか」と言うのは、そのような意味であろう。

道元は、長明とほとんど時代が重なる人である。道元もこの座標軸を前提にして、現在位置を「永遠の今」と言ったのである。現在に立つと、現在である今の足元に、過去と未来が重なる。そして過去と未来が重なった今が、時間の経過と共に永遠に移動していく。これは人の位置付けの発見と言ってもいいのではないか。なかなかなものである。しかも七百年も前に、長明と道元によって言語化してとらえられているのである。

欧米人と我々日本人の位置付けの違い

ドイツのカントという人は、時空は人が先験的にもっている認識の枠組と言った。先験的というのは、経験に先立ってもっているという意味で、私なりに暗黙知の知の領域ととらえる。言語をもった人は、時間と空間を暗黙知の知の領域で直観的にとらえた。そしてそれを言語知のなかに取り組んでもっている。

カント氏はドイツの哲学者である。私は哲学というものが最も苦手であるから、カント氏についても詳しくは知らない。カント氏は、人が時空を直感的にもっている認識の枠組みと言っただけで、時空の座標軸とみて、人の位置付けとはみていなかったのではないか。カント氏をよく知らなくても、そのように考えられるのは、彼等は言語知の知の領域で、絶対神に対して個という位置付けをもっているから、二重の位置付けととらえなかったであろうから。ただ単に認識の枠組みとしてとらえただけということであろう。

そこで、位置付けについて彼我の違いをみてみよう。我々は、現実世界の時間と空間の座標軸の交点にいる。時間と空間によって位置付けされている。彼等は、言語知のなかの絶対神によって位置付けられている。しかし彼等も、現実には時空によって位置付けられている。ただその位置付けをとらなかっただけである。その位置付けをとらなかったということは、その位置付けがみえないということでもある。彼等にもみえないものがあるということ。

我々は時間と空間という二つのものによって位置付けられている。我々は自我が弱いと思い込んできた。しかし我々は、このように明確に位置付けられている。自我が弱いことにはならない。一方、彼等は絶対神によって位置付けられている。即ち、一つのものによってしか位置付けされていない。一つだけでは位置が定まらないというある種の不安定さがある。しかし、絶対神という強固なものによって位置付けられている強さがあるかもしれない。要するに、位置付けの違いがあるだけで、そこには優劣というものはなく、共に長短の両面をもっているだけである。

言語知のなかで神によって位置付けられている。しかし何処に位置するか、明確な場所は分からない。位置は分からないけれど、一応、神とその神によって位置付けられている個人の間に「額縁」を入れる。「飛んでいる矢は止まっている」というゼノンの逆説がある。この逆説を一幅の絵としてとらえる。その額縁のなかにその絵を入れる。即ち、神によって位置付けられている個人が、その位置は定かではないが、額縁に入っている一幅の矢の絵を眺めている。

その矢が運動であり時間である。彼等はある位置から額縁を設けて、一幅の絵をみるように運動とか時間をとらえた。彼等はもともと自然、社会を額縁を設けてとらえた。矢の絵が入っている額縁が物理学。彼等は多くの額縁を作っていった。即ち生物学、化学、医学、心理学、様々な社会科学としての額縁を作った。ここに、いわゆる科学が生まれた。彼等のとっている位置付けが科学を生み出した。我々は、この位置付けをとっていなかったために科学を生み出せなかった。

まず二つの位置付けを対比してみよう。経験世界での時間と空間による位置付けと、言語知の中での絶対神による位置付けを。

我々の文明は、基礎に経験知があるから、経験世界の時間と空間による位置付けをもってきた。我々は時間、空間というかなり抽象的なものを具象的にとらえてきたと考える。時間は時の流れとして現われる様々な現象、空間は男女から始まり広がっていく人の繋がり。これは性と姓に置き換えられる座標軸である。性と姓はさらに具象的にとらえられる。人は動物と違って、性を男女の結びつきを強めるものとし、言語を持つことによって、生命の連続を姓によってとらえた。性と姓の交点にいるのが人である。これは自我である基本的な位置付けでもある。この位置付けによって、個人の確立が乱世においてなされたことは既に述べた。

ではここで、男女の結びつきから生まれる社会の基礎単位である家族についても考えてみよう。我々の思考形態は「現実をみる思考形態」である。我々は生身の「恭子」、「拓哉」をみてきた。みることによる思考の結果、生身の個人のかけがえのなさ、対としての男女から生まれる家族、そこにもかけがえのなさをみた。そして個人のかけがえのなさを人の尊厳、家族の強い繋がりを絆としてきた。

では何故、我々は「みる思考」から尊厳とか絆を導き出せるのだろうか。それは我々が時空の座標軸を持っていることにある。その交点にいる人は過去を持ち未来に期待を持つ存在として空間軸上に位置付けられている。空間軸上に時間を持つ存在として位置付けられている故に尊いと感じられる。人が人であるための位置付けであるから、そして対としての男女は交点において結びつくのである。それは共に過去を持ち未来に期待を持つ人が結びつくということであり、その時間を共有することにより強い結びつきを感じられるようになる。その延長線上の家族にも当然強い結びつきを感じるようになる。

人は他の動物と違って時間軸上の存在として意識した故に、そこに人の尊厳をみた。対としての男女は時間を共有することにより、強い愛情を感じるようになった。そして愛情で強く結ばれている家族に絆をみるようになった。その外側の何らかの共同体にも強い繋がりを感じるようになり、それを共同体意識として持つようになった。

では、言語知の中での絶対神による位置付けを見てみよう。彼らはもともと教会を通して神に対峙していた。ところがある時点から、直接神に対峙するようになった。教会が外れて、絶対で偉大なる神と直接対峙した時、そこに感動というか、それを越えた衝撃のようなものを感じたのではないか。ここに神による強固な位置付けがなされ、個の確立がなされたと考える。これらは言語知の知の領域でなされていることが重要なのである。個人は「恭子」、「拓哉」を抽象した概念で、言語知の中にあり、「思考の材料」であるから「恭子」を考える材料である。その結果、「恭子」にその位置付けをみる。

彼らの思考は「概念を使う思考」である。言語知の中で神に対峙している個人を使って思考する。その結果、神の偉大さを個人に投影して人に尊厳を見る。男女の深い結びつきに神に保証された強い愛を見、その延長線上にある家族にも当然家族愛をみる。

このように言語知と経験知、「概念を使う思考」と「現実をみる思考」、方法は違っていても、共に人に尊厳、男女の結びつきに愛、家族に絆をみるのである。

位置付けの違いから起こる問題

次にその位置付けの違いから、我々は彼等の位置付けをみて間違いを犯し、彼等は我々の位置付けがみえないために間違いを犯そうとしていることをみてみよう。

我々は近代西欧と出会ったときに、彼等の位置付けの基礎である絶対神とそれに位置付けられている個人というものを知った。このようなものは、我々の歴史からは想像もできなかったものであった。そして、先人達は基礎になっている抽象概念の個人と、現実を抽象した多くの概念を翻訳していき、現在多くの概念が日常語になっている。この神の想定自体、やはり人類が数百万年かかってたどりついた叡知であったと思う。その絶対神によって位置付けられている個人は、宇宙に浮かぶ隕石の破片のような無機質なものとしてとらえられている。

個人は言語知のなかにだけあるもので、現実世界にはないものである。個人は隕石の破片のような無機質ものである。こんなものは、それ自体大事にしても何の役にも立たない。個人という概念に尊厳があるわけがない。プリセツカヤ女史は「思考の形態」と言った。欧米人は、「概念を使う思考形態」である。個人という無機質なものであるが、その概念を使うから、思考が生まれ知恵もでてくる。

一方、我々は、「現実をみる思考生態」である。我々の文明はもともと大自然という現実を精緻にみて作り上げたものである。我々は現実そのものが思考の基礎である。彼等の思考の基礎である個人を現実の世界でとらえたために間違えてしまった。

どう間違えてしまったのか。前に述べた二つの個人からみてみよう。欧米の概念である「思考の材料」としての個人でもなく、我々の「恭子」を言い換えただけの具象物の個人でもない、言わば「第三の個人」というようなものをつくり出してしまったのである。それは現実にありながら、「拓哉」とも別の個人であり「錯覚された個人」というようなものである。

憲法第十三条、＜個人の尊重＞として「すべての国民は、個人として尊重される」と記されている。この条は、我々日本人にとっては、すべての国民は「かけがえのない存在として」尊重される、となった方がしっくりくる。ところが「個人として」となってしまったのである。このような表現になったことも含めて、我々の憲法は何かと問題が多い憲法なのである。成立の経緯はともかく、この憲法のお蔭であろうか、特に戦後何よりも個人が大切になってしまった。その結果、個人さえ大事にすれば家族はどうでもいいという考えも出てきた。

憲法に記されている個人を考える時、また個人の尊厳、個人の尊重として使う時、我々は今述べてきた「錯覚された個人」を使ってしまうのである。即ち、言語知の中で使うわけでもなく、生身の「恭子」をみるわけでもない。「錯覚」の意味は、「間違えてとらえられた」という意味である。間違ってとらえられた個人から導かれるものは、総て間違いということになる。よって個人さえ大事にすれば、家族はどうでもいいということは間違っているということになる。

このように考えなくても、常識で考えても分かるはずである。地球上のどの地域の誰にに聞いても、家族は大切だと言うであろう。今みてきたように、欧米人だって家族を大切にすることは変わらない。家族の価値は普遍的なものであると考える。ところが我々だけが戦後、家族はどうでもいい、というようなトンチンカンな考えをもつようになってしまった。決して日本人の総てがそうなったというわけでもないが、欧米の概念で日本をみると分からなくなる。その典型の一つがこの個人という概念であろう。

明治以降、我々は個人という概念を知った。知ったけれど、ＯＳが違うためうまく使いこなせなかった。無理して使うこともない。知ることと使うことは別である。両者の違いを見極めれば、少なくとも間違いを起こさない。また、「概念を使う思考形態」である言語知、「現実をみる思考形態」が経験知。二つの知は、性格は違うが優劣はない。だから我々は、北ルートで近代に到達できたのである。

次に、彼等の犯そうとしている間違いについて。彼等は、言語知のなかで絶対神によって、個人として位置付けられている。現実には彼等も、時空、性と姓によって位置付けられている。しかし、彼等はこの位置付けがみえない。みえないということは無いと同じことである。我々は、現実の性と姓による位置付けによって家族の絆を強めてきた。即ち経験知によって。

彼等は言語知によって家族の絆を強めてきた。個人はコインの表裏のようなもので、一方では家族の絆を強めるが、一方では絆を解体するものを持っている。彼等は個人という概念を使って思考することにより、家族の強い絆をとらえた。しかしその個人は我々のような時空、性と姓による位置付けを持っていない。この位置付けを持っていること自体、交点である現在位置の確認を強めるものである。彼等の個人はこの座標軸によって位置付けられていない。その交点にいないのだから、彼等の個人には、我々の位置付けを解体するものが内在していると考える。だからそこから、位置付けを解体するような思想、イデオロギーが次々と生まれてくる。

男女別姓、これは時間軸上の姓の解体に向かう。フェミニズム、ジェンダー、これは空間軸上の性の解体に向かう。人は消滅するにしても、少々先である。終点までかなり距離がある。だから、先にある終点がみえない。もともと、時空の座標軸をもっていないのだから、見えなくても当然である。一方我々は、座標軸をもっているから、危険な方向へ向かうことがみえるのだ。だから、我々の文明の側から、彼等に危険であると警鐘を鳴らす必要がある。しかし我々は、それをせず後追いをしてしまう。

識者が、欧米の「個人」主義は限界にきている、と言う。言語技術文明は二つの破壊をもたらした。絶対神に位置付けられている個人ととらえることによって、彼等はその位置付けから科学を生み出した。その使用の結果が環境の破壊である。これは、物理的な破壊であるからとらえやすかった。我々は何とかそれに気が付き修復に向かい始めた。

彼等の位置付けからは、我々の位置付けがみえない。だから個人には、現実の人が人であるために位置付けを解体するものを内在してしまった。絆の破壊は精神的なものであるから、物理的破壊ほど目立たない。しかし、絆の破壊は間違いなく忍び寄ってきているのである。彼等にもみえないものがあるということ。私なりに個人主義の限界は、このようなことととらえる。

養老猛司氏が鴨長明を論じたところで、ギリシャのゼノンの逆説について述べている。このような逆説的な言葉は、アジアというか仏教のなかにもある。それは「行くものは行かない」というもので、ナーガルジュナという人の言葉である。ナーガルジュナはインドの人で、大乗八宗の祖と言われ、空の哲学、否定の哲学を大成し、中国名で竜樹と言われる人である。

ゼノンは飛んでいる矢は止まっていると言った。ナーガルジュナは、行くものは行かないと言った。私はあまり難しいことは分からない。また哲学は論旨外である。飛んでいる矢が止まっているならば、皇居のお堀にいた鴨君も痛い思いをしなかったはず。また行くものが行かないのなら、我々はどこへも行けなくなってしまうではないか。

飛んでいる矢が止まっているにもかかわらず、何故鴨の首に刺さったのか。この解答は落語のなかにしか求められない。そこで、ご隠居さんと熊さんに登場してもらおう。


熊さん「ご隠居、ご隠居は常々、飛んでいる矢は止まっていると言ってましたね。ところが最近、矢鴨が現われたでしょう。ご隠居もご存じでしょう」。

ご隠居「おお、知っとる。かわいそうであったのう」。

熊さん「どうして刺さっちまったんですかい。」。

ご隠居「どうもこうも、刺さったんだからしかたあるまい」。

熊さん「そうじゃないんで、飛んでいる矢が止まっているなら、鴨の首にもあっしの首にも刺さらねえでしょう」。

ご隠居「あまりつまらないことを考えるな。女房のこと、子供のこと、お前には考えることが他にもいくらでもあるだろう」。

熊さん「ははーん、ご隠居にも分からないことがあるんですね」。

ご隠居「なにを言うか、この世の中で起こっているもので、わしに分からないものなど何一つない」。

熊さん「じゃー聞かせてくだせえ、そのわけを」。
ご隠居「どうしても聞きたいのか」。
熊さん「へい」。
ご隠居「……運が悪かったんだ」。

飛んでいる矢は止まっているというのは、瞬間をとらえれば止まっているというような意味で、運動とか時間について言っている。では「行くものは行かない」というのは、何を表しているのか。「行くものは行く」と言ったら、これは文法的におかしい。「行くもの」という主語のなかに、「行く」という動作を表わす言葉が入っている。動詞がだぶる。「私が行く」と言えばすむ問題である。「行くものは行く」という文は文法的に間違っている。それを「行くものは行かない」と言って表したと考える。運動とか時間ではなく、言葉そのものについて言っている。何度も言うようであるが、理屈っぽいことを言っているのは私ではない。ナーガルジュナはゼノンのように運動、時間について言ったのではなく、そこには言語の本質的なものへの洞察があった。

インド仏教は、いわゆる小乗、大乗、そして密教へと変遷していった。最終段階の密教は、秘密の教え、即ち、言語では語れない教えという意味である。禅で、不立文字を言う。言語不可説ということで、同じような意味である。インド人は、仏教において言語知による飽くなき探求を続けてきた。しかし、仏教は最後の最後まで言語への不信を捨てなかった。言語を信じて科学まで生み出した近代西欧。科学を生み出さなかったが、最後まで言語への不信を捨てなかった仏教。共に知恵であると考える。

イギリスのアダム・スミス氏が「神の見えざる手」という言葉を残した。しかし、スミス氏は「神の見えざる手」の存在の証明をしなかったのではないか。あくまで仮説のもとに論を展開したのではないか。私は、経済学に関しても門外漢であるし、また存在の証明は、この論の論旨外になるので、その証明自体はどうでもいいことである。何故この言葉を持ち出したかというと、我々は「神の見えざる手」の具象物をもっているから。

我が国には、家電製品を作っているメーカーが五、六社ある。日立、東芝、ソニー、松下、サンヨー、三菱等。製品の種類によって、メーカーが入れ替わるが、何しろ五、六社のメーカーが熾烈な競争を繰り広げている。欧米をみてみよう。アメリカにはゼネラルエレクトリック（GE）、オランダにフィリップス、フランスのトムソン、ドイツのシーメンスというのも同種なのであろうか。寡聞にしてこれくらいしか浮かばない。何しろ、日本のように五社、六社の企業が競争するという状態ではない。いわゆるガリバー的寡占状態にある。

我が国の相撲に似たような競技は世界中にある。相撲の一つの大きな特徴は土俵があること。土俵のお蔭で、舞の海関のような小柄な力士が曙関を倒す。土俵が相撲を面白くしている。この土俵が「神の見えざる手」の具象物である。

家電メーカーは、テレビ、冷蔵庫、洗濯機等の土俵を設けて、必ずその中で熾烈な競争をする。我々は共生共存の社会を作ってきた。日立、東芝はお互いにライバルである。しかし、日立、東芝の社員は、お互いに相手の会社を叩き潰そうとは思わない。我々は、製品という土俵を作って、その製品について熾烈な競争をする。世の中に「土俵」を作ることは、西欧が自然界、社会を「額縁」でとらえたのと同じようなものである。我々は、共生共存の社会に土俵を設けて、その中で競争をする。

クルマのメーカーをみると、さらに明らかになる。我が国にはクルマのメーカーが十社ある。我々は共生共存の世の中にクルマという土俵を作る。その土俵をさらに細かく分けて、乗用車、商用車、セダン、ワンボックス等の土俵を作る。狭い我が国で、十社がひしめき猛烈な競争をしながら、しかも各社が成り立っている。これは、共生共存と競争という難問を見事に解決した社会を作っていることの現れとも言える。

一方、アメリカにはビッグスリー、ヨーロッパでは、一つの国にせいぜい二社ほどの会社しかない。彼等は、我々のように世の中を共生共存の場とみない。世の中が競争の場そのものである。だからお互いにライバル企業を叩き潰さざるをえない。結果として寡占状態を作ってしまう。我々は共生共存の世の中を作ってきた。だから当然、世の中は共生共存の場である。その世の中で競争しなければならない。そこに、土俵という「神の見えざる手」を作るようになった。これは、長い経験知、伝統の知恵の産物としか言いようがない。我々は、決して理論構成して土俵を作ってきたのではない。

仮説は実験と経験によって実証される。私は、スミス氏が存在の証明をしたかどうかは分からない。していないと思うので、その前提で述べる。「神の見えざる手」という仮説、我々は社会の中でその仮説の具象物を土俵としてとらえた。「神の見えざる手」を経験世界でとらえたのであるから、一見すると、その存在の証明のようにみえる。しかしこれは、存在の証明にならないと考える。何故か。

スミス氏は彼等の伝統にしたがって、世の中を競争の場ととらえている。世の中自体が大きな土俵である。一方我々は、世の中を共生共存の場ととらえて、そのうえに、様々な土俵を作っての競争である。スミス氏が我々の伝統というか前提にたてば、その理論も違ってきたのではないか。また、前提が違う社会の中で、その証明はできない。証明は、あくまで理論が構成された彼等の社会の中でされなければならない。よって、土俵は「神の見えざる手」の存在の証明にはならない。

アダム・スミス氏は「神の見えざる手」という、なかなかいい言葉を後世に残してくれた。私は、その言葉で我々の社会、正体の一面を照らしだしたにすぎない。その材料として、その言葉を使わしてもらっただけである。

主題からだいぶ外れてしまった。しかし論旨から一歩もでていない。最後に、ある推測を述べる。推測とは、考えた結果断定にいたらなかったものを言う。この論は私が考えたことを述べたので、推測を述べても論旨から外れない。

私は、相対性理論も量子力学も難しすぎてよく分からない。時間と空間による座標軸。性と姓によって位置付けられている人。彼等は、言語知のなかで絶対神によって位置付けられているのでこの座標軸がみえない。しかし、最新の理論物理学で、彼等もこの座標軸とそれによって位置付けられている人がみえるようになりつつあるのではないか。

第九章　憲法・慣習法と現在の憲法

戦力を持たないという嘘

現在の問題の四番目の憲法について。憲法については、何しろ立派な憲法であるという護憲の側にたつ立場。主権のない占領下に作られた、現状に合わないという改憲の側にたつ立場。両方の立場から、それぞれの主張はでつくしていると思う。私はそれには触れずに、その憲法をもっている日本の現状のとらえ方と、護憲でも改憲でもない考えを述べることにする。

前に述べた正、反、合というものを使って述べる。平和憲法という現在の憲法をもっている日本を正、日本の外部の世界を反、正と反から作る合としての未来を考える。我々は平和憲法として憲法を絶対視しているために、反としての世界がみえなくなっている。乱世のような世界が正確につかめなくなっている。憲法が反をみる遮蔽物となっているということ。と同時に、正としての日本の正体をみる遮蔽物にもなっている。

岸田秀氏が、我々日本人は誰ひとりとして憲法を信じていないと言う。憲法第九条二項に、陸海空の戦力はもたないと書かれている。我々が憲法を大事にして、その条文を忠実に守ろうとするならば、自衛隊を解散しなければならない。我々のなかで、即刻解散すべきと考えている人はそう多くはないだろう。共産党は、その綱領で天皇の存在を否定している。共産党の人達は護憲派であろう。憲法は天皇の存在を認めている。憲法を大切にして、書かれていることを忠実に守るならば、綱領を変えなければならない。

このように、いわゆる右から左まで、誰一人として憲法を信じていない。これは別の言葉で言うと、憲法が棚上げされている状態と言える。八世紀前後にいくつかの律令が作られた。我が国は歴史上、それらの律令を廃止にも停止にもしていない。法曹界がこれをどう解釈するのか分からないが、律令は現在も生きているということである。我々はこのような体質をもっているのかもしれない。律令と同じように憲法も棚上げされている。一つの知恵とも考える。

また、我々は嘘をついているとも言える。戦力をもたないという嘘をついた。一つ嘘をつくとその嘘を糊塗するために、次から次へと嘘を重ねていかなければならなくなる。自衛隊は戦力ではないという嘘。サマワは戦闘地域ではないという嘘等。これを批判する方も、嘘を言っていると批判するだけである。戦力であるから自衛隊をなくせとは言わない。イラクへの派遣も、アメリカへの追従であるからよろしくないと言う。アメリカへの追従以前の問題であり、もたないと誓ったものをもってしまったことへの批判ではない。もともと嘘をつく方も批判する方も、嘘のうえにたっているからこのようになってしまう。我々はこれからも嘘をつき続けていくのか、嘘はもうこりごりだ、という分岐点にさしかかっている。その証しが改憲派が増えてきたことにあると考える。

さらに護憲にしろ改憲にしろ、政党もそれを政争の具にしている。国家の最高の法である憲法、その憲法を政争の具として貶めている。本来ならば、政党は超党派で取り組まなければならない。国民もそれを肌で感じているが、そのことに関してはあまり関心を払わない。政治家も国民も、憲法を信じていない証しと考える。

何か悪いことをする場合二つの立場がある。一つは、悪いことをしていると分からない場合。もう一つは、悪を確信して悪事を働く場合。我々は、悪と知らずに悪を行なう場合、分からなかったのだから仕方ないとする傾向がある。一方、確信的に悪事を働く場合、分からずに行なうより、悪と知りつつ行なうほうが悪いと考えるところがある。この判断自体、とやかく言うつもりはない。

しかし恐ろしいのは、悪いことをしていると分からないことである。自分のしていることが分からないことであり、限りなく狂に近づく可能性をもっている。一方、確信犯的に悪事を行なう場合、悪事を働いていることを知っているから、それを制御することも可能であり、狂には向かう可能性は少ない。

護憲、改憲、どちらを主張するにしても、その前に戦力をもたないという嘘を確信することである。嘘を確信したら、その嘘を制御できる。思うように扱える。一方、嘘をついていることが分からない、自分のしていることが分からないのであるから、どうなるか私には分からない。ただ恐ろしいと思うだけであり、決していいことは起こらないだろう。

慰安婦の問題、南京の問題等。中国や韓国だけでなく、アメリカに飛び火して、事実を越えて政治カードとして使われるようになった。うっかり憲法を変えようものなら、政治カードとして使われる情勢にもなってきた。何しろ、靖国神社への参拝ですら政治カードとして使われている現状であるから。

戦争というのは、武力による戦争だけが戦争ではない。第二の敗戦と言われる経済戦争による敗戦。経済はカネであるから、失っても稼げば何とかなる。現に持ち前の勤勉さで何とかやっている。しかし、経済戦争も決して終わっていない。戦争は続いている。ある意味では、我々は戦争の真っ只中にいる。西尾幹二氏は、言論による戦争もすでに始まっていると言う。右のこともその現れかもしれない。言論よる戦争に負けても、命もカネも失わない。しかし精神的な大きなショックを受けるだろう。せっかく治りかけていた頭の中の空洞化した部分が再び大きくなるかもしれない。では、どうすればいいのか。

敢然と戦う勇気と意志をもつことである。勇気と意志をもてば知恵も湧いてくる、方法も考えつく。逃げる気持ちからは、逃げる方法を次から次へと探す気持ちしか生まれない。靖国参拝をカードとして使われて、その代替施設を作るという逃げる方法を。逃げれば、必ず追い打ちをかけてくると考えたほうがいい。さらに次ぎなる逃げる方法を探すことになる。そして逃げる場がなくなったときに、暴発することになる。

水球という競技がある。水面下では何でもありである。国際社会は、水球の水面下のようなものであり、使えるものは何でも使うような世界である。憲法を変えようとすれば、政治カードとして使われる可能性もある。そのような情況で、憲法を急いで変えることもないだろう。憲法の嘘を確信すれば思うように扱える。国内において、憲法を政争の具にしいてるのだから、国際社会で嘘をカードとして使えばいい。平和憲法は、なかなか有効なカードになるかもしれない。

我々は誰ひとりとして憲法を信じていない。しかし、信仰的に信じている人がいる。憲法は信仰としてもつものではない。憲法を世界遺産に登録しようという声もあがってきた。もうこれは原理主義である。平和憲法教の原理主義。ただし、ここで言う原理主義は本来の意味とは違う。ここでの使い方は絶対視しているという意味である。平和憲法教の原理主義、あるいは原理派。

ここまで考えて、ふと考えた。この宗教の教祖は誰なのだろうか。聖典としての憲法がある。教義もある。即ち恒久の平和を念願する。平和を愛する諸国民の公正と信義を信頼する。戒律もある。即ち武器は使ってはいけない。教組はマッカーサー氏なのだろうか。

平和憲法を絶対視して後生大事に抱えている人をただ単に現在に佇んでいる人。憲法はおろかあらゆるものを絶対視せずに、何ものにもとらわれず正としての我々の正体をみつめ、反としての世界をみつめる人を合としての未来に向き合っている人ととらえる。

継受法

次に、護憲でも改憲でもない考え。それは、憲法をもたないということである。憲法をもたなと言うと、驚くかもしれないが驚くこと自体、憲法を絶対的にみている証しと考える。イギリスは我が国のような憲法をもたないことで知られている。イギリスのことは後で述べることにして、まず我が国の歴史上からみてみよう。

継受法というのは、外国の法を真似て作られた法を言う。いわゆる明治憲法と現在の憲法は、継受法の範疇に入らないと思うが、このような意味で使わさせてもらう。外国の法を一切考慮に入れず、我々の内面を深く見つめて作られたのではない、という意味で。我が国は三度継受法を採用している。古代国家、即ち我が国の建国の時に採用された律令。近代国家、即ち明治に採用されたいわゆる明治憲法。そして現在の憲法。明治憲法と現在の憲法は同列のものと考える。と言うのは、歴史上からみると、我が国は新たな文明に出会ったときに継受法を採用している。古代においては、大陸の言語文明に出会って律令を採用した。近代においては、西欧の言語技術文明に出会って明治憲法が作られ、その出会いの結果、我々がもったものが現在の憲法なので同列のものと考える。なお、新たな文明に出会って継受法を採用し、国家の体制においては、二度とも強固な中央集権制をとっている。

まず、継受法を採用したときの先人の動機というようなものからみていこう。建国、統一された国家というものを作ることは、祖先の人達が初めて経験する壮大な計画であっただろう。そこには、それに注がれた情熱があったはずである。国家を形成するもの、即ち都城としての平城京、法体系としての律令、国家を理論づける日本書紀。

三位一体のうち、理論書はまさに自前のものであった。即ち、大陸を文明との違いを明確に示すものであった。そしてこれはまた、後世へのメッセージでもあった。都城の外見は大陸の真似たものであったが、それを作る技術は縄文時代以来の高度な技術で可能であった。そして法体系は継受法が採用された。

建国という一大事業を完遂するためには、当時の人達の並々ならぬ情熱があったと考える。そしてその背景には、言語文明に出会った感動があった。祖先の人達が文字を知らなかったことは、それほど重大なことではなかったと考える。我々は便利性、必要性のあるものの習得は速い。弥生時代になり、小さな国らしきものが作られるようになると、行政上文字が必要になってきたであろう。その必要性から、またその便理性から文字を習得していった。文字そのものの習得は、単なる必要性、便理性からにすぎなかったと考える。

ところが、その文字を使って哲学、思想、法律等ができると知ったときの感動は、まさに血湧き肉踊るような感動があったと想像する。則ち、言語文明に出会った感動。そして、今までに蓄えられた膨大な思考の蓄積をもってすれば、我々にもそれらのものを作ることが可能と考えただろう。言語文明に出会って、その感動が覚めやらぬなかで建国という一大事業が必要になってきた。

一回目の継受法は、背景としての言語文明に出会った感動があり、建国に向けられた情熱から採用されたと考える。

明治憲法の採用は、列強からの脅威という大きな背景があった。即ち、西欧とその後を追ったロシア、アメリカが食いにかかってきた。しかも列強諸国は有色人種に対して劣等民族という意識をもって。明治の先人は、我々が劣等民族ではないことを示さなければならなかった。先人達は憲法の採用を劣等民族ではない最大の証しと考えたと思う。この時に、イギリスという憲法をもたない国を参考にすればよかった。先人達は憲法をもたないイギリスを知っていたと思う。しかし列強の脅威のまえで、我が国とヨーロッパ大陸の国、あるいはイギリスの正体を見極める余裕がなかったと考える。

二回目の継受法の採用は、背景としての列強からの脅威があり、劣等民族ではないという体裁を整える必要から採用されたと考える。

三回目の継受法の採用は、まさにマッカーサー氏のインチキそのものである。

その一つの証しをあげる。堤堯氏が三島由紀夫氏の父親の梓氏の著書から引用したものがある。それは梓氏がアメリカ人から聞いた放言である。即ち、「どんな国でも、その国の家族法をズタズタにしてしまえば、その国の解体・奴隷化は簡単だ。その点で、日本の家族法は堅固で、他国に脅威を与える禍の根源になっていた。これをアメリカ製憲法で解決し、最大の眼目の一つは見事に達成された。それなのに日本人は、問題の根本が一国の興亡にかかわる民族的課題であることに気づかない。まったく笑いが止まらない」。

アメリカ製憲法で我が国の解体と隷属化に気がつかない日本人に、アメリカ人は笑いが止まらなかっただろう。当時のアメリカ人の高笑いが聞こえてくるようである。しかし我が国はしたたかなのである。一万二千年、少なくとも千三百年の伝統の層は限りなく厚い。確かに、マッカーサー氏のインチキに一時的にやられてしまった。しかし我が国の伝統の復元力は、マッカーサー氏のインチキくらいでびくともしないしたたかさを秘めていると考える。

次に、一回目の継受法の採用から二回目の採用までの間をみてみよう。この間、約千二百年ある。律令制の大前提は公地公民であった。要するに、民と土地の国有化である。公地公民制は、我が国の伝統に根源的に合わなかったと考える。その証しが、約半世紀で公地公民制が崩壊してしまったことにある。即ち、律令の採用から約二十年で三世一身の法が作られ、約半世紀で墾田永代私有法が制定された。建前のうえからも、律令の前提である公地公民制が否定されてしまっているのである。

歴史上からみると、伝統の復元力というべき約半世紀の歴史のサイクルが最初に働いたのが律令の前提であった公地公民制の崩壊であった。次に歴史のサイクルが働くのが南北朝の終焉。南北朝も約半世紀で終わっている。南北朝の出現は、我が国の根幹を揺るがしかねない歴史上の大きな出来事であった。要するに、朝廷が二つできてしまった。皇室が二つできたということである。国家分裂の危機であった。世は乱世であったから、現在ほど朝廷に民の関心が向かっていなかったかもしれない。しかし朝廷は分裂し、女子供が殺されても罪にならない、まさに上から下まで乱世であったということである。

律令制の前提の公地公民制が建前上からも半世紀で否定されてしまった。律令制の採用直後から逃散が始まったと思われる。二十年後には、三世一身の法が制定されたことは、直後から逃散が始まっていたことの証しと考える。逃散という社会現象を追認するかたちで三世一身の法が制定された。それでも逃散現象は止まらなかったのだろう。三十年後には、墾田永代私有法の制定で、公地公民制は完全に否定されてしまった。しかし、法体系のなかの一つである班田収授法は、九世紀中は何とか機能していたようである。このようにみてくると、律令制は、長くみても二百年ほどの命脈であった。

すると、律令制が崩壊して二度目の継受法を採用するまで千年の時間がある。律令というのは正式には律令格式で、律が刑法、令が行政法、格が律令の改正補正的規則、式が施行細則である。近代国家の憲法と律令は同じ次元ではとらえられるものではない。しかし、その時の国家が定めた最高の法ということにおいて同じ性格のものとしてとらえる。国家の定めた最高の法体系が機能しなくなっていた。ではその間、如何なる法のもとにあったのであろうか。

我が国は慣習法の国であるということ。我々の文明は経験知が基礎になっていている。経験知は経験に基づく知恵である。その知恵が法的規範となったものが慣習法である。そしてまた我々は、慣習に基づく判断規準を道理と言語化してきたのである。国家が定めた法が機能しなくなっていた。そのような社会のなかで、人々は慣習に基づいて判断していたと考える。その証しが貞永式目である。

泰時は、貞永式目を「道理の推すところ」を記したものと言っている。即ち、慣習を成文化したものと。泰時は、五百年ほど前に制定された律令を知っていた。要するに、律令を棚上げしてしまったのである。これは一つの知恵である。そして式目、即ち「式」という施行細則のさらに細かい条文としての形式をとったのである。現在で言えば、役所の「通達」のようなものとも言われる。これを天皇家と公家を除く武家を中心にした多くの民に適用したのである。五十一ヵ条からなる式目は道理、即ち慣習を条文化したものであり、我々は継受法から脱したのである。そしてこれは、それまで培ってきた伝統の知恵の成文化とも言える。

このように、継受法から離れ我が国の固有の法を作りえたのは、乱世故に人々はみな心の奥底をみつめ、考えに考え抜き我々の正体を見据えたからと考える。

では、貞永式目制定後はどうであったか。結論から言うと、江戸幕府を開いた家康の言葉に集約される。「返す返す新法の出来るは民の苦しむ基なり。古法は樹木の根にして、新法は枝葉なり」。家康は新しい法は作らなかった。確かに武家諸法度等を作ったが、総てと言っていいほど古法に準拠して作った。過去の先例にならったのである。即ち、鎌倉幕府以来の伝統の知恵を重んじたのである。具体的には、貞永式目が基本になり、その後の武家の家法等を出ることがなかったのである。これは江戸時代を通じて変わらなかった。

このようにみてくると、律令という国法が機能しなくって以来、我が国は慣習によって動いていたと言っていいだろう。最初の継受法を採用してから現在まで約千三百年、継受法のもとにあったのは約三百年、千年は慣習法のもとにあった。そしてその慣習法のもとで、我々は近代に到達した。まず基本のOSを近代バージョンにバージョンアップし、我々の文明から固有の文化、価値を生み出した。内藤湖南氏は極論的に、我々の正体を知りたければ、応仁の乱以降の歴史をみれば十分だと言っているほどである。これを法律という観点からみると、我々は慣習法のもとで、総ての日本的なものと言われる文化、価値を生み出している。もっとも、法も我々の固有の文化、価値であるから、これは当然のことであったろう。

憲法を持たないイギリスと我が国の類似点

前に、主に梅棹忠夫氏の論から、ユーラシア大陸の両端の西欧と日本が八世紀以降同時並行的に変遷してきたことを述べた。そのユーラシア大陸の両端にある島国の日本とイギリスが似たものをもっているので、憲法をもたないイギリスと対比してみよう。

まず、泰時が今までの慣習に基づいて貞永式目を作ったことは、イギリスのコモン・ローの成立と似ている。即ち、各地の慣習法を統一する形でコモン・ロー（普通法）が成立した。その後、イギリスは憲法を含めた新法を作らずに判例を蓄積していった。そして判例法の国あるいは慣習法の国と言うか、何しろ古に連なる伝統の知恵を何よりも大切にして、憲法をもたない国として現在でもあるのである。これは、その後の家康がとった態度に似ている。即ち、家康も新法を作らなかった。過去の先例、即ち先人の知恵にならった。家康も伝統の知恵を何よりも大事にした。

イギリスは、言語技術文明のなかにあって最初に近代化を成し遂げた国である。まず国民国家を作り、産業革命により工業化を成し遂げ近代に入っていった。これは、彼らの文明の特徴である言語知に負うところが大きい。しかしイギリスは、言語知を信用しない一面をもっている。経験知、即ち古に連なる伝統の知恵を何よりも大切にする。多くの先人の知恵の淘汰をへて残ってきたものを知恵の結晶として何よりも大切にする。これを法という面からとらえると、言語知による成文法を信用せず慣習法を大切にし、その結果イギリスは憲法をもたない国として近代に入ったということである。イギリスは言語技術文明のなかにありながら、言語知を信用しない一面をもった特異な国と言える。

伝統の知恵を述べたエドワード・クック氏の言葉がある。即ち「それまでの時代を通じてあらゆる賢明な人々によって洗練され完成されてきて、国家のために善き利益のあるものであることが不断の経験によって立証され承認されたものは、これを代替変更する場合、大きな災難危険なしにはすまない」。これは家康の言葉に同じものを感じる。「新法の出来るは民の苦しむ基なり。古法は樹木の根にして、新法は枝葉なり」。ほぼ同じ時期に、ユーラシア大陸の両端の島国の二人の人物によって言い表され、それが体現された。即ち法という点からすると、ともに古に連なる伝統の知恵を大切にする慣習法のもとで、それぞれの近代に入った。

イギリスは成文法としての憲法をもたないので、「マグナカルタ」、「権利請願」、「権利章典」を憲法に代わるものとしていて、これらが憲法とも言われる。憲法に代わるものがあるから憲法をもたない根拠もあると考える人もいるだろう。また我々はこのようなものをもたなかったから、我々は遅れていてダメというのが我々の今までの発想であった。よく考えることである。

もともとマグナカルタは、王の強権、圧政に対して貴族、僧侶が反抗して、自分たちの自由とか権利を要求して認めさせたものである。権利請願はクック氏が中心になって想起されたものであるが、これはマグナカルタで認められた歴史的権利を回復しようとしたものである。いわば権利請願自体、伝統の知恵への回帰と言ってもいい。イギリスは十七世紀に、五百年前のマグナカルタを先人の知恵の結晶としてとらえ、それを何よりも大事にして守っていこうとしたのである。そして現在、七百年前のマグナカルタ、三百年前の権利請願、権利章典を過去の古くさいものとして切り捨てないで、それらを守り生かして現在にいたっているのである。

ここから、次のことが導きだせる。一つは、王が権威と権力を合わせもち、権力がかなり強かったこと。もう一つは、自由も権利も王権への対立抗争から生まれているということ。ただイギリスの場合、王権への対立抗争から生まれたのであるが、それが歴史、伝統の知恵に根ざしていること。一方アメリカ、フランスの自由、権利はより純粋に言語知の知の領域で考えだされたものであること。私は、欧米の自由とか権利について語れるほどのものをもっていない。しかしここから、それらのものの由来がイギリスとフランス等では違うことだけは分かる。さらにもう一つ言えることは、何よりも言語を信じる文明のなかにあって、言語知と同等の知である経験知を見いだし、それを何よりも大事にして守っていこうとしたことは、イギリスの大きな功績であると考える。

では次に、我が国の自由、権利をみてみよう。長崎海軍伝習所の教官でオランダのカッテンディーケ氏はこのように書き残している。

「日本の下層階級は（中略）大きな個人的自由を享有している。そして彼等《ら》の権利は驚くばかり尊重せられている」。

イギリスの初代駐日公使のオールコック氏は次のように。

「一般大衆のあいだにはわれわれが想像する以上の真の自由があるのかもしれない。（中略）民主主義制度をより多くもっている多くの国々以上に日本の町や地方の労働者は多くの自由をもち、個人的に不当な仕打ちを受けることがなく……」。

カッテンディーケ氏もオールコック氏も幕末にきた人である。歴史も伝統も違う異文明の日本にきて、ヨーロッパの民主主義国以上に自由をもち権利も尊重されていることに驚いているのである。

この時代まだ、欧米の自由、権利という言葉が翻訳されていないか、翻訳されていたとしてもまだ一般的ではなかっただろう。前に欧米の概念を使う場合の間違いについて述べた。その一つは、言葉がないとその言葉に対応した行為なり現象がないと思ってしまうこと。江戸時代、欧米の自由、権利という言葉はまだなかった。しかし、カッテンディーケ氏、オールコック氏もヨーロッパの民主主義国以上に自由があり権利も尊重されていると言っている。

そこで、我々の自由と権利の由来を欧米と対比してみよう。我が国は八世紀に統治の並立構造が確立していたから、我が国には権威からの圧政というものはなかった。では、権力からの圧政があったのだろうか。私は、権力からの圧政もなかったとみる。確かに徳川幕府は、我が国の歴史からみるとそれ以前の幕府より強力であった。しかし世界のなかで日本を相対化してとらえると、徳川幕府の権力もそれほど強いものではなかった。中世ヨーロッパのローマ教会は宗教的権威と政治的権力をもった絶対権力として存在していた。ルイ王朝も絶対王政と言われるように絶対権力として民を支配していた。イギリスの王も自由とか権利を要求されるような権力をもっていた。中国の皇帝も絶対権力者であり、朝鮮王もまた絶対権力者であった。

このように世界を相対化してとらえると、徳川幕府の権力は諸外国の権力に比べると相対的に弱かった。また秀吉は村や町の自治権を残した。惣村は国家と同じような統治システムをもっていた。そこから交戦権だけを取り上げ自治権を残した。徳川幕府もこれを継承した。継承したと言うよりも、幕府は末端まで支配できるような絶対権力をもっていなかった。徳川家も諸侯のなかの一諸侯にすぎなかった。諸外国より弱い権力と地方の自治権のお陰で間接統治が可能になった。これが中国や朝鮮半島と我が国を大きく分けた。即ち、絶対権力による強固な中央集権と比較的弱い権力による地方分権。そして地方分権が確立していたことが近代化への一つの要因であったとも考える。

このように我が国の歴史には、諸外国と対比すると強権による民の支配というものは、なかったと言っていいほどと考える。我が国の自由、権利はイギリスのように王権からの圧政という対立抗争から生まれたのではないことが分かる。だからマグナカルタの必要もなかったし「請願」する必要もなかった。

憲法を一言で言うならば、権利の保証書と言うことができるだろう。江戸時代には権利の保証書である成文法としての憲法はなかった。それにもかかわらずカッテンディーケ氏もオールコック氏も、ヨーロッパの民主主義国以上の自由があり権利も尊重されていたと言う。ここから次のことが分かる。権利を保証するものは二つある。言語知による成文法と経験知による慣習法。すると、我が国は慣習法によって権利が保証されていたことが分かる。また、我が国の自由、権利の由来はイギリスとも違い、ましてアメリカやフランスのような言語知の知の領域のなかで考えられたものでもない。

では、我が国の自由と権利は如何なるものであったのか。それは私には分からない。何故か。それは、我々の自由とか権利に関して学問的に検証されていないからである。我が国の自由、権利の由来を求めそれを検証し、さらに近代西欧がもった自由、権利を比較検証するようなことはしてこなかったのではないか。例えば、現在我が国の大学の法学部で教えている法は、近代西欧を中心とした欧米の法であり、我が国の法が如何なるものであるかということは教えていないのではないか。古代国家成立から現在まで約千三百年、その間継受法のもとにあったのは三百年、その何倍もの間慣習法のもとにあった。我々の自由も権利もその慣習法によって培われてきたはずである。

何事も遅すぎるということはない。我々の自由とか権利の由来を求め検証し、それらが如何なる慣習法のもとで可能になったか。今からでもそれをすることが我々の正体の一面を明らかにする一つの方法であると考える。


次に、イギリスは王室をもち日本は皇室をもっている。イギリスは言語知を何よりも信じる文明のなかにあって、経験知、即ち古に連なる伝統の知恵を何よりも大切にしてきた。これをイギリスの経験主義と言うならば、その経験主義によって、経験知の知恵の産物である権威をもち続けてきたのは当然である。我が国は文明そのものが経験知のうえにたっている故に、世界でも最も古くから権威をもち続けてきたのも当然である。

次に、イギリスも日本も共に大陸とは一線を画してきた。我が国は隋、唐の勃興以来、遣隋使、遣唐使を派遣してきたが国交を結んでいたわけではなかった。絶えず一線を画してきた。かつて山田長政はじめアジアに出ていった人達はいたが、東南アジアまでであり決して大陸には入り込まなかった。これも知恵であったと考える。しかし二度だけ大陸にのめり込んだために失敗をした。初めが秀吉による朝鮮出兵、朝鮮は経由地であり目標は明であった。二度目が戦前の昭和の時期ののめり込み。三百万人の同胞を失うことになった遠因と考える。伝統を見失うと惨禍を招く。

イギリスも絶えず大陸とは一線を画してきた。イギリスはEUに加盟したが、結局脱退してしまった。通貨に関しては伝統を守ってきた。将来のことは分からない。しかしイギリスは、少なくともEUが時代の流れということで全面的に身を預けない。イギリスは今、ブレーキの役目をもった経験知、古に連なる伝統の知恵と大いに相談しているだろう。これもイギリスが大陸とは一線を画してきた証しと考える。
次に、ユーモアについて。イギリスのユーモアと言い、イギリス人はユーモアがあり我々はユーモアがないと言う、しかしこれは根拠のない思い込みである。そこで、ユーモアとは何かを定義する必要がある。あるとかないかと言っても、そのものが何であるかを明確にしないと、あるともないとも言えないはずである。では、ユーモアとは何か。ユーモアは自分を客観視して、その自分を笑い飛ばせること。
江戸時代に狂歌が流行した。次のようなものがある。

あせ水をながしてならふ剣術の　やくにもたたぬ御代ぞめでたき
もとの木網《もくあみ》作

当時の日本、徳川の平和の世を客観視して笑い飛ばしている。さらに次のようなものがある。

死にたうて死ぬにあらねどおとしには　御不足なしと人やいふらん
手柄岡持《てがらのおかもち》作

今までは人のことだと思いしに　おれのこととはこいつたまらぬ
四方赤良《よものあから》作

自分の死さえ客観視して笑い飛ばしている。ユーモアここにありと言っていいほどである。まずこのように言っておこう。ユーモアの精神と言うならば、それはユーラシア大陸の両端の島国に同時並行的に現われたと。自我と同じで、現われ方が違うというか現われる場が違うだけである。

江戸時代の人達はユーモアをもっていた。ユーモアは自分を客観視して自分を笑い飛ばすこと。では、そのユーモアの意味というか、ユーモアは何を表しているのかということである。ユーモアは余裕を表している。自分を客観視するということは、自分を引き離して対象化すること。対象化すると自分がみえる。みえるということは余裕をもてること。またみることによる思考が生まれる。一方自分を対象化できずに、自分に即していると言うか、自分に自分がくっついていると自分がみえない。みえないということは余裕がもてないこと。自分がみえないから自分の正体も分からない。また自分のしていることが明確にとらえられない。

ここから、このように言えるだろう。ユーモアをもっていることは余裕をもっていると。また考えられること、思考できること。余裕がユーモアを生むこと。

ユーモアがないこととユーモアを見失っていることは別である。確かに現在、我々はユーモアを見失っているかもしれない。見失っているということは、自分を客観視できなくなっているということでもある。余裕がない、自分を客観視できないことは、日本も世界も客観視できないことにもなる。まず世界を突放して背景として、その背景のなかに日本を置き、その日本のなかの自分を対象化してみる。すると、乱世のような世界もみえてくる。その中の日本の姿も見えてくる。そして客観視された自分が、何故看護婦を看護士と言っているのかを考えられるようにもなる。

次に、国歌について。我が国に六十年以上も住んでいるイギリス婦人、ドロシー・ブリトン氏がこのように言っている。「世界の国歌のなかでもっとも美しいのは英国の「God Save the Queen」と「君が代」だと、多くの外国人が認めています」。

現在世界の人達は、国歌と国旗によってその国を象徴的にとらえている。ここでまず、この論のなかの唯一つ老婆心を述べる。人は年をとってくると、若者に対して説教がましいつまらないことを言いたくなるものである。若い人が外国に行った場合、その国の国旗、国歌を何よりも大事にしてほしい。もし国旗、国歌を侮辱するようなことがあれば、時と場合によっては殺されかねないこともあること。国という価値を国旗と国歌によってとらえている。国旗、国歌を侮辱することは、その国を侮辱するのと同じことになるから。その国の国旗、国歌には最大限の敬意をもって接してもらいたい。

国旗、国歌についておもしろいと思うことがある。国旗は視覚でとらえられるものであり、国歌は聴覚でとらえられる。この典型が言語である。喋り言葉は聴覚、文字は視覚の受け持ちである。視覚は明晰であり思考に結びついている。聴覚は情動に結びついている。人だけが言語をもった。言語をもった人は、国家という価値を視覚と聴覚でとらえられる国旗と国歌で象徴的にもつようになった。

私は以前、十数ヵ国の国歌を聞いたことがある。国歌が聴覚の受け持ちであるためか、国威を発揚するような行進曲風の勇ましい国歌が多い。その典型的な国歌がフランスの「ラ・マルセイエーズ」だろう。マルセーユから流血と殺戮のパリに行進してきたときに歌われたものと言う。とても長い歌詞がついているそうで、終わりの方にかなり血なまぐさい歌詞がでてくるらしい。少し以前に、その血なまぐさい歌詞がフランスでも問題になっていると新聞が報じていた。しかしフランスは歌詞を変えないだろう。

国威を発揚するような行進曲風の勇ましい、という表現を分かりやすく簡明に言うと軍歌調の国歌が多いということである。我が国とイギリスの国歌は、その名称のなかに共に権威を表す「君」と「the Queen」をもっている。このような国歌も少ないだろう。そして、軍歌調の国歌が多いなかにあって、共に荘重な調べと、歌詞は共に国の末永い繁栄を願っている。私も、両国の国歌が世界の国歌のなかの双璧と思うにいたったのである。

なおここで、国歌、特に歌詞もよく似ているので、さらに詳しく両国の国歌をみてみよう。

まず、歌詞の冒頭の「君が代」について。主語は「代」である。「代」は辞書的には「時世」というような意味であり、「時代」と置き換えていいだろう。「君」は天皇である。「君が代」をとりあえず「天皇の時代」ととらえよう。我が国は古代から現在にいたるまで権威としての天皇を戴いてきた。だから「天皇の時代」は「天皇の世」、「天皇を戴いた社会」となり、主語の「代」は日本そのものと考えていいだろう。「君」は主語にかかる修飾語であり、「が」は修飾助詞である。私は文法に関しても門外漢なので、文法的にはこれ以上分からない。そこで意味を考えて、「が」の意味を「戴いた」ととらえる。「君」は天皇、「が」は「戴いた」、「代」は我が国。「君が代」は「天皇を戴いた日本」となり、「日本」が主語であり、「天皇を戴いた」が主語にかかる修飾語である。

このように「君が代」は、我が国が主語であり、日本が「千代に八千代に」末永く栄えますようにと願っているものである。「さざれ石の巌となりて苔のむすまで」は「千代に八千代に」を比喩を用いて強調しているのである。小さな石、即ち「さざれ石」はたえず転がるので苔が生えにくい。その小さな石が大きな岩となって苔が生えるほど末永くという意味である。ヒマラヤ山脈も大昔は海底にあった。海底にあった地層が褶曲して世界一高い山脈になった。小さな石が大きな岩になるには、それくらいの年月がかかるかもしれない。

次に、イギリスの国歌「ロング・ツー・レーン・オーヴァー・アス、ゴッド・セーブ・ザ・クイン」と君が代の歌詞を対比して、詳しくその異同をみてみよう。

「ロング・ツー」が「千代に八千代に」である。「レーン」は統治する、支配するという意味であるが、権威であるから「統治」が相応しいと考える。「ゴッド・セーブ・ザ・クイン」は「女王に神のご加護があらんことを」。

「君が代は千代に八千代に」と「ロング・ツー・レーン・オーヴァー・アス（千代に八千代に我らをしろしめせ」）、この部分を対比すると、表現において違いがある。イギリスは、女王による統治の永遠を願っている。統治という行為の永遠性が表現されている。一方我が国は、天皇を戴いた状態の永遠性を表現している。表現に違いはあっても、共に国家の永遠を願っているのであって、意味は同じと言っていい。なお「しろす」、「しらす」は治める、統治するという意味の我が国で古くから使われている言葉である。

次に、「さざれ石の巌となりて苔のむすまで」と「ゴッド・セーブ・ザ・クイン」。この部分は表現において大きく違う。また、文明の違いがよく現れている。イギリスは、その文明が言語知に基づいているため、言語知のなかの神に女王の加護を祈る。そして女王の統治が千代に八千代に続くことを願っている。我が国は、文明の基礎が経験知に基づいているため、経験世界の具象の比喩、小さな石ころを用いて、千代に八千代にを強調している。表現に大きな違いがあるが、この部分も意味は同じと言っていい。

両国の国歌は総体的に意味においてそっくりなのである。人はそれほど違ったことを考えないということである。

なお、「君が代」は天皇のためのものであるから憲法違反であるという考えがあるようだが、これは論理が間違っている。天皇は憲法にきちっと規定されている。即ち「天皇は、日本国の象徴であり日本国民統合の象徴であり……」。日本国と日本国民統合の象徴である天皇のためであれば、それはまさに日本国と日本国民の国歌ということになる。憲法の規定から、「天皇のためであるから憲法違反」という論理は間違っていることは明らかであろう。天皇のためだから憲法違反という論理は、憲法の規定を無視しなければでてこない論理である。憲法違反と言うこと自体、憲法に反しているのではないか。

また、初めに述べたように「君が代」は「代」が主語で、「君が」が「代」にかかる修飾語である。天皇である「君」が主語の場合を仮定してみよう。これは、女王の永遠を願うイギリスの表現に近いかたちである。この場合でも、日本と日本国民統合の象徴の天皇の永遠を願うことは、我が国、日本の永遠を願うことで、憲法との整合性はとれているのである。

さらになお、イギリスの国歌も古いのではないかと思うが、「君が代」も古く、十世紀の古今集にでている「読み人知らず」の歌である。「読み人知らず」ということは、権威、権力の側の人が読んだものではなく、広く一般に読まれていたものが古今集に取り上げられたものと考える。その後、神楽歌、里謡、地唄になって庶民に親しまれるようにもなった。我が国は八世紀初頭、世界でも最も早く国家、即ち国民共同体であるネイションとしての国家を作った。十世紀にすでに「君が代」が広く一般に読まれていたことは、統治の並立構造をもったネイションとしての国家が八世紀の初頭に確立していたことの一つの証しにもなる。

イギリスと我が国はかつて日英同盟を結んだ国である。同じ白人の仲間内でさえ同盟を結ばなかった国が、当時劣等民族とみられていた有色人種の我が国と同盟を結んだ。イギリスは、我が国を多少の使い道があると考えたのだろう。その同盟が結ばれ破棄されてから約百年になる。

現国王であるエリザベス女王陛下。私は日本の一庶民であるから、女王に関してはテレビ、新聞で知るだけである。齢を重ねても相変わらず魅力的なその笑顔を拝見すると、自分でも理由は分からないのだが、何かほっとした気持ちになる。

ここに、エリザベス女王陛下のご健勝と王室の繁栄とイギリス国民に幸多きことを願って次に進もう。

偉大で深遠で高邁な憲法九条

憲法にもどる。法としての憲法を考えると、二条に大いに問題があると思うが、九条が取り上げられることが多い。そこで、九条についてごく簡単に述べる。

九条を称して「九条の精神」とも言われる。この精神はとても偉大で深遠で高邁な精神である。憲法は法である。国家の最高の法とは言え法である。一言で言えば、権利の保証書であり、それ以上をでるものではない。一方、九条の精神というものは本来、理論化して思想なり哲学として表されるべきものと考える。ところが現在、法と思想、哲学として表現されるものが合体してしまっているのである。そこから二つの混乱が起きている。

一つは、法としての憲法が分からなくなっていると言うか、憲法が法であることが分からなくなっている。同じ敗戦国のドイツは何度も憲法を改正しているようである。また、どこの国も必要に応じて憲法を変えるのが普通のことだろう。それは、法は人のためにあり法のために人があるのではない、という法に関する基本的な原則を考えれば当然のことである。法に縛られて社会が硬直して身動きがとれなくなるほど愚かなことはない。またそのために、国が迷走してしまうほど愚かなことはない。

ところが我が国は、最近でこそ改憲の動きがでてきたが、今までは絶対視してきた。あるいは信仰的に信じてしまう。憲法が法でなくなっている、あるいは法を越えたものになっている。九条の精神という偉大で深遠で高邁な精神を法のなかに閉じこめてあるから、こうなってしまうのである。だから本来、その精神は理論化して思想、哲学として表現されるべきものである。それをしない知的怠慢に陥っているのである。

平和な街のなかを平和というプラカードを持って行進しても意味がない、ということを分かるほど頭の中の空洞化は納まっていると思う。九条の精神として憲法のなかにもっていることは、それはプラカードのようなもので説得力がないのである。世界の人を説得するためには、そのプラカードを理論化して思想、哲学として表す必要がある。この精神は、偉大で深遠で高邁である故に、一人の人の思想、哲学では説得できないかもしれない。それほど偉大で深遠で高邁な精神である。だから、生命の連続のなかで絶えずその思想、哲学を深めてゆくような性質のものと考える。その精神を達成するためには、百年、二百年あるいは気が遠くなるような長い時間がかかるかもしれない。それほど九条の精神というものは偉大で深遠で高邁な精神なのである。

現在、飢えと貧困と疫病と政治的動乱のなかで困窮している人の数は、豊かで平和のなかで暮らしている人の数より圧倒的に多い。そのような人達が我が国をみたら天国のようにみえるだろう。羨望の的かもしれない。反面、飢えと貧困と疫病と動乱という平和とは無縁な人達が、豊かで平和のなかで平和を唱えている日本人をみたら、一体日本人は何を考えているのだろうと思うのではないか。さらに日本と日本人に腹立たしいものさえ感じるのではないか。最近、世界から尊敬されるような国になるというようなことが言われだした。単に平和というプラカードを掲げている、即ち平和のなかで平和を唱えている、こんなアホなことをしていて尊敬されるだろうか。

平和は目的ではない。平和は手段である。戦争状態より平和な状態のほうが、広い意味での自己実現が可能である。自己実現の一つの基本的な手段として平和がある。平和を目的にした人の姿を我々は落語のなかにみることができる。落語というかその枕か、あるいは小咄であったかもしれない。

極楽に往くことを願っているお婆さんがいた。願いが適って極楽に往けた。極楽でお婆さんはどのような生活を送っていたのだろうか。毎日、毎日蓮の葉の上に座らされて、退屈で退屈でやりきれない生活が待っていた。オチは「ああ、娑婆はよかった」。蓮の葉の上で退屈しきっているお婆さんの姿が平和を目的にした人の姿である。このオチに、もう一言付け加えたらどうだろう。ああ、娑婆はよかったと嘆き、とうとう極楽で自殺してしまった。

平和を目的にしたから、それが達成されて平和な状態になると、もう目的がないから退屈しかないということになる。平和を手段と考えていれば、一つの手段を得たのであるから、そこから目的に向かえるのではないか。人の素晴らしいところは、飢え、貧困、疫病、動乱等の困窮のなかにあっても、それらと戦い未来を切り開く意志と勇気と精神力をもてることである。しかし、その意志と勇気と精神力は主に眼前の困難の克服に向けられ、それらを越えたものへは向かえない。我々は困窮のなかにいる人がもてないような平和という手段をもっている。より多くの目的を達成できる手段を得ている。またより高度な精神活動ができる状態にいる。

九条の精神として憲法のなかに留めておくことは、他国からみたらしょせんその国の憲法にすぎず、プラカードのようなもの、あるいは標語にしかみえない。いい標語をみれば、誰でもいい標語と思うだろう。ただそれだけであって説得にはならない。十年ほど前まで、交通事故による死者の数が一万人を越えていた。一万人をきることが悲願でもあった。現在、五千人前後まで減った。我々は標語が好きだ。交通事故に関するいい標語もある。しかし死者の数が半減したのは、様々な努力の結果である。そこに標語の果たした役割は微々たるものだろう。まして世界は標語では動かない。

世界の人を説得するためには、世界の人を考えさせる論理が必要でり、理論構成されたものが必要と考える。プラカードがそこにあれば、誰でもひょいと手をだせば容易につかむことができる。それに対して思想を作り哲学を構築することは、比較にならないほどの高度な精神的な作業であり知的な作業である。我々はそれが可能な手段としての平和をもったのである。

九条の精神は偉大で深遠で高邁な精神である。それ故に憲法から引き離して、理論化された思想、哲学として世界に示すことであろう。また、飢えと貧困と疫病と動乱のなかで、平和という手段を持てない人々に対する、その手段をもった我々の義務ではないだろうか。

慣習法で成り立っている我が国における憲法の意味

主題から少し外れたが、今まで述べてきたことは、歴史的根拠により我が国は成文法としての憲法をもたなくても慣習法で成り立つ国だということ。イギリスが経験主義というものによって、憲法をもたない国としてあるならば、我が国は文明自体が経験知が基礎になっているので、イギリス以上に憲法をもたなくても成り立つ国である。我々の一人ひとりが自らの頭で、我々の慣習法が如何なるものであるかを考えるようになれば、成文法としての憲法をもたなくて我が国は慣習法のもとで十分やっていける国になると考える。そこで、現憲法を廃止する。廃止が忍びなければ一時停止する。廃止あるいは停止してみたらどうなるか。まず、それを一人ひとりが自らの頭で考えることから始めてはどうだろう。廃止ないしは停止したために、天地が引っ繰り返ることもないだろう。

また、このことは別の意味で利点を得ることになる。考えるということは脳に血がゆくことである。現在、程度の差がかなりでてきたが、脳が圧縮された状態になっている。その脳に血がゆくことは、脳が元の状態に戻ることである。すると、隣にある空洞化した部分が消えてなくなる。このように、現憲法を廃止あるいは停止することによって、頭の中の空洞化が納まるという現実的な利点があるのである。

憲法を改正する法が成立した。その法に基づいて憲法を変えると、法的な根拠から将来に禍根を残すかもしれない。もともと現在の憲法は、占領した側が非占領国の主権のないときに定めたものである。これは違法行為である。その憲法に基づいて改憲したら、そのインチキを認めたことになる。我々は後世に対しても責任を負っている。後世の人は頭の中の空洞化が納まっているだろうから、先人はとんでもないことをしてくれた、と思うだろうということである。

現憲法を破棄するという考えをもち、右の欠点のない一つの方法を福田恆存氏が提示している。それは、憲法を破棄すると自動的に明治憲法が生きてくる。その明治憲法を改正するというものである。人は完璧なものを作れない、という前提のもとに述べると、明治憲法は現憲法より勝っていると考える。明治憲法は継受法とはいえ、先人が時間をかけて考えに考え抜いて作られたものである。この点において、明治憲法が勝っていると考えるゆえんである。一方現在の憲法は、マッカーサー氏のインチキそのものである。

我々は近い将来から中期的な将来において、現憲法か改正された憲法をもつだろう。しかし遠い将来、その憲法を律令のように棚上げしてしまい、幾つかの基本的な慣習法のもとで動いている国になっているだろう。これが、歴史的根拠から想像した私の五百年後くらいの我が国の姿である。

過去を消すと未来が見えなくなる

現在の問題はここまでにしておき、今まで述べてきたことに関連したことを中心に幾つか、論旨に沿って述べる。

私は前に、過去を消すと未来がみえなくなる、と述べた。過去も未来も、日常語になっているとはいえ抽象概念である。抽象概念を使うと簡潔な表現になる。表現は簡潔になっても、我々は共通の意味として理解するとはかぎらない。現在は現在、過去は過去、未来は未来と思っている人もいるだろう。丸山眞男氏が「現在中心主義といふことは、逆説的だけれども、現在自身がわからないといふことになっちゃふのです」と言っているのは、過去とも未来とも切り離された現在だけを考えるという風潮があるからであろう。

過去、未来という抽象概念で表される「過去を消すと未来がみえなくなる」という表現を具象で表してみよう。たぶん共通の理解が得られるだろう。

富士山麓に青木が原の樹海がある。中に入ると磁石もきかなくなり出てこられないと言う。そんなことはないと思って入ると、磁石もきかなくなり方向も分からず、堂々巡りしているうちに飢えて野たれ死にしてしまう。ここは、世間の言うことを信じたうえで出てこられないと仮定する。

樹海に入っても出てこられる方法がある。一つは、たぶん小学生でも考えつく方法。それは、入り口の大きな木の幹あるいは強固な構築物にロープの一端を結び、もう一端を歩きやすいように胴に結びつける。これで我々は、青木が原の樹海という未知なる世界の中を力強く一歩一歩踏み出してゆける。このロープが過去である。このロープは、完全に記憶を失っていない限りなくならない。今我々は、このロープがない状態で樹海の中に迷いこんでしまったようなもので、どちらにどう踏み出したらいいのか分からない状態にある。

まず、ロープがついていることを気づくことである。このロープは、どの国よりも長く太い丈夫なロープである。また、多くの知恵を含んだロープでもある。ロープがついていることが分かれば、我々は力強く青木が原という未知なる世界で一歩を踏み出すことができる。しかし一歩を踏み出すといっても、踏み出す方向は三百六十度ある。どの方向に踏み出すか。そのヒントはロープの中にしかない。確実なものは過去しかない。未来は一寸先は闇である。近代は未来が見えるような錯覚をもった時代であった。近代の先はやはり闇である。現在は瞬間の連続のようなものでなかなかとらえにくい。

もう一つ、具象で表してみよう。従来型の懐中電灯がある。電球と反射板で作られた。電球が現在、反射板が過去。現在という電球だけでは、辺りがぼんやりと見えるだけである。その後に過去という反射板を置くと、その光に照らされて現在も照らされ未来も照射する。丸山眞男氏が、「現在中心主義……」と言っている根拠でもある。我々は、電球という現在の明かりだけで過去という反射板をもたない状態と言っていいだろう。現在もぼんやりしていて明確にとらえられない。ましてその先はまったくの暗闇である。恐ろしくて踏み出せずに逡巡している状態。

前に、正、反、合を用いて述べた。欧米の場合、正が伝統であり現実であり現在でもある。反が伝統にあらざるもの、概念であり言語知である。そして合としての未来。一方我々は、反がないかたちと述べた。伝統・革新・新しい器（伝統）、これを豊富化のサイクルとして、伝統を絶えず革新して新しい器に盛る。その器が伝統になると、再び革新が行なわれ新しい器ができる。我々は太古から歴史に断絶がない故に、この豊富化のサイクルを絶えず繰り返してきた。これは温故知新、文芸復興のサイクルであり、それ故に我々はあえて文芸復興として取り上げる必要はなかったと述べた。

我々は反をもたないかたちと述べたが、実は我々も反をもっている。伝統・革新・新しい器（伝統）、この伝統が正であり現実であり現在である。この点は欧米も変わらない。我々は過去を反としてとらえる。我々は現在を正として過去を反として、革新を行い合としての未来を作る。欧米の正反合が空間的な正反合であるのに対して、我々のものは時間的な正反合である。また、欧米の空間的な正反合は言語知を表し、我々の時間的な正反合は経験知を表している。空間的な正反合は未来を切り開く方法であり、近代西欧はこの方法により彼等の近代を築いてた。我々は時間的な正反合で我々の近代を築いた。

私は格調のある文を書けない。そこで、右に述べた我々が行なってきたことを学者の知恵を借りて述べる。内山節氏のものを引用する。

「過去の人間の精神や存在、社会や出来事が未来へ向かって意味をもってくるのは、この『読み直し』の作業のなかにおいてである。それは過去への憧憬や回帰ではない。過去における人間の状況をみることによって現在を相対化、過去を新しい視点から『読み直す』ことによって現在を克服する方法を発見するのである。

そのようなプロセスを必要とするのは、歴史変革の思想はつねに人間の存在次元で変革理論として定着しなければ、決して本物の変革理論にはならないからであろう。そして私たちが存在次元で変革の思想を確立するのは、現存在の二重性を知ることから、即ち自分の現存在のなかにその時代的な存在と前時代的な存在の残影とが重なっていて、その残影をみることによってその時代的な存在を相対化し、同時にその残影を『読み直す』ことによって未来をみることができるからだ」。

さらにもう一つ、具象で述べる。山本七平氏が言っているもので、私なりに述べる。我々はボートを漕ぐとき進む方向に背を向けて漕ぐ。後ろの川の両岸をみることによって進める。要するに後ろの景色が規準になっている。未来は闇であるから、前を向いていても背を向けているも同じこと。後方にあるものをみることによって進むことが可能になる。もし、後方が闇で何もみえなかったら前方も後方も闇。まさに五里霧の中にいるようなものである。

過去を消すと未来がみえなくなる、ということを幾つかの具象で述べたが、もう一度青木が原の樹海に戻ろう。実は、青木が原の樹海の中を力強く歩く方法がもう一つある。それは欧米の歩き方で、樹海の上に視点をおく方法である。ロープを使わないというか、ロープに重きをおかない。高いところに視点をもっている彼等はさすがだ。それに比べると我々は遅れていてダメだ、と思うのは早計であり思考の短絡である。まず、人は樹海の上を移動するわけではない。欧米人も含めて人はみな、青木が原という未知なる世界を一歩一歩歩いて行くものである。また、上空に視点があっても樹海の中がみえるわけではない。みえるのは、見渡すかぎりの樹海の海と空だけである。

彼等は樹海の中を言語でとらえる。視点が上にあるから、多少先の樹海の中もとらえられる。しかし、それは総て仮設である。だからそれを樹海の中に下ろしてくる。そしてそれは、樹海の中で実験と経験により実証される。一方ロープを使う方法は、一歩先の未来はみえるが多少の先はみえない。しかし、その一歩先は仮設ではなく、一歩先の現実をみせてくれる。ここに、言語知がアクセルの役目をもち、経験知がブレーキの役目をもっているゆえんがある。また、両方の知には優劣はない。ただ共に長短の両面をもっているだけである。

イギリスは、上空の視点をもちながらロープに気づき、そのロープを古に連なる伝統の知として何よりも大事にしているのである。アメリカ、フランス等は、どちらかといえば言語知一辺倒の国である。そのなかにあってイギリスは、これを経験主義と言うならば、経験知を大切にする特異な国でもあり、またそれを認めた功績があると考える。

我々は明治になって、この上空の視点を知った。このような視点というものは、我々の歴史からは想像もできないものであった。その視点を知ったけれど、我々はその視点を使うようなＯＳにはなっていない。前に述べた個人、個性は、この上空の視点がもっているもので樹海の中にあるものではない。しかし、我々は経験知が基礎になっているから、どうしてもそれが樹海の中のものとして錯覚してしまう。自由、平等、人権というものも、みなこの視点がもっているものである。

アメリカの憲法だったか、人は生まれながらにして自由で平等であると書いてあるようである。ここから、我々は生まれるときに五体の一部として自由、平等をもって生まれてくると錯覚しがちである。私はビル・ゲイツ氏の子供として生まれてくることはできなかった。ビル・ゲイツ氏の子供として生まれる自由をもたずに不自由をもって生まれた。富豪の家に産まれずに不平等をもって生まれた。しかし彼等は、人は生まれながらにして自由、平等であると言う。この違いと意味を、我々一人ひとりが自分の頭で考えることだろう。

日本の位置付け

次に、人の位置付けについて述べたので、ここでは日本の位置付けについて述べる。日本の位置付けには二つ考えられる。一つは我が国の歴史のなかの位置付け。もう一つは世界のなかでの日本の位置付け。

まず、現在の我々が我が国の歴史上のどの辺りに位置するか。我々は変革のときと言うと、明治維新を思い浮べてこれを目標にしがちである。かつて昭和維新とも言った。目標にしがちな明治維新とは何か。明治維新は家のリフォームにすぎない。我々の近代から鋭利な欧米の近代へのリフォーム。長く住み慣れた家だが、少し模様替えしただけである。

我々の二十一世紀における歴史上の位置は、平安朝から鎌倉、室町時代に入りかけているところにいる。もうすでに鎌倉時代の乱世に入っていると言っていいだろう。我々は乱世において、一面では縄文時代から延々と引き継いだものをもち、一面では平安朝の人達とは別人のようになった。我々はそこで、我々のＯＳをバージョンアップしたからである。即ち近代バージョンに。また、我々はＯＳを近代バージョンにバージョンアップしていたからこそ、近代国家を作りえたのである。民主主義、自由主義、資本主義という装置を据えられたのである。

明治維新は、長く住み慣れた家であったがその模様替えをしたにすぎない。二十一世紀における我々の変革、それは家のリフォームではなく、そこに住んでいる我々のＯＳのバージョンアップである。即ち、近代バージョンからもう一段バージョンを上げることである。民主主義、自由主義、資本主義も、そのバージョンアップされたＯＳで、より正確な実証が可能になると考える。

次に、世界のなかでの日本の位置について。現在地球上で、未来に食い込んでいる地域が三ヶ所ある。ヨーロッパ、アメリカ、そして日本。

まずヨーロッパについて。現在ヨーロッパはＥＵという大きな経済圏を作っている。近代の言語技術文明を作り上げた西欧が、キリスト教という価値を共有する地域を包含して、一つの大きな括りになろうとしている。これは、ヨーロッパが生み出したアメリカが強力な一極になり、日本が経済大国として大きな一極になったことが一つの要因と考える。

このEUの姿とはどのようなものなのか。主に経済を中心に一つの大きな括りができ、さらに政治的にも一つにまとまろうとしている動きである。一方には経済的、政治的にまとまろうとする遠心力が働いている。その一方では、それぞれの国、地域がそれぞれの文化、価値で輝こうとしている求心力が働いている。経済的、政治的な遠心力と文化、価値という求心力のバランスのうえにある。そしてイギリスは、少なくともEUが時代の流れとして完全に乗らずに、伝統の知恵に照らしてじっと眺めている。

では将来、EUはどのようなかたちになるだろうか。三つの場合が考えられる。一つは、遠心力が勝って経済的、政治的な強固な一つのまとまりになる。遠心力に収束されて求心力が消滅する。ヨーロッパが文化的にのっぺらぼうな地域になる。旅行した場合、何処へ行っても同じで面白みのない地域になる。もう一つが、求心力が勝ってそれぞれの国、地域が文化、価値で輝く。遠心力が消滅するから、EUという経済的、政治的な大きな括りがむしろなくなる。三つ目が、どちらの方向にも収束されずに、遠心力と求心力のバランスのうえにある。

どの方向に落ち着くかは分からない。しかし、少なくとも近い将来と中期的な将来は、経済的、政治的に大きくまとまろうとする遠心力と、文化、価値で輝こうとする求心力とのバランスのうえにある。ある時は遠心力が大きくなり、またある時は求心力が大きくなるという。近代を生み出した西欧が、EUとして大きくまとまろうとする遠心力と、それぞれの地域が文化、価値で輝こうとする求心力でバランスをとりながら未来に食い込んでいる。

アメリカは新しい土地に近代西欧が生み出した国である。西欧が生み出したものを純粋なかたちで引き継いだ面がある。ネイションである国民共同体としての国家は五大陸からの移民で構成されているが、ステイトである権力装置としての国家は、近代西欧の思想により純粋培養的に作られた。

ヨーロッパとアメリカは、近代西欧が作り出したものが二つに分かれたかたちで未来に食い込んでいる。即ち、西欧を中心に宗教を共通の価値として周囲を囲い込み、大きく広がろうとしている遠心力と、それぞれの地域がその文化、価値で輝こうとする求心力とでバランスをとりながら。また新しい土地に西欧が作ったものをより純粋なかたちを留めながら未来に食い込んでいる。

我が国の場合は、我々の文明は欧米と別系統の文明であること。経験技術文明である我々の文明と言語技術文明である欧米の文明を綜合するかたちで未来に食い込んでいる。非欧米諸国もみな、欧米が作った文明を取り入れながら近代化を行なっている。そのような非欧米諸国のなかにあって、日本が先端を切ったのであり、現在も先端にいる。我が国は欧米と別のかたちで未来に食い込んでいるのである。そしてそれは、我々の文明を正とし、彼等の文明を反として、合としての未来を作るというかたちで行なわれるものである。

非欧米諸国のなかで、成長の著しい中国と対比すると我が国の姿がより鮮明に浮かび上がってくる。中国をみてみよう。

中国は共産主義という政治体制をとりながら資本主義を採用している。共産主義の採用と資本主義の採用。このようなかたちは例がないものであり、このかたちで未来に食い込んでいる。しかし、この見方は皮相な見方と考える。だいたい中国では、誰一人として共産主義を信じてるものはいないと言う。

では、中国の現在のかたちはどのようなものであろうか。それは、皇帝が国家首席になり、科挙で選ばれた役人が共産党になっただけと考える。これを皇帝システムと言うことにする。現在の中国は皇帝システムをとっている。その中国が将来進む方向は二つ考えられる。

中国が進む一つの方向は国民国家になるというもの。前に文字を簡略化して、皇帝とそれを取り巻く一部の官僚が民を支配する道具であった文字を民に解放したと述べた。主権在民、民主主義は民の意識が前提と考える。民が主である。その民が権力を担う。中国はその長い歴史のなかで、二十世紀になって初めて民の意識が生まれてきた。民主主義の一つの前提である民への意識が生まれてきたという兆候をとらえれば、国民国家へ向かうというもの。国民国家に向かうのであれば、それは西欧が二百年前に、我が国が百年前にやったことであり、現在の中国は皇帝システムから国民国家への途上の国であり、未来に食い込んでいるわけではない。

もう一つは、国民国家に向かわずに皇帝システムのままで未来に向かうというもの。要するに、国民国家にいくのはやめるというもの。ある民族なりが生み出した伝統は、その民族にとって限りない知恵をもっている。そこで、伝統の知恵に従って皇帝システムのままでゆくというもの。皇帝システムのままでゆくならば、それは始皇帝が秦を作り、その後作っては壊し作っては壊して同じことの繰り返しであり、我が国のように一つの方向に向かわずに堂々巡りしている状態である。そして現在の中華人民共和国は、清を壊しその後に作られた国であり、その中華人民共和国が皇帝システムを採用していくならば、それは二千年来続けてきたことであり、未来に食い込んでいるわけではない。

中国がどちらの方向へ向かうのか分からない。たぶん中国人も分からないのかもしれない。どちらの方向に向かうにしても、未来に食い込んでいるわけではない。

非欧米諸国で、自国の文明のうえに欧米の言語技術文明を取り入れて、近代を築きそれがうまく機能しているのは我が国だけである。これは、彼等の文明と我々の文明を綜合するかたちで未来に食い込んでいる。これを日本モデルと言うならば、非欧米諸国が近代化するには、日本モデルしかないということ。非欧米諸国はみな、日本モデルを追っていると言っていいだろう。

そして我が国は、明治国家がその綜合されたかたちで、現在はその延長線上にある。本来ならその綜合、即ち経験技術文明を正として、言語技術文明を反として、合としてのさらなる未来を築く作業の途上にあった。しかし大戦までは、人種への偏見と差別という言わば歴史が課した重圧を受けていたことと、明治国家自体が正としての我々の伝統を否定する一面があり、その作業が滞っていた。アジア太平洋戦争の結果、怪我の功名とはいえ表面的には重圧がなくなった。ところが肝心の我々が、敗戦のショックにより頭の中の空洞化を起こしてしまった。その結果その作業が滞ってしまった。しかし、頭の中の空洞化は急速に納まりかけている。そしてそれは、伝統の知恵への回帰であり、綜合作業への新たなる開始と考える。

レヴィ・ストロース氏の言葉を借りれば、「借用と綜合」、「シンクレティズム（混合）とオリジナリティ（独創）」と言っているものである。また、この反復交替が「世界における日本文化（日本）の位置と役割」である。このようなかたちで、我々は未来に食い込んでいるのである。

戦前の軍国主義にもどるのか？

さて、過去を消すと未来が見えなくなる。伝統の知恵への回帰。このようなことを述べてきたので、あるいは戦前の軍国主義に戻るのかと言う人もいるだろう。戦前の軍国主義に戻るかどうか分からない。そこで、戻るかどうかを考えてみた。この言葉を「戦前」、「軍国主義」、「戻る」、という三つに分けて考えてみた。

まず、戦前について。この場合、戦前というのは戦前の昭和の一時期をさしていると考える。範囲を広げても、せいぜい明治以降であろう。明治以降も考慮に入れて、主に昭和の一時期をさすと考えて述べる。

結論から言うと、我々日本人の戦前は一万二千年が戦前である。では、どうして戦前と言うと昭和の一時期となってしまうのか。それは、敗戦のショックを受けたときに、脳の中の視覚神経を特に強く打ったために視野狭窄症に陥ってしまった。だから戦前と言うと、昭和の一時期しか目に入らなくなってしまった。

人はみた方向に進むという習性をもっている。オートバイ、以下バイクと言う。バイクは二輪でしかも身をさらして走る。クルマのように四輪で堅い殻で覆われているわけではない。だから基本的にクルマより危険な乗り物と言える。しかし正しい乗り方をすれば、決して危ない乗り物ではない。正しい乗り方について、ここで述べることは論旨から外れる。そこで、正しくない乗り方を述べるのに、それほど紙面を費やさなくてもすむし、バイクに乗ったことのない人でも分かることなので、一言で述べると、それは暴走族の乗り方である。

クルマより危険な面をもっていることもあって、眼前で事故が起こった場合、それを避けるためにこのように言われる。安全な方をみろ、と。目の前で大きな事故が起きたら、パニックになり、眼がそこに固定されてしまう。すると人はみた方向に向かうから、そこに突っ込むしかないことになる。人はみた方向に向かうということは、男ならよく分かるだろう。美人が脇を通っているのをみたら、視線がそちらに向かい電柱にぶつかるという古いギャグがある。

このように、眼前で事故が起こったら安全な場所をみること。少なくとも、そこに突っ込むのを避けられる可能性があるということ。しかし、ここにもう一つ問題がある。事故から眼をそらして安全な場所をみたけれども、安全な場所がみつからなっかったら、どうすればいいのか。このほうが問題かもしれない。その場合は、諦めることである。運命の不条理というものは、戦争のような大きな出来事のなかだけにあるのではない。身の回りのいたるところにある。

では、諦めて一巻の終わりかというと、必ずしも終わりではないかもしれない。運命の不条理が身の回りにいくらでも転がっているように、人知の及ばないこともまた多い。江戸初期の剣豪、伊藤一刀齋氏は、「身を捨ててこそ浮かぶ瀬もあれ」と言っている。諦めることは身を捨てることである。すると案外、奇跡的と言われるようなことが起こって、掠り傷くらいですむようなことがあるかもしれない。この世の中には人知の及ばないことも多い。今述べている部分は、この論のなかの唯一つの実用的なものである。

我々日本人の戦前は一万二千年が戦前である。昭和の一時期も含めて、その全体を満遍なくみる必要がある。我々の一万二千年の戦前はなかなかなものである。また、視野狭窄症というのは恐ろしい病気である。できるだけ早く直すに限る。

次に、軍国主義について。戦前の「軍国主義」として使われる軍国主義という言葉は、非常に曖昧な言葉で、我々は共通の定義をもっていないと考える。例えば、軍隊でひどく殴られた。これは学校や職場におけるいじめと同じで、たとえどんなにひどく痛め付けられようとも軍隊におけるいじめである。これを軍国主義と思っている人もいるかもしれない。もしそうとらえたならば、戦前の軍国主義自体が何であるか分からなくなってしまう。

そこで、ある程度客観的な定義が必要になってくる。すると辞書による定義を使わざるをえない。国の政策、組織が戦争に向けて準備され、対外的には軍事力を重視した外交になり、軍事力で国威発揚する立場。辞書によって多少言い回しが違っても、大体このような意味合いであろう。要するにこの定義から分かるように、軍国主義というのは、右のような国家の一つの立場を意味している。だから当然、このような立場にたった国がぶつかれば戦争になるし、また当然のことであるが、戦争するためには軍国主義の立場にたたなければならない。

この定義に照らしてみれば、間違いなく戦前の軍国主義はあった。そこで、この定義をふまえて、戦前の軍国主義をこのようにとらえる。十九世紀の半ばから二十世紀の半ばまでの約百年間は、歴史の年表の時代区分の欄に軍国主義時代と表記できる時代であった。我が国を含めて、主に近代国民国家となった少数の国、それ以外の国はほとんど植民地であったのであるが、共に軍国主義の立場にたち、戦争によって決着をつけた時代であった。

だからアジア太平洋戦争は、西欧諸国軍国主義、アメリカ軍国主義と日本軍国主義との戦争であった。

なお、軍国主義はなかったという見方もある。山本七平氏はなかったと言っている。私なりに述べる。山本七平氏は定義をして述べているので明快である。軍国主義精神というものは、軍事力をいかに合理的に使うかが軍国主義精神であり、負けると分かっている戦争に軍事力を使うことは、軍国主義精神の欠けらもなかった。当然軍国主義もなかったことになる。この見方からすると、我々は軍国主義精神が欠けていたのであり、もう少々軍国主義精神を持ち合わせていれば、戦争も避けられたかもしれない。

「戻る」という動詞について。戦前の軍国主義に戻る、という表現は日本的なもので主語がない。我々は主語がなくても通じる。副詞と動詞しかない。一応主語を付けてみよう。「日本は戦前の軍国主義に戻る」。しかし、この文は間違っているというか文法的に成立しない。我々は意志をもっている。意志の強弱はあってもみな意志をもっている。意志をもった我々を集合的にとらえて主語にしている。意志をもった主語に自動詞は使えない。この文を、完全なかたちにしてみよう。「我々日本人は日本を戦前の軍国主義に戻す」あるいは「戻さない」。

「狼が来るぞ」という表現がある。これと戦前の軍国主義に戻るという表現は、まったく同じではないが語感として受ける感じは同じてある。そこで、狼が来るぞという表現で以下を述べる。

狼が来るぞと言う人は、ある大前提にたっている。それは自分が狼ではないという。では、その人はその地域住民なのだろうか。確かに地域住民である。しかし地域住民の立場にはいない。何故か。住民は普段の生活のなかで、狼が来るぞというような会話をしない。来るか来ないか分からないようなことについて真剣に会話しない。四方山話の種はつきない。人は狼か何か来そうな気配を感じたときに、初めてその言葉を口にする。

では、その人はいかなる立場にいるのであろうか。全知全能なる神の立場にいる。神様は全知全能である故に、未来永劫までお見通しである。だから未来の一点において狼が来ることをご存じなのである。神だから言える言葉である。神ならぬ人はこのようなことは言えないはずである。では、その人は狼が来たときにどうするか。「そらみたことか、俺がさんざん言ったではないか」と言い、住民を愚か者扱いにする。来なかった場合どうするか。言ったことなど忘れたかのように知らん振りをするだけである。

その人は狼が来たとき、ご宣託をのたまい住民をバカにして、住民と共に防ぐ何らかの行動を起こさない。これは意志の否定であり、住民としての自分の行為への責任の放棄である。このような人が世の中に多いと非常に危険である。では、我が国は危険か。我が国は、そのような危険はほとんどない。このようなことを言う人は、広い社会のなかの一部にすぎないメディアのなかの、またそのなかのほんの一部の人が言うだけだから。

我々は日本を戦前の軍国主義に戻さない。このように表して次に進もう。

明治の遣欧使節団

この章も終わりに近づいてきた。縄文時代以来の我々の文明を経験技術文明ととらえ、近代西欧が作り出した文明を言語技術文明ととらえて様々な面から対比してきた。我が国の長い歴史のなかで、今から百年ほど前にその文明に出会った。そして我々は、その文明をすばらしい文明であると認め評価した。

岩倉具視を全権大使とする使節団をヨーロッパ、アメリカへ送り、二年以上をかけてその文明をつぶさにみてきた。植民地にもされずに、このようなことをした国はなかった。自らの目で確かめるために政府要人を派遣して、如何なる文明であるかをみて回ったのである。そして明治の先人のすばらしいところは、我が国との差を四十年とみたことである。蒸気機関が発明されて、それが実用化されて四十年しかたっていなかった。その差とみたのである。なかなかの洞察である。

なお、この使節団の記録である「米欧回覧実記」が最近翻訳され、日本翻訳文化賞を受賞したらしい。作家の安野光雅氏が新聞に書いていたことで知った。詳しいことは分からないが、英語だけなのか、あるいはドイツ語、フランス語にも訳されたのかもしれない。関係者はこのように言っている。「あれほどの紀行記録は世界に例を見ない」と。

また、最近の教科書には書いてあるかどうか分からないが、少なくとも我々が習った教科書には、我が国の近代化につくした欧米人が載っていたように思う。大森の貝塚を発見したモース氏、若者に志をもつように言って去ったクラーク博士、秘宝として開かれたことのなかった法隆寺の救世観音を開かせたフェノロサ氏等を教科書にあげて、我が国の近代化につくしてくれた人物として感謝の気持ちを表している。教科書以外でも、オランダ商館医のシーボルト氏、海軍伝習所の医官のポンペ氏を我が国の医学に貢献した人物として取り上げられる。名前は忘れたが、自宅の庭にポンペ神社まで作った人物がいた。それほど感謝の気持ちを表した。このように我々は彼等の文明を評価し、我が国の近代化につくした人達を取り上げ感謝の気持ちを表してきた。

我々は、彼等の文明をなかなかの文明と認め評価した。そして我が国は、その文明を取り入れて欧米式の近代に模様替えした。我々はそれを百年ほど前に行なった。その後、野口英雄、北里柴三郎等の科学者を生み、総ての面ではないが科学の分野でも絶えず先端の部分をもってきた。また大正時代に、大正デモクラシーのもとで普通選挙が実施され民主主義が定着したと言っていいだろう。欧米式の民主主義の歴史も約百年になる。

第二次世界大戦後、多くの国が生まれみな、彼等の文明を取り入れ近代化に走りだした。我が国がその先陣をきったと言っていい。我が国がその文明を取り入れ近代化を成し遂げたことは、彼等の文明がある程度の普遍性をもっていた証しにもなる。またこのことは、その文明が欧米諸国以外でも使えるという証しを世界に示したことにもなる。このように我が国は、その文明がある程度の普遍性をもっていることを証した国であり、実際に使ってみせた国である。しかも植民地にもされずに自ら進んで使節団を送り、その文明をつぶさに見て回り、なかなかの文明であると評価した最初の国である。

要するに、評価された側は評価した側に対する感謝の念を表してきただろうかということである。私は何も、欧米諸国に日本に感謝しろと言っているのではない。我が国の伝統は謙虚さと慎みを教えてくれている。ただ、二十世紀の後半から、彼等は以前ほど元気がなくなってきたように思える。ひょっとしたら日本に対する感謝の念が足らなかったのではないかと思っただけである。感謝の念のないところに繁栄はありえない。

ポール・クローデルというフランスの詩人がいた。大正十年に駐日大使として着任し昭和の始めに帰国した人物である。我が国の文化にも深い理解をもった人物でもあった。クローデル氏の言葉に次のようなものがある。

「私が、決して滅ぼされることのないようにと希う一つの民族がある。それは日本民族だ。あれほど興味ある太古からの文明をもっている民族を私は他に知らない」。

我々日本人は十六世紀にヨーロッパ人によって発見された。発見したら、今度は保存しろと言う。その心遣いには、ありがたくて涙がでるほどである。また、その高貴な精神に対しては光栄のいったりきたりである。この論は、「太古からの文明」と言ったポール・クローデル氏への一人の日本人からの解答であり、また、将来における問題の提起でもある。

終章　伝統について

伝統の真の意味

これをもってこの論を終わることにする。が、最後に伝統とは何かということを述べて終わることにする。伝統とは何かを述べるには理由がある。一つは、伝統あるいは伝統の知恵と何度も言ってきたてまえ、自分なりに伝統とは何かということを定義する必要のようなものを感じていたこと。そして伝統を考えているときに、たえず心の奥に三つのことがあり、定義する必要性とそれらのことがあいまって、私なりの伝統の定義にいたったのである。

心の奥にあったものの一つは伝統そのものについてであった。我が国は縄文時代一万年を基礎に千三百年の歴史があり、しかもその歴史に断絶がない。一万二千年の断絶のない歴史を通じて培い伝えてきた伝統は限りなく厚いというか、何か大きく偉大なものであり、抗しがたい力となっているのではないか。我々は時空の座標軸のなかにいる。空間軸の基礎にある大自然、我々が神としてきたものであり、人知がおよばないところがある。伝統は時間軸上のものであり、一万二千年の断絶のない集積は一人の知恵を越えた大きな力としても存在しているのではないか。我々は時間軸上においても空間軸上においても、大きな力のなかにいるのではないか。

もう一つはアジア太平洋戦争で亡くなった三百万人の人達。当然戦犯として処刑された人も含む。同胞三百万人の死というのは我が国の歴史上空前のことであり、生命の連続のなかで末長く記憶されていくと思う。普段私は、三百万人の死を取り立てて意識しているわけではない。しかしこの論を書いている間中、やはり強く意識するわけではないのであるが、たえず心の奥底にあって離れなかったようにも思える。

もう一つは信長の比叡山の焼き討ちである。我が国は、百万、一千万のような大量虐殺の伝統、文化のない国である。それ故に、わずか三千人の虐殺で世間を震撼させた。平安時代、最澄によって作られた延暦寺は仏教の一つの聖地であり、鎌倉の祖師達が学んだところでもあった。比叡山を焼き払った。神仏も恐れぬ行為は人々を恐怖に陥れた。逃げ惑う女子供も容赦なく殺した。世間を震撼させた。大量虐殺の伝統のない我が国である。伝統は、かつてなかったこのような恐ろしい虐殺を許さなかったのではないだろうか。確かに信長は本能寺で光秀に討たれた。しかし、そこには何か大きな力が働いていたのではないだろうか。

伝統は活動概念であり活動体である。辞書による伝統の定義は、多少の違いはあっても大体このようなものであろう。「ある民族や社会等が長い歴史を通じて培い、伝えてきた信仰、風習、制度、思想、学問、芸術など。特にそれらの中心をなす精神的な在り方」。どの辞書にも活動概念、活動体とは定義されていないと思う。辞書にない定義をしたからには、私の思い込みでないことを明らかにするために説明する必要があると考える。

伝統として残されている具体的なものをあげてみてみよう。法隆寺と家元制度。伝統とは、長い歴史を通じて培い伝えてきたもの、即ち法隆寺であり家元制度である。伝統はこのような過去に作られた有形無形のものを言うのであるが、「特に」と書かれているように、有形無形のものを作り出す精神性に重きがおかれている。

現在にいる我々は過去に作られた法隆寺も家元制度も引継ぎ未来に伝えてゆく。しかしそれだけではないはずである。我々は過去に作られたものを未来に伝えていくと同時に、たえず新たなる伝統を作りながら未来に向かう。家元制度は古代にはなかったはずである。江戸時代にできたものであろう。我々は永遠の今（現在）にいる。江戸時代の現在の人達は、法隆寺を過去から引継ぐと同時に家元制度を作り出した。そして、それらを後世の我々に伝えてきた。法隆寺は奈良にあり、家元制度は茶道、華道のなかにある。では、有形無形のものを作り出す精神性はどこにあるのか。それは現在の我々の内部にある。我々の内部の精神性である。より正確に言えば、我々の現在の精神活動である。

伝統は我々の内部の精神性であり精神活動によって作り出される。我々は永遠の今（現在）にいる。現在の伝統とは法隆寺であり家元制度である。現在の精神性としての伝統は我々の内部の精神活動であり、それを外部に抽出すると活動体となる。精神性としての伝統とは、現在においてはたえず活動体としてとらえられる。このようなことを踏まえて言えば、伝統とは活動概念であり活動体である。伝統に関する私なりの定義である。

活動体としての伝統は、法隆寺や家元制度のように出来上がって固定されたものと違い、とらえにくい。もともと人の内部の精神性であり精神活動であるから当然とらえにくいと言うか、意識しないものである。しかし活動体、即ち生き物として姿こそ現さないが、大きな作用を及ぼすことがある。その面について述べる。

皇室典範を改正しようとした。この場合の改正は、長く伝統として引き継いできたことを変更しようとした。この時に、秋篠宮家に男子が誕生した。改正しようとしていた当座の動きがピタリと止まった。これを天啓と言った人もいた。私も同様に思った。では、天啓とは何か。辞書による定義は、「天が真理を人に示す」。我々は真理というよりは経験世界の道理の住人であるから真理を道理とする。すると、天が我々に道理を示したということになる。この場合の天とは何か。キリスト教世界の場合は、これはキリスト教の神である。キリスト教の神をもたない我々日本人にとって、この天とは何か。大きな存在であることは間違いない。大きな存在として我々がもっているものは二つある。一つは空間軸上の神である大自然。もう一つは時間軸上の伝統。この場合、伝統であることは間違いない。すると、「天が真理を人に示す」は「伝統が道理を我々に示す」となる。

秋篠宮家の男子の誕生をもって、伝統は我々に道理を示した。そして伝統を逸脱してしまう大きな危機から我々を救ってくれた。

天啓というようなものはそう頻繁に起こるものではない。しかし稀に起こることがある。その稀に起こった例を乱世にみる。それは南北朝の終息である。南北朝というのは朝廷が二つに分裂してしまったのである。現在で言えば、皇室が二つできたということである。皇室が二つできたということから、誰でも容易に想像がつくだろう。我が国は大きな混乱に陥る。事実、南北朝の争乱という国を二分するような争乱が起こっている。歴史をみれば、南北朝がどのようにして生じたか、どのように終息したか分かる。南朝の後亀山天皇が吉野を捨てて京都に帰還したことによって南北朝は終わる。

後亀山天皇が京都に帰還したことに天啓をみる。則ち、後亀山天皇の京都帰還をもって、伝統が我々に道理を示した。そして国家分裂という大きな危機から救ってくれた。後亀山天皇の京都帰還と秋篠宮家の男子誕生を同質のものとみる。共に伝統の知恵が働いたと考える。またそこに、人知を越えた大きなものを感じる。

これは活動体としての伝統の一面である。活動体としての伝統にはもう一面がある。それは、伝統を踏み外し後戻りできなくなってしまった場合、伝統は牙を剥き出して襲いかかり大きな災いをもたらす。

我々が伝統を大きく踏み外してしまったものに大陸へののめり込みがある。隋、唐の勃興以来、遣隋使、遣唐使を派遣してきたが、これは大陸へののめり込みとは違う。これは、幕末の欧米への使節の派遣と同じである。欧米への使節の派遣が言語技術文明の正体を見極めるために行なわれたのと同じように、遣隋使、遣唐使は大陸の言語文明を見極めるためであった。決してのめり込みではない。またここから分かることがある。民族の行動様式は変わらない。遣唐使から千年以上たっても、我々は同じことをしているのである。

我が国の歴史が始まって以来と言っていいほど、大陸とは深く関わってこなかった。知恵であったと思う。これを破ったのが秀吉であった。秀吉の目的は大陸の明であった。しかし朝鮮半島で手間取ってしまった。朝鮮半島で手間取ったこともあって、大陸にそれほど深入りできなかった。しかしそれなりの惨禍を被った。

秀吉の朝鮮出兵の比ではなかったのが明治以降、特に昭和の大陸へののめり込みであった。引くことを忘れたかのように、後戻りできなくなるまでのめり込んでいった。ここで欧米、特にアメリカとぶつかったのである。大陸での欧米との衝突がアジア太平洋戦争への遠因であり、また大きな要因であった。大陸へののめり込みはアジア太平洋戦争における三百万の死の遠因であり直接的な原因ではないかもしれない。しかし私のなかでは、我が国の歴史始まって以来の三百万の同胞の死という大きな惨禍と、伝統からの大きな逸脱は結びつく。

我々が伝統に反して大陸へのめり込んでいったため、逆鱗に触れたかのように伝統は牙を剥き出して襲いかかって三百万の命を求めたとしか思えない。

伝統を見失うと惨禍を招く、と何度か述べた。イギリスのエドワード・クック氏の言葉を再度引用しよう。「これ（伝統）を代替変更する場合、大きな災難危険なしにはすまない」。クック氏は私とほとんど同じことを言っている。何故、同じような言葉がでてくるのか。私は経験知に基づく文明のなかにいる日本人であり、クック氏は言語知の文明のなかにありながら経験知、則ち古に連なる伝統の知恵を大切にするイギリス人であるからである。同じような言葉がでてきても何の不思議もない。

最後の最後にもう一度述べておこう。一見すると理屈っぽいところがあったかもしれないが、それは言葉を正確に使おうとした努力の果であって、私の性格が理屈っぽいのではない。何度も同じことをくどくどと述べたところもあったかもしれないが、それは私の考えを伝えたいためであり、性格がしつっこいのではない。また、全体的に脈絡の欠けた論になってしまった。これは間違いなく私の頭のなかの理路が整然としていないためである。

ドイツの哲学者のショウペンハウェル氏は多くの箴言風の言葉を残している。その中にこのようなものがある。「いかなる文体も碑文的文体の面影を、幾分でも留めているべきである」。一見すると理屈っぽく、またくどくもなり、全体的に脈絡の欠けた論になってしまったが、最後だけでもショウペンハウェル氏の助言に従って、この論を締め括ることにする。

戦犯にさせられた人も含めて我が国三百万人の戦没者、アジア、そして当時敵対国であった国々の戦没者の霊に手を合わせ、歴史に対する使命と義務をはたすことを誓おうではないか。

〈参考文献〉

山本七平『日本的革命の哲学』祥伝社
山本七平『日本人とはなにか』（上下）ＰＨＰ文庫
山本七平『空気の研究』文春文庫
養老猛司『唯脳論』ちくま学芸文庫
養老猛司『カミとヒトの解剖学』ちくま学芸文庫
セネカ『人生の短さについて』岩波文庫
福田恆存『日本を思ふ』文春文庫
竹山道雄『歴史的意識について』講談社学術文庫
武光　誠『名字と日本人』文春新書
オリヴィエ・ジェルマントマ『日本待望論』産経新聞社
ルソー『社会契約論』岩波文庫
ショウペンハウエル『読書について』岩波文庫
ゲーテ『色彩論』ちくま学芸文庫
上山春平『神々の体系』中公新書
西尾幹二・中西輝政『日本文明の主張』ＰＨＰ研究所
西尾幹二『日本は何に躓いたのか』青春出版社

津田左右吉　『シナ思想と日本』　岩波新書
竹内久美子　『賭博と国家と男と女』　日本経済新聞社
谷沢永一　『人間通でなければ生きられない』　ＰＨＰ文庫
平川祐弘　『西欧の衝撃と日本』　講談社学術文庫
立花　隆　『宇宙からの帰還』　中央公論社
渡辺照宏　『仏教』　岩波新書
宮坂宥勝　『密教世界の構造』　筑摩叢書
ビアス　『悪魔の辞典』　岩波書店
中西　寛　『国際政治とは何か』　中公新書
第１９２１号　「出版ダイジェスト」　出版ダイジェスト社
加地伸行編著　「日本は「神の国」ではないのですか」　小学館文庫
櫻井よしこ　「中国共産党の対日工作文書」　Voice December 2006
ヨゼフ・ピタウ・細川珠生　「カトリック大司教、『靖国』と『中国』を語る」　諸君　２００６．９
稲田朋美　「靖国を弁護する」　諸君　２００３．４
村上兵衛　「日本人は危機にどう処したか」　正論　平成9年8月号
高森明勅　『この国のかたち』　ＰＨＰ研究所
秦　郁彦　『昭和天皇五つの決断』　文春文庫
梅沢忠夫　『文明の生態史観』　中公文庫

五木寛之『人間の覚悟』新潮新書
川勝平太『日本文明と近代西欧』ＮＨＫブックス
阿川尚之『海の友情』中公新書
オマル・ハイヤーム『ルバイヤート』岩波文庫
木田　元『現代の哲学』講談社学術文庫
内藤湖南『日本文化研究史』（上下）講談社学術文庫
山折哲雄『仏教とは何か』中公新書
時実利彦『脳と人間』雷鳥社
森　浩一編『日本の古代』中公文庫
ヘルベルト・プルチョウ『江戸の旅日記』集英社新書
森田生馬『生の欲望』白揚社
森　浩一『語っておきたい古代史』新潮文庫
岸田　秀『日本がアメリカを赦す日』文春文庫
岸田　秀『ものぐさ精神分析』中公文庫
渡辺京二『日本近世の起源』弓立社
福田和也『大丈夫な日本』文春文庫

〈著者略歴〉

孝藤　貴（本名　平野誠一）

昭和十六年　東京生まれ。昭和四十一年　慶応義塾大学文学部史学科卒業。サラリーマン生活を終えて、現在無職。江戸川区在住。

『シャリー・ポンポン　―パパの中間決算書―』小峯書店　昭和五十四年。自分史。第６９３回、全国学校図書館協議会選定図書

『狂歌』暁書房　昭和五十八年。

日本 —その文明の正体—

平成三十年五月十六日　初版　第一刷発行

著者　孝藤 貴（たかとう　たかし）

発行・発売　創英社／三省堂書店
〒一〇一—〇〇五一　東京都千代田区神田神保町一丁目一番地
電話：〇三—三二九一—二二九五　ＦＡＸ：〇三—三二九二—七六八七

印刷／製本　シナノ書籍印刷

ISBN978-4-88142-969-3　C0021